세상에서 가장 간단하게 영어의 원리를 풀어 준
영어문법의 신세계

수학선생이 풀어 쓴 영어이야기
한 번만 봐도 영어의 틀이 잡히는

저자 송 암

저자 송 암

서울대학교 국제경제학과 졸업
posco
벤쳐기업경영
두뇌 학습연구 개발
naver blog 내비게이션 기억법
유튜브 내비게이션
mail 주소 dws0829@hanmail.net

서문

　이 책은 필자가 일선에서 학생들을 지도하면서 학생들이 힘들어 하는 영어공부를 가능한 쉽고 편하게 이해할 수 있도록 하는 다양한 방법들을 적용해 오면서 완성된 필자만의 노하우를 바탕으로 저술한 책입니다.

　기존의 영문법이라 하면 복잡하고 다양한 이론들을 바탕으로 학생들의 영어실력 평가를 전제로 활용해 왔다면, 필자에게 영문법이라 함은 학생들이 학습하기 어려운 이론이 아닌 외국인이 영어를 습득하는 가장 기본적인 원리를 담고 있어야 한다는 것과 그 내용이 간단하면 간단할수록 좋다는 입장에서 학생들을 지도하고자 애를 써왔고 이 책은 그 가장 간단한 영어의 원리를 찾은 결과물인 것입니다.

　영어를 모국어로 사용하는 사람들은 문법을 몰라도 말하는데 아무런 문제가 없고 그것은 한국어를 사용하는 우리나라 사람들도 마찬가지 일 것입니다. 그러나 외국인으로서 다른 나라의 언어를 습득하기 위해서는 기본적인 원리를 알고 접근하면 훨씬 효율적이고 편리하기에 해당 언어의 어법을 습득하는 것이 필수라 할 것입니다. 그것은 마치 구구단이 곱셈·나눗셈의 필수조건인 것과 마찬가지일 것입니다. 그 원리가 쉬우면 쉬울수록 습득하기가 용이할 것임은 두 말할 나위가 없을 것입니다.

　그러나 우리나의 영문법은 일본인이 정리한 문법책을 비판없이 그대로 받아들여서 시작한 이래 너무나 현학적이어서 문법자체가 깊은 공부를 요구하는 주객이 전도된 비대한 모습이 되어왔던 것입니다. 이에 필자는 영어를 이해하는 가장 기본적인 내용을 압축, 영문법 공부가 더 이상 학생들의 지식 테스트를 위한 수단으로의 기능을 지양하고 영어를 쉽게 이해하는 통로로 이용되기를 바라는 마음으로 출간을 하게 된 것입니다.

　이 책은 이러한 입장에서 시작하여 가장 쉬운 영어어법을 정리하는데 나름의 심혈을 기울여서 출간되는 것입니다. 모쪼록 독자 여러분들이 그동안 영어문법에서 받았던 좌절과 비효율성이 이 책을 통해 해결되서 더 이상 영어가 어려운 과목이 아닌 여행처럼 놀이처럼 즐거운 공부가 되어, 가능한 쉽고 빠르게 영어를 이해하는 성과가 있기를 기원합니다.

2021. 9.
저자 송암

목 차

영어문법 끝판왕
영어는 퀴즈다!

1. 영어의 원리 ·· 11
   - 1.1 영어는 QUIZ 다 ·· 11
   - 1.2 영어학습의 핵심 ·· 17
2. 영어의 특징 ·· 27
3. 문장의 구성 ·· 57
4. 명사관련 ·· 81
   - 4.1 명사 ·· 81
   - 4.2 대명사 ·· 94
   - 4.3 관사 ·· 107
   - 4.4 의문사 ·· 115
5. 형용사 ·· 125
6. 부사 ·· 135
7. 비교 / 형용사 부사의 비교 ·· 145
8. 동사관련 ·· 157
   - 8.1 동사 ·· 157
   - 8.2 시제 ·· 235
   - 8.3 조동사 ·· 256
   - 8.4 준동사 ·· 270
   - 8.5 수동태 ·· 289

- 9. 전치사 ⋯⋯⋯⋯⋯⋯⋯⋯⋯⋯⋯⋯⋯⋯⋯⋯⋯⋯⋯⋯⋯⋯ 299
- 10. 접속사 ⋯⋯⋯⋯⋯⋯⋯⋯⋯⋯⋯⋯⋯⋯⋯⋯⋯⋯⋯⋯⋯ 351
- 11. 관계사 ⋯⋯⋯⋯⋯⋯⋯⋯⋯⋯⋯⋯⋯⋯⋯⋯⋯⋯⋯⋯⋯ 361
  - 11.1 관계대명사 ⋯⋯⋯⋯⋯⋯⋯⋯⋯⋯⋯⋯⋯⋯⋯⋯⋯ 361
  - 11.2 관계부사 ⋯⋯⋯⋯⋯⋯⋯⋯⋯⋯⋯⋯⋯⋯⋯⋯⋯⋯ 368
- 12 가정법 ⋯⋯⋯⋯⋯⋯⋯⋯⋯⋯⋯⋯⋯⋯⋯⋯⋯⋯⋯⋯⋯ 373
- 13. 화법 ⋯⋯⋯⋯⋯⋯⋯⋯⋯⋯⋯⋯⋯⋯⋯⋯⋯⋯⋯⋯⋯⋯ 387
- 14. 특수구문 ⋯⋯⋯⋯⋯⋯⋯⋯⋯⋯⋯⋯⋯⋯⋯⋯⋯⋯⋯ 395
  - 14.1 일치 ⋯⋯⋯⋯⋯⋯⋯⋯⋯⋯⋯⋯⋯⋯⋯⋯⋯⋯⋯⋯ 395
  - 14.2 강조 ⋯⋯⋯⋯⋯⋯⋯⋯⋯⋯⋯⋯⋯⋯⋯⋯⋯⋯⋯⋯ 399
  - 14.3 도치 ⋯⋯⋯⋯⋯⋯⋯⋯⋯⋯⋯⋯⋯⋯⋯⋯⋯⋯⋯⋯ 401
  - 14.4 생략 ⋯⋯⋯⋯⋯⋯⋯⋯⋯⋯⋯⋯⋯⋯⋯⋯⋯⋯⋯⋯ 403
  - 14.5 공통 ⋯⋯⋯⋯⋯⋯⋯⋯⋯⋯⋯⋯⋯⋯⋯⋯⋯⋯⋯⋯ 405
  - 14.6 삽입 ⋯⋯⋯⋯⋯⋯⋯⋯⋯⋯⋯⋯⋯⋯⋯⋯⋯⋯⋯⋯ 405
  - 14.7 동격 ⋯⋯⋯⋯⋯⋯⋯⋯⋯⋯⋯⋯⋯⋯⋯⋯⋯⋯⋯⋯ 406
- 15. 감탄사 ⋯⋯⋯⋯⋯⋯⋯⋯⋯⋯⋯⋯⋯⋯⋯⋯⋯⋯⋯⋯ 409
- 16. 영어문장 읽기 ⋯⋯⋯⋯⋯⋯⋯⋯⋯⋯⋯⋯⋯⋯⋯⋯ 413

8

1

영어의 원리

1. 영어의 원리 (아주 간단한 비밀)

영어는 한국어와 더불어 세상에서 가장 쉽게 익힐 수 있는 언어로써 영어의 원리만 깨우치면 터득하는 것은 누구라도 가능한 언어입니다. 영어는 어순에 대한 비밀만 풀면 끝나는 것이고, 반면 한국어는 순서와 관계없는 언어로써 조사만 알면 이해가 끝나는 것입니다. 여기에 두 언어 모두 단어만 알면 이해하는데 아무 문제가 없는 언어인 것입니다.

이 책은 우리가 학습해야 할 대상이 세계에서 가장 논리적인 언어이고 사고방식은 완전히 반대지만 우리말 역시 똑같이 우수한 언어이기에 한국인인 우리는 두 언어를 비교해서 학습하는 것이 가장 효율적이지 않을까 하는 생각에서 출발한 것입니다.

결국 우리가 대한민국 사람이기에 한국어는 능숙하기 때문에 영어의 원리를 이해하고 한국어와의 차이점을 인식하면 단기간에 영어를 이해할 수 있을 것으로 판단을 한 것입니다.

필자가 찾아낸 영어의 비밀은 영어가 퀴즈형태의 어순으로 나열되어 있는 것이었습니다. 영어에서 앞의 단어는 질문의 형태이고 뒤에 나오는 단어는 앞에 나오는 단어의 질문에 대한 대답이었던 것입니다.

결국 영어는 **QUIZ**였던 것입니다.

1.1 영어는 퀴즈다.

영어가 앞단어가 뒷단어의 질문이기에 그 질문에 대답만 하면 되는 것인 바, 말하거나 글을 쓰는 사람이 주인공이기에 스스로 그 답을 한다는 것이 포인트인 것입니다. 그러나 모든 단어가 그렇게 된 것을 그대로 하면 너무나 복잡한 것이 되기에 의미단위의 chunk 단위로 묶어서 처리하면 훨씬 간단명료한 구성으로 되는 것을 확인하였습니다.

결국 영어는 의미단위의 chunk로 묶어서 앞에서부터 이미지로 이해해 나가면 되는 것을 확인하게 되었던 것입니다. 이것이 그야말로 콜럼버스의 신대륙이었던 것입니다.

이제 좀 더 자세히 살펴보면

1) 영어는 **[주어·동사]** 에서 질문을 하고 [목적어· 보어]로 대답을 하는 질문 형식과 **[전치사]로 묻고** [전치사의 목적어/명사]로 대답하는 형태로 서술되고 있는 아주 간단한 형태를 이루는 표현수단임을 이해하면 학

습이 쉽고 간단함을 쉽게 이해할 수 있습니다.

　2) 동사 다음에 답이 없는 1형식의 글은 스스로 서술하는 독백같은 의미로 이해하면 될 것이고, 부사상당어구들은 문장의 핵심이 아니고 문장을 장식해주는 역할을 하는 것이니 괄호 안에 넣어 진 것으로 이해하면 될 것입니다.

　3) 문장이 완성된 이후 연결사로 이어진 이후도 패턴은 동일한 것으로 생각하면 될 것입니다.

　이것만 기억하고 단어만 해결되면 거기에 기본적인 문법용어들만 숙지한다면 영어문장은 정복한 것으로 봐도 될 것입니다. 결국 영어의 기본틀은 단 1시간 정도만 투자하면 전체구조가 파악이 되는 간단한 원리의 언어인 것입니다.

　우리가 지금까지 영어문법을 중학교 학년별 기본 3권, 고교 1권 등의 문법책을 공부하면서 너무 복잡하고 어려워서 대다수가 포기했던 영어문법이 사실은 이렇게 간단한 것이었던 것입니다.

　영어를 사용하는 사람들이 영문법에 대해서 크게 신경쓰지 않듯이 우리말을 사용하는 우리도 국어문법을 잘 몰라도 말하거나 글 쓰는데 아무 문제가 없듯이(교양이나 학식은 별개로 하고) 언어는 문법을 잘 안다고 잘하는 것은 아닌 것입니다. 기본만 알고 있으면 되는 것입니다.

　그러나 외국인이 우리나라말을 배우거나 우리가 영어를 배울 때 는 어느 정도의 문법을 알고 있으면 좀 더 체계적이고 효율적으로 공부할 수 있기에 문법이 중요한 위미를 차지한다 할 것입니다. 그것은 수학계산을 위해서 구구단이 필요한 것과 같은 이치일 것입니다. 우리가 곱셈이나 나눗셈을 할 때 구구단을 모르면 계산을 못하는 것과 같은 이치일 것입니다.(못하는 것은 아니고 대부분은 오래 걸리겠지요)

　문법은 수학에서의 구구단과 같은 것으로 이해하면 될 것입니다.
　그 두꺼운 책을 모두 외울 필요도 없고 세세하게 다 알 필요도 없을 것입니다. 그런 내용들은 영문학을 전공하는 사람들이나 필요하다 여기고 과감하게 영어의 큰 줄기만 파악하고 나머지는 읽기(원리를 알면 쓰는 것은 자연스럽게 터득)와 듣기에 중점을 두는 것이 효율적일 것입니다. 나머지 한국인에게 어려운 관문인 말하기 부문은 사실은 먼저 들리면 대부분 말할 수 있기에 듣기 훈련에 우선 순위를 두되 말하기도 병행하는 것이 합리적일 것입니다.

　듣기 말하기도 무작정 듣고 말하는 것 보다는 영어의 핵심원리를 파악하고 하면 훨씬 효율적일 것입니다. 일상에서 영어를 사용하지 않는 환경이기에 듣기·말하기는 별도의 훈련과정을 거쳐야 할 것입니다. 기본을 알고 나서 외국에 가는 것이 가장 좋은 방법일 것이고, 차선책으로는 영화나 드라마 및 회화관련 전화영어, 영상영어 등 다양한 방법을 활용하면 될 것입니다. 요즘은 어플도 좋은 것이 많이 나와 있으니 자기에게 맞은 어플을 활용하는 것도 방법일 것입니다. 필자는 무료어플 cake를 많이 사용하는 편입니다. 영화는 my sem 어플을 사용하는 편입니다.(유료입니다) 가장 좋은 것은 외국인과 실제로 자주 사용하는 환경이겠지요.

이제 영어문장을 살펴보기 전에 말을 하거나 글을 쓸 때 세계표준의 가장 기본적인 원칙이 있다는 점은 이미 알고 있을 것입니다. 바로 6하 원칙입니다. 영어나 우리나라 말이나 이것은 같은 것입니다. 이것을 도해를 해보면 다음과 같습니다.

* 육하원칙에 따라 서술할 경우의 문장의 도해

연결사

[Who (주어)   V(동사)] / +   What(목적어)   +   준동사(to v, v ing, pp)
 (한 몸/분리불가)   보어   전치사
   질문   답   접속사
                                                  관계대명사
                                    관계부사 (when, where, how, why)

전치사   +   명사 상당어구
 질문   답

6하 원칙중 **Who**는 주어 **What**은 목적어 나머지 4개 **when, where, how, why**는

(언제, 어디서 만나 하와이 가자로 기억)

모두 부사임을 알 수 있습니다. 이것만 파악하면 영어는 끝난 것이나 마찬가지입니다

이렇듯 우리가 글을 쓰거나 말을 할 때 가장 기본적인 원칙이 6하 원칙인 바 이것만 숙지하면 영어학습은 누구나 쉽고 간단하게 익힐 수 있을 것입니다.

영어가 결국은 [S +V]를 먼저 말해 놓고 그 다음에 할 말을 갖다 붙이면 되는데 뒤에 오는 내용은 동사에 의해서 결정이 되므로 결국 문장의 결론은 동사가 핵심이 된다고 이해하면 될 것입니다.

영어문장은 또 기본적인 내용을 서술(5형식의 완성) 한 후에는

  준동사(to 부정사, Ving, pp) / 3개
  전치사/ 1개
  관계사 (관계대명사, 관계부사) 및 접속사 / 3개

총 **7개의 연결사**를 통하여 문장을 늘려 가는 구조로 형성되어 있음을 파악하면 전체적인 구조는 다 파악한 것입니다.

그리고 이제 영어문장과 우리말 문장의 차이점을 비교해서 이해하면 영어를 훨씬 쉽게 이해할 수 있을 것입니다. 영어의 뇌를 만들라는 말은 영어식 사고를 하라는 의미인 바 그 뇌를 형성하기 위해서 우리말의 뇌를 비교·활용하는 것이 지름길이 될 수 있을 것입니다.

영어문장은 읽어 가면 그 자체가 사진, 그림, 동영상 등으로 연결되는 것을 쉽게 알 수 있는 반면, 우리말은 어순대로 나열하면 주어 신체활동의 표현은 [주어·동사가 분리]되기에 사람의 신체가 분리되어 그림이 깨지는 것을 쉽게 알 수 있습니다.

다만 우리말은 순서가 바뀌어도 말이 되기에 이해하는 데는 아무 문제없는 언어이기에 영어를 해석할 때 우리말 어순으로 해석하려 하지 말고 영어어순 그대로 이미지로 그려나가는 훈련을 하는 것이 중요할 것입니다.

영어문장을 도해해 보면 다음과 같이 할 수 있을 것입니다.

* QUIZ로 풀어 본 영어문장의 도해

Quiz (질문)	답	Quiz	답	부사상당어(단어, 구, 절)
S + V	답	전치사	답(명사)	장소, 시간, 방법, 이유
WHO 상태 동작 (be 동사, 일반동사)	보어, 목적어 (WHAT)	in	the room	When Where How Why

* 의미단위의 구, 절, 문장은 연결사로 연결
    동사는 내용에 따라서 **상태동사와 동작동사**로 2분할 수도 있고
    형태에 따라서 **be 동사(상태)와 일반동사(상태, 동작)**로 구분하기도 함.

* 결국 영어문장을 위에서 살펴본 것처럼 6하 원칙을 도해로 풀어보면 위의 6개 의문사의 위치를 파악할 수 있는 것입니다. 결국 영어문장을 읽어 보면

```
         Quiz          대답        Quiz    대답
❶    I write    /  a letter        to  /  Jane   (A)
        (chunk 단위)                (chunk 단위)
     내가 적은 것은 / 편지         대상은 / Jane
     I write       / a letter  to       /  Jane   (B)
     내가 적은 것은 / 편지  대상은    Jane
```

  * 읽어가면서 전치사 to는 위에서처럼 2가지로 이해가 가능해 보이는 바, 의미단위(chunk) 로 Jane 과 묶은 (A) 번 문장과 영어의 원리에 맞게 앞에서부터 이어지는 것을 고려해서 ~ a letter to 까지로 하고 to의 대상을 Jane 으로 하는 (B) 번 문장으로 분류할 수도 있는 바

  그리고 전치사의 대상(사람, 시간 장소, 방법, 이유 등)은 다양하기에 전치사만 보고는 읽는 사람은 그 대상을 바로 알 수 없고 (말하는 사람은 알 수 있음/자기 마음이니까) 다음에 나오는 단어를 보고서야 비로소 알 수 있음.

  원어민 입장에서 보면 (B) 번 방식으로 이해하는 것이 더 원리적 일 수도 있지만 외국인으로서 영어학습을 하는 우리에게는 앞에서 언급한 데로 의미단위로 그룹을 만들면 이해하기가 훨씬 편리해서 (A)번 방식으로 분류한 것으로 이해하면 될 것이고 실제로도 눈으로 읽는 것은 내용이 to 와 Jane 이 동시에 들어온다고 봐도 되기에 (A)번 방식으로 읽고 이해하는 것이 더 효과적일 수 있을 것으로 판단됨.

```
❷ A hunter throw / a spear        at /  a  sheep
   사냥꾼이 던진 것은 / 창         (대상은) / 양


❸ Marry gave    /   Alice     a book
              Alice 가 사람이기에 더 중요(앞에 옴)
   Mary가 주었다   엘리스에게       책을
   Marry gave     a book      to / Alice
              Alice 가 뒤로 오니 기분이 안 좋아서 to를 붙임
   Mary가 준 것은 /  책        대상은 /  Alice

❹ Marry put / an apple     into/ the box    on/ the table

   Tom is walking / in the snow
```

I was waiting / for her/ in the train
I was standing / in the garden / in the warm sun
I was standing / with my hands / in the pockets
He gave her a smile / with his pipe/ in his mouth

Marry picked up the potato /   주된 내용
        on the hot stove /   with tongs(집게/복수로)   세부내용(보충설명)
Marry went   /   주된 내용
        to a hospital   세부내용 (보충설명)
           with a baby in his arms
              with a baby on her back

* 위의 문장들을 단순히 읽고 외우려 하지 말고 그림으로 상상을 해보면
   온전한 한편의 그림이나 사진으로 그려지는 것을 체험하게 될 것입니다.
   영어학습을 하면서 영어 관련 잡지나 신문을 읽되 사진묘사가 나와 있는 것을
   선정해서 읽으면 큰 도움이 될 것입니다.
   (breaking news english, ebs, 기타 영자신문 등)

Your generous donations have made **such a** difference /
   in the lives of little children / **who** have **been stricken** with cancer.

귀하의 아낌없는 기부금이 가져 온 것은 ?   큰 변화 /
  (어디에?)   어린아이들의 삶에 / 고통을 받아 온 것은? / 암

Now, as cancer research has progressed,/ we have the opportunity
  to introduce an **exciting** and newly proven **treatment** /
   that promises **to save even** more young lives.

이제, 암 연구가 진전됨에 따라 / **우리는 가지게 되었습니다 기회를 / 결론**
   흥미롭고 새롭게 입증된 치료법을 도입할 /
   훨씬 더 많은 어린 생명들을 구해줄 희망이 있는
We were feeling the same excitement / **that** our children have/ at nightfall,/
  looking into the darkness/ **trying** to find a firefly **to catch** .

우리는 느끼고 있었다. 똑같은 흥분을 / 우리 아이들이 느끼는 것과 똑같은/ 해 질 녘에
 /어둠 속을 응시하며 / 잡을 반딧불이를 찾으려 하면서

1.2 영어학습의 핵심

이 책은 영어학습을 가장 간단하고 단순하게 하는 법을 지향하면서 시작을 하였습니다. 기본어법의 학습이 양이 많고 어려우면 실제 영어를 학습하는데 장애로 작용할 가능성이 더 많다는 점에 추점을 맞추어 가능하면 간단하고 단순하게 이해하는 것에 초점을 두었습니다.

그 결과 필자가 [영어가 QUIZ]라는 비밀을 찾아 낸 후 추가로 정리한 영어학습의 지름길 은 다음과 같습니다.

우선 영어학습을 하는데 있어서 가장 중요한 틀을 정리해보면 다음과 같이 3가지를 정리하였는데 이 정도만 골격만 숙지하고 있어도, 전체적인 영어공부 틀은 짜여진 것이라고 봐도 무방하다 할 것입니다. 나머지는 기본적인 문법용어와 필요한 단어만 학습하면 될 것입니다. (단어학습은 필자의 내비게이션 학습법에 기초한 영어단어 책을 활용하면 최단시간에 최대효과를 얻게 될 것입니다)

1. 8품사

이 책에서는 먼저 가장 기본단위인 8품사를 기준으로 하였습니다. 8품사를 4개 그룹으로 정리하였으나 4그룹인 감탄사를 제외하면 실제로는 3개 그룹으로 구분한다 해도 될 것입니다. 그 분류는

1그룹) to 부정사의 용법에 착안 하여 명사(대명사 포함), 형용사, 부사를 1그룹에,

2그룹) 가장 핵심내용인 동사와 동사적 성격이 내포되어 있는 전치사를 2그룹에,

3그룹) 실제적으로 마지막 그룹인 3그룹에는 연결기능의 접속사를 배치하였습니다.

위에서 부터 3개 (대명사 포함 4개이지만), 2개, 1개 이렇게 배열하여 쉽게 기억할 수 있게 정리하였습니다.

4그룹) 나머지 품사 하나는 감탄사로써 문장에서 차지하는 의미에서는 큰 의미가 없기에 이 책의 마지막 단원에서 기술하도록 하겠습니다.

2. 5형식

두 번 째는 8품사 등의 단어의 결합으로 나타나는 문장의 내용을 이해하기 위해서 기본적으로 많이 다루는 **5형식의 문장방식**을 채택하였고

3. 연결

세 번 째는 문장을 연결하는 **7개의 연결사**를 정리하였습니다.

이 3가지와 기본적인 문법용어의 이해와 단어 이해하면 가장 단순하면서도 학습효과가 뛰어난 영어공부를 하게 되어 영어가 더 이상 외우기만하고 또 그 외운 것을 망각하는 기존의 학습을 탈피하게 될 것이라 확신합니다.

1. 8품사

8품사는 단어의 연결에 필요한 가장 기본적인 요소들로써 문장은 이 8품사를 중심으로 내용이 기술된다고 봐도 무방할 것입니다. 물론 여기에 8품사에 포함되지 않은 여러 품사들이 있지만 그것들은 2차로 숙지하면 될 것입니다.

> *8품사 기억하는 법 : 위로 부터 3(명, 형, 부), 2(동, 전), 1(접) 총 6개가 핵심이고 여기에 감탄사, 대명사 추가하면 됨 (**명**씨 성의 **형부**가 동전던지기 놀이)

1) to 부정사 용법
   ❶ 명사 : 문장의 주어 목적어 ,보어 역할 (단어의 대부분)
      ❽대(代)명사 / 명사를 대신하는 품사(크다는(大)의미가 아님)
   ❷ 형용사 : 명사 수식
   ❸ 부사 : 형용사 ,다른 부사, 동사 ,문장전체 수식
      *부사종류 : 4가지(단어 ,구 ,절 ,문장으로 표현되나 모두
         when, where, how, why 4가지 중의 하나임, 예외 없음)

2) 가장 중요한 문장의 핵심기능의 **동사**와
   동사적 성격을 내포하고 있는 **전치사**(영어의 quiz(문제) 부분에 해당하는 그룹.)
   본 책이 영어가 Quiz라는 명제를 전제로 기술하고 있는 부분 중 질문에 해당하는 부분.

   ❹ **동사(주어 포함) +답 (목적어, 보어) / +부사상당어구**
      답이 없는 것은 1형식으로 동사 스스로 답이 내재되어 있는 서술형 문장이고 나머지
      2~5형식 문장은 답의 내용들이 달라지는 것임
   ❺ **전치사 +답 (명사)** / 전명구, 전치사구 (품사는 부사)/ 문장안에서 작은 다리역할로 기억
      (부사는 어느 것이나 모두 when, where, how, why 4 종류에 포함)
      6하원칙 중 Who와 What 을 제외한 나머지

3) ❻접속사
   단어 ,구 ,절, 문장을 연결해주는 큰 다리역할   *이 때 문장은 완전한 문장이어야 함.

4) ❼감탄사 / 감탄을 나타내는 품사. 문장에서 특별한 기능을 하는 것은 아님
   ah, oh, oops, bingo 등(감탄사 편 참조)

2. 문장의 5형식

문장의 형식을 여러 가지로 나눌 수 있고 본 책은 영어가 Quiz 라는 명제하에 **답이 있는 문장과 없는 문장으로 가장 단순하게 2개의 형식으로 분류해**도 되나, (이 경우 1형식만 답이 없는 문장이고 나머지는 답이 있는 문장으로 분류 가능) 가장 일반적인 5형식으로 설명해도 무난하기에 여기서는 이 방식을 따르기로 함.

[영어는 퀴즈형식]으로 서술되는 형태로 구성되어 있어서 앞의 단어가 질문이고 뒤의 단어는 대답의 형식을 취하고 있음을 살펴보면 이해가 훨씬 쉬울 것이라 판단하나 본 책에서는 이것을 좀 더 간결하게 이해하기 위해서 의미상의 덩어리(chunk)단위로 앞의 덩어리가 질문이고 뒤의 덩어리가 대답으로 분류하기로 함으로써 영어이해의 효율성을 위해서 가장 간단한 방식으로 처리하고자 합니다.

5형식 기준으로 하면 [주어, 동사]를 Quiz(질문)으로 생각하고 목적어나 보어를 대답으로 생각하면 됨.] 1형식은 동사가 완전한 의미로 완성이 되는 완전 자동사이기에 주인공 자신의 서술이라고 생각해도 무방(답이 없다고 생각해도 됨).

*주어 +동사를 분리하여 생각하지 말고 하나로 생각하는 것이 가장 중요한 포인트

	질문 (QUIZ)	답	비고
1형식	S + V	× (답 없음)/서술	주어라는 한 주인공의 이야기
2형식	S + V	C(명사, 형용사)	
3형식	S + V	O(명사)	주인공과 상대방 하나 이야기
4형식	S + V	IO + DO 사람,생물 사물,생물	주인공과 상대방 2개 이야기/중요한 순으로 나열하는 특징
5형식	S + V	O + O.C (O의 행동이나 상태표현)	주인공과 **상대방의 상태나 행위**에 대한 이야기

- 문장은 완성된 문장이후에는 연결사 들을 통해서 추가적인 서술을 하는 구조가 영어연결의 핵심구조인 것만 기억하면 영어의 이해의 골격은 갖춘 것이라 판단해도 됨

- 영어문장을 가장 단순하게 나누면 **주어와 동사가 나온 다음(질문 Quiz)에 궁금한 것 (답, 내용)이 나오는** 것이고 그 표현방식은 한국어 어순과 반대로 구성됨. 영어표현은 그림이나 사진이 완성된 모습으로 연출되어 문장이 전개되면 그 자체로 자연스런 사진이나 동영상이 만들어지는 것을 느낄 수 있는 반면에 우리말은 순서

가 아니라 조사에 의해서 의미가 결정되기 때문에 자연스런 그림이 만들어 지지 않고 그림이 깨지는 상태인 것을 알 수 있다. 이것이 영어와 한국어의 결정적인 차이이기에 이 부분만 숙지하면 2개 언어를 비교하면서 이해가 가능하기에 학습효과는 자연스럽게 높아 질 것은 자명.

–위 5형식을 좀 더 줄이면 2개 형식으로 줄여도 될 것임. 1형식과 2~5형식을 묶어서 2개 형식으로 구분해도 될 것입니다. 1형식은 스스로 사실을 진술하는 형식이고 2~5형식은 [주어, 동사]를 한 묶음으로 하여 그것을 질문이라고 하면 질문에 대한 대답이 곧 주어가 하고 싶은 말이기에 그 나오는 내용에 따라서 2형식~ 5형식으로 나뉜다고 이해해도 될 것입니다. 이것은 **굳이 외워서 되는 것이 아닌 질문에 대한 자연스런 대답**이 되면 되는 것입니다. 우리가 말을 하거나 글을 쓸 때 문장의 형식을 생각하면서 말하지 않는 것처럼 영어를 사용하는 사람들도 마찬가지인 것입니다.

결국 영어와 우리말은 사고방식이 반대이기에 영어문장의 해석은 **우리말과는 반대구조인 의미단위의 구나 절 단위 (chunk)로 앞에서 부터 해석해 나가면 됨. 우리말로 매끄럽게 번역할 필요는** 없고 의미만 이해하면 될 것입니다. (매끄러운 해석은 번역가의 몫으로)

1) 1형식 (주어 스스로 서술) / S+V + 부사상당어구

이 형태의 문장은 주어의 동작이나 상태를 진술하는 모습인 것입니다. 동사의 모습은 완전한 그림으로 만들어져 궁금한 내용이 없고 이 문장의 이후에는 7개 연결사(준동사 3개, 관계사 3개, 전치사)를 통해서 표현이 풍부해지는 효과가 있을 것입니다. 아래 문장형태들도 연결사는 같은 의미인 것입니다.

Little bird **flies**   into a big black cloud well
   / 새가 나는 모습이 그려지고 궁금한 내용이 없음(부사적 표현 말고)

The last leaf **fell**. / 낙엽이 떨어진 모습이 그려짐

He **swims**   fast. / 수영하는 모습

She **runs**   fast / 달리는 모습

I **worried**   about my job security in this bad economy worldwide
                caused by covid 19.

I **will be**   there/ for you / with a placard / in the front of the desk
            / at Kimpo airport / in Seoul ,Korea.

2) 2형식 / S + V + SC (주어와 같은 내용) + 부사상당어구

주어의 상태를 보충해주는 문장 형태로 동사만 가지고는 주어를 설명하기가 부족하기에 주어를 보충하는 보어가 와서 문장을 완성시켜 줌.

❶ 상태를 나타내는 동사

She is a teacher. 보어(teacher)는 주어를 보충 (주어와 같은 내용)

 그녀는 ?/ 궁금한 내용이 발생했기에 그 궁금한 내용을 말해주는 것임

She is smart.   주어의 상태를 설명
Life is beautiful.
* There is a book on the desk. 는 be 동사이지만 1형식문장임.
  there는 유도부사이고 주어는 a book임.

❷ 상태의 변화를 나타내는 동사
become, come, get, grow, make, turn, fall, go 등
Global warming **is**   becoming common.
The players **were**   growing tired.
It is ok / to study hard /all night /once in a while /
   / when you are young.
I was thinking that we should go out and have a dinner.

3) 3형식 / S+V+O+ 수식어 (S ≠ O)
이 형식의 문장은 주어 동사만으로는 서술이 부족하여 동작의 대상이 나오는 동사군들에 사용하는 형식으로 보어인지 목적어인지의 구별은 주어와 같은(보어) 지 다른(목적어) 지를 가지고 구별하면 됨

I **love**   you. (나 ≠ 너) / S 는 V한다 O를
         내가 사랑하는 것은 / 너
I **have**   something / to ask her. (나 ≠ something)
              내가 가지고 있는 것은 something / 그녀에게 물어 볼
He **sold**   his car.
I **want**   you / to go out buying something / at department
                        /for your mother's birthday gift.
내가 원하는 것은 당신이 / 밖으로 나가서 무언가를 사는 것 / 백화점에서
                    /당신 엄마의 생일선물로
You **can do**   whatever you want/
         / since you study hard for the exam.
당신이 할 수 있는 것은 / 무엇이든 당신이 원하는 것
   왜냐하면 당신이 공부를 열심히 했으니까 / 그 시험을 위해서

4) 4형식 /   S+V+IO+DO+ 수식어 (IO ≠ DO)
4형식의 문장은 주어동사가 묻는 내용이 IO와 DO 두 가지인데 IO는 간접목적어로써 사람이나 생물 등이 오고 DO는 직접목적어로써 앞에 오는 내용(IO)이 더 중요하기 때문에 이 간접목적어를 뒤로 보내면 정신적인 거리감(기분 나쁘거나 삐짐)이 발생해서 전치사를 통해서 연결을 해주는 것으로 이해하면 됨.
   (전치사는 동사의 의미에 따라서 결정)
   * to는 ~에게 , for는 위한다는, of 는 동격(부분집합 의미)의 의미에 사용

I **gave** him my book → I **gave** my book **to** him.
She'll make you some coffee . → She will **make** some coffee **for** you.
I **asked** him a question → I **asked** a question **of** me.

5) 5형식 /   S+V+O+OC+ 수식어 (OC 는 O를 보충 설명함)
5형식동사는 주어가 동사 하는데 그 내용이 목적어가 O.C 하게 하는 문장으로, O.C는
준동사, 형용사, 명사 등 다양하게 옴.(보어는 명사나 형용사 역할만 가능)

❶ 명사, 형용사가 O.C인 경우
This will keep you warm.   I found the book interesting.
I found him innocent.   We'll call her Jenny.
People elected him chairman.

❷ to 부정사가 O.C 인 경우
I want you **to go** right now.
She didn't allow him **to go out** yesterday.

❸ 동사원형이 O.C 인 경우
　(1) 사역동사 (let, make, have, help)/ 친한 사이니까 시킨다는 의미
Let me go.   해 달라 내가 가게
Let's go.   갑시다   Let us go. 가게 해 주세요.(allow ~ to)
Let me get out of here.

　She always make me laugh
　I had my hair cut. / 머리를 깎게 시켰다
　I had her fix my car.   그녀가 내 차를 고치도록
　I got her to fix my car. (get 동사는 to 사용)
　My sister helped me **(to)** do my homework. / help는 to rk 있어도 되고 없어도 됨
(2) 지각동사 (or 진행형/ 강조의미) 가까우니까 지각이 되는 의미
I saw her walk(walking) her dog in the park.   I smelled something burning.
I heard her talk(talking) on the phone.   I felt something touch my shoulder.

❹ O.C 가 현재분사(능동, 진행) , 과거분사(수동 완료)
She couldn't **get** smartphone **working**.
Her father **wants** the work **done** by tonight,
He **had** his wallet **stolen.**

3. 연결사 / 7개

1) 준동사 : 동사를 변형시킨 3가지 형태로 동사의 역할을 보유하고 있음
   한 문장 안에서 연결하는 방법
   ❶ to 부정사 (문장에서 역할이 정해지지 않았다는 의미)
        /명사, 형용사, 부사 역할 중에서
   ❷ v -ing   (현재분사 : 형용사 역할 /능동, 진행) / 동명사(명사역할)
   ❸ pp   (과거분사 : 형용사 역할 /수동, 완료)
    / 분사라는 의미도 동사에서 분화되었다는 의미임.
   * 동명사는 동사가 명사가 되었다는 의미임

2) 문장의 연결 (큰 다리) /문장 2개를 연결하는 방법
   ❹접속사 : 문장으로 연결될 경우 뒷 문장이 완전한 문장

관계사
   ❺관계 대명사 : 뒷 문장이 불완전
      앞 문장의 선행사와 뒷 문장의 주어나 목적어중 하나가 관계가 있다는 의미
      (선행사와 같은 주어나 목적어를 생략)

   ❻관계부사 : 뒷문장 완전
   앞문장의 부사적 내용의 선행사가 뒷문장의 내용과 같은 경우 관계부사로 연결.
   (관계있는 것이 부사니까 뒷문장은 완전 (선행사나 관계부사중 하나는 생략가능)
     * how는 선행사나 관계부사 둘 중 하나는 반드시 생략(왜 그런지는 궁금)
   관계부사는 [전치사+ which]로 분해가능(전치사는 분리되어 문장 끝으로 이동가능)

   I remember **those days when** we fell in love with each other.
   This is **the place where** we played basketball in our school days.
   I don't know **(the way) how** this machine works.
            (how는 둘 중 하나 반드시 생략해야 함)
   Please tell me the **reason why** you didn't come to me yesterday.

3) ❼ 전치사 + 명사 / 한 문장 안에서의 연결 (작은 다리) . 품사는 부사
   The kids are playing   **in the ground.**
   I take her   **in my car .**
              in the room.

on the ceiling.

at the school.

during the vacation .

* 영어의 모든 문장들은 사진이나 그림으로 상상이 가능하기에 해석을 하려고 하지 말고 그 문장을 그림으로 상상하면서 앞에서부터 의미단위의 덩어리(chunk)로 이해하는 연습을 하면 훨씬 편하게 의미가 다가올 것입니다. 독해력을 키우는 처음단계는 구체적인 내용이 나오는 여행관련 문장을 접하는 것이 보다 효율적일 것입니다. 이후 차츰 추상적인 내용의 글로 옮겨가면 될 것입니다.

이 정도의 문법배경 지식과 기타 영어문법의 용어정도만 이해해도 단어만 뒷받침된다면 영어의 읽기는 대부분이 해결될 것입니다. 그러나 영어가 언어임을 고려하면 우리와 사고방식이 달라서 특유한 표현들이 있음은 어쩔 수 없기에 이러한 표현들은 별도로 훈련을 하여야 할 것입니다.

또한 회화체는 문어체와 글씨형태와 표현은 동일하나 소리가 수반되기에 별도의 훈련을 해야 하는 것입니다. 영어는 글씨와 소리가 완전히 다른 언어라고 할 정도로 다르기에 그만큼 많이 듣고 말하는 훈련을 하여야할 것입니다. 외국인으로서는 이 경우에도 기본적인 영어문법적인 내용은 숙지하고 있으면 훨씬 수월할 것입니다. 그것이 마치 구구단을 알면 곱셈, 나눗셈 계산이 편리한 것과 마찬가지 원리일 것입니다.

2

영어의 특징

2. 영어의 특징

2.1 영어의 기본적 특징 (거시적 관점)

1) 영어는 두괄식 구조의 언어

영어는 첫 번 째 Quiz의 답이 결론, 영어는 결론을 먼저 이야기하고, 뒤에 오는 서술은 결론을 보충 설명하는 구조이고, 말이 길어질 경우 **연결사**를 통해서 말을 이어가는 구조가 전부인 간단한 언어.

즉 영어는 문장의 **결론이 앞에 있는 두괄식**이고 결론 이후에는 그 결론에 대한 부연설명을 하는 서술방식인 반면, **한국어**는 중간에 하고 싶은 말을 맘대로 하고 마지막에 **결론(동사)을 내리는 미괄식 구조임**. 여기서 한국말은 끝까지 들어 봐야 한다는 말의 유래

* 말을 하다 분위기가 이상하면 결론을 바꿀 수도 있는 구조인, 다만 우리말은 순서를 바꿔도 의미가 통하는 구조의 언어로 이것이 우밀말의 가장 큰 장점으로 판단됨

```
  He picked     a leaf of the tree   /   in his house
    S  V             O / 결론                수식어 (보충설명)
영어 : 그가 pick한 것은   하나의 잎새 /나무에 있는    안에서   그의 집

우리말:  그는   나뭇잎 하나를    pick했다         그의 집  안에서 (있는)
```

* 위의 문장에서 S + V + O 가 하고 싶은 말의 결론일 것이고 이후의 말들은 보충 설명하는 것으로 이해하면 될 것임.

→ 이 문장을 단어 하나씩 쪼개보면 앞에 나온 단어는 뒤에 나오는 단어의 질문이 되는 것임을 알 수 있는 바,

주어(He)가 한 행동은 picked /
주어가 picked 한 것은   a leaf of tree
그런 행위가 발생한 장소는 in his house가 되는 것임.

그러나 이런 원리에도 불구하고 이런 어순을 한 단어씩 한다면 너무 복잡하므로 의미단위(chunk)로 앞에서 부터 읽어 가면 되는 것임.

2) 영어서술방식은 한국어 서술방식과는 의미단위(chunk) 기준으로 완전 반대
 * 의미단위(chunk) 기준이 가장 중요 /우리말과 영어는 의미단위에서 완전히 반대의 구조

*영어는 **주어(S)와 동사(V)가 언제나 한 묶음**이고 우리말은 동사가 맨 끝에 나와서 사진을 찍으면 주어와 동사가 분리되기 때문에 영어는 사진으로 자연스럽게 묘사가 가능하지만 우리말을 그림이나 사진으로 옮기면 주어의 신체로 하는 행동은 주어에서 분리되는 기형의 사진이 된다. 다만 우리말은 순서를 바꾸어 말해도 조사를 통하여 역할이 명확하기 때문에 이해하는데 아무 문제가 없는 장점이 있음은 이미 앞에서 기술한 만큼 중요한 포인트.

영어　　（I study）English　　／（in）my room
우리말　　영어를　공부한다　　　내방　　에서

* 다만 한국어는 어순이 바뀌어도 조사에 따라서 문장에서의 의미가 결정되는 형태이기 때문에 문장의 어순이 있기는 하지만 순서를 바꾸어도 이해하는 데는 아무 문제가 없는 반면 영어는 문장에서의 단어의 위치에 따라서 역할이 결정되기 때문에, 단어만 봐서는 문장에서 역할을 알 수가 없고 문장 속에서만 판단가능.

영어　　　He kicks the ball　　in the first game
우리말　　**그는**　공을　**찬다**　　첫경기　에서
　　　　（우리말의 경우 공을 차는 다리모습이 몸과 분리되는 어순구조임）
　　　　그는　찬다　공을　첫 경기에서
　　　　찬다 공을 그는　첫 경기에서
　　　　첫 경기에서 찬다 그는 공을
　　　　* 우리말은 순서를 바꾸어도 이해하는 데는 아무 문제 없음.

영어어순은 그림으로 그려지는 어순
우리말은 **사람(He), 공(ball), 다리의 행동(kicks)의 어순**이기에 그림이 깨짐.

　　The spring is beautiful / in California.　봄은 아름답다 캘리포니아(의)
　　Valleys in which the fruit blossoms / are **fragrant** pink and white waters　　in a shallow sea.
　　　계곡에는 향기로운 과일 꽃들이 향기로운 분홍빛 흰색 꽃들이 물에 떨어져 얕은 바다를 이룬다.

All California **quickens** with produce , and the fruits grows heavy,
and the limbs bend gradually under the fruit / so that **cruches** must be placed
/ under them / to support the weight.
캘리포니아 일대는 그 산물로 **활기를** 띠고, 과실들은 점점 묵직해져서
가지가 점점 휘어지고 과일의 무게로 / 그래서 **버팀목들**이 과일 아래 받쳐져서 / 무게를 지탱해야한다

The green -flushed steppe was **drenched** / with inexpressible charm,
flooded with the ancient scent of the bare black earth and every the year young grass.
녹초가 만발한 초원은 흠뻑 젖어 있다 / 형언할 수 없이 매혹적인 모습으로
고색 찬연한 향취가 넘쳐나는 것은 /벌거벗은 흑토와 늘 싱그런 풀

They gave me unlimited resources / to build exactly
what I've always dreamed of building.
그들은 무한한 자원을 제공했어요. / 정확하게 제작할 수 있도록
/ 제가 항상 꿈꿔 오던 빌딩을

I'm here to help you. But I can't help you/ get through this /
unless you open up to me.
나는 당신을 도우려고 여기 왔어요. 하지만 도와줄 수 없어요. / 당신이 지금 상황을 극복하도록 /
저한테 마음을 열지 않으면

A spacecraft would need to carry enough air, water, and other supplies /
needed for survival on the long journey.
우주선은 운반할 필요가 있을 것이다. /충분한 공기, 물, 그리고 다른 물자를
/ 생존에 필요한 /긴 여행에서

Some psychologists have characterized all infant language-learning /as problem-solving,
/ **extending** to children / such scientific procedures
as "learning by experiment," or "hypothesis-testing."
일부 심리학자들은 규정하였다 / 모든 유아 언어 학습을 문제 해결이라고
/ 이를 어린이에게 확장하여 / 그러한 과학적 절차들을
"실험을 통한 학습" 혹은 "가설 검증"으로

The images ((that) you see in your head) **are** images of you /**dropping** the ball!
　Naturally, your mind recreates **what** it just "saw" / based on **what** it's **been told**.
Not surprisingly, you walk on the court and **drop** the ball.

이미지는 (당신이 머릿속에서 보게 되는) 당신의 이미지이다! 공을 떨어뜨리는.
　당연히, 당신의 마음은 재현한다./ 방금 "본" 것을 / 들은 것을 바탕으로 /
놀랄 것도 없이, 당신은 코트에 걸어가서 공을 떨어뜨린다.

In fact, familiarity can often lead to errors on multiple-choice exams
　　because you might pick a choice **that** looks familiar,
　　　only to find later that it was something (that) you **had** read,
　　　　but it wasn't really the best answer to the question.

사실, 친숙함은 종종 오류를 일으킬 수 있는데, 선다형 시험에서
　　　선택할 수 있기 때문에 / 익숙해 보이는 선택지를
　　　　결국 나중에 알게 된 것은 당신이 읽었던 것인데
　　　　하지만 가장 좋은 해답은 아니었다는 것이다. 사실 그 질문에 대한

3) 영어는 주어를 기준으로 가까운 데서 먼 곳으로 가는 여정을 서술하는 구조

❶ 지상에서 하늘로 쏘아 올리는 우주선 방향
❷ 주어가 과녁을 향해서 활을 쏴서 화살이 과녁으로 날아가는 모습,
❸ 활주로의 비행기가 이륙해서 목적지로 날아가는 모습
❹ 기차가 목적지를 향해 출발지에서 달려가는 모습
❺ 사람이 집에서 여행지를 향해 가는 모습
❻ 영상촬영 시 가까운 것을 먼저 그다음 멀리 있는 대상을 클로즈업 시키는 행위 등이 영어를 서술하는 방식임.

활쏘는 모습

로켓발사

비행기 이륙

기차출발

반면 우리말은 영어와는 반대로 주어를 먼저 기준으로 한 다음 멀리서 주어에게로 가까이 오는 모습의 표현방식의 언어적 표현를 하고 있습니다. (먼 곳에서 가까운 곳으로)

❶ 하늘에서 지상으로 떨어지는 벼락의 모습
❷ 멀리서 쏜 화살이 주어에게 다가오는 모습,
❸ 하늘에 떠 있는 비행기가 비행장으로 착륙해 오는 모습
❹ 여행간 사람이 다시 집으로 돌아오는 모습들을 상상하면 될 것임.

벼락치는 모습

*주소 표현이 전형적인 예
(우리말 어순) 대한민국 서울특별시 강남구 대치동 은마아파트 101-101호 홍 길동 (큰 곳→작은 곳)
(영어 어순) 홍길동 101-101호 은마아파트 대치동 강남구 서울특별시 대한민국 (작은 곳→ 큰 곳)
　　　　　　Hong gildong
　　　　　101-101 Eunma Apt, Daechidong, Kangnamgu ,Seoul, Korea

영어어순의 비밀을 다시 정리해 보면 영어는 결국

1) 주어가 처음 나오면 주어와 가장 가까운 것이 자기 자신이니까 동사가 나오는 것이고
　 (동사 중에서도 조동사는 주어의 내면에 존재하기 때문에 본동사(be 동사, 일반동사 보다 먼저
　 나오는 것임.) 그래서 모든 문장은 [주어+(조동사)+ 동사]가 하나가 되어 먼저 나오는 것임.
　 (의문문에서 조동사· 동사가 앞으로 나와 순서는 바뀌어도 결합은 풀리지 않음)

2) 그 다음에는 동사에 따라서 동사에서 궁금한 내용들이 나오게 되고 이렇게 문장의 결론이
　　 나면 그 이후에는 그 결론을 보충 설명해주는 내용들이 수식어 및 연결사 7개
　 (준동사 3개, 접속사 1,관계사 2개, 전치사1) 등으로 이어 나오는 구조임.

3) 영어는 또한 [주어+ 동사] 를 기준으로

❶ 물리적으로 멀어지는 이동순서대로,
❷ 논리적인 순서대로 기술되는 형태를 보이는 것임.
❸ 서술방식도 먼저 눈에 보이는 **구체적**인 서술을 먼저 하는 것이 일반적이고
   그 다음에 **추상적**인 개념을 서술하는 형태를 나타냄.

* 구체적인 것이든 추상적인 것이든 문장의 전개는 동일한 패턴
* 영어는 앞에 나오는 단어가 기준이고 뒤에 나오는 단어가 앞에 나온 단어를 보충설명해 주는 형태로 서술해 나가는 구조를 가지는 바, 결국 앞에 나오는 단어가 궁금한 것을 물어보는 것이고 뒤에 나오는 단어가 그 해답으로 보면 될 것임
* 이렇게 하나씩 읽어가는 것이 원어민의 사고에 맞는 방식은 틀림이 없으나 원어민이 아닌 외국인으로는 의미단위(chunk)로 읽어가는 것이 더 편리할 것임.

결국 원어민의 사고방식을 이해는 하되 훈련이 잘 되어 있는 우리말 방식의 뇌구조를 활용하여 비교하면서 효율적으로 접근하는 것도 방법일 것임.(각자 편한 방식으로 하되 우리말 방식으로 주어를 기준으로 뒤에서부터 해석해 오는 방식은 절대로 해서는 안 될 것임)

He kicks the ball   in   the first game.
그가 찬다 공(을)   시점은   첫 경기

We were hoping   for **something magical**, /
  something (that) we could wrap our arms around /and **take** home / with us.
우리는 바라고 있었다.   뭔가 마법 같은 것을 /
   그것을 우리가 품에 안고(팔을 두르니까) / 집으로 가져가는 / 함께 하는 것은 우리

On behalf of Jefferson High School, I am writing this letter
     to request permission / **to** conduct an industrial field trip / in your factory.
대표하는 것은 Jefferson 고등학교, / 제가 쓰고 있는 것은 이 편지 /
   (왜?) 허가를 요청 / (목적은) 산업현장 견학 / (장소는) 귀 공장

Jane **lay** on her back in a clearing, **watching** drops of sunlight slide
　　through the mosaic of leaves /above her.
　　　　Jane 이 누운 곳은 그녀 등(드러 누웠다) (장소는) 개간지에 / 그리고 지켜 본 것은 햇살
　　　　(통한 것은) 모자이크 모양의 나뭇잎 / 위로 (아래에는) 그녀

　Trying to use body language / by reading a body language dictionary
　　is like **trying to** speak French/ by reading a French dictionary.
　　(사용하려고 하는 것은) 몸짓 언어   / (수단은) 몸짓 언어 사전을 읽어서
　　　말하려고 하는 것과 같다   프랑스어(를) / (수단은) 프랑스어 사전을 읽어서

　　He picked　　　a leaf of the tree　　　in　 his house
　　　그가 pick한 것은　하나의 잎새 /나무　 안에 있는 (기준은)그의 집

2.2 영어의 특징 기타 (미시적 관점)

1) 구동사의 발달 /회화체 (서민들의 언어)

우리나라의 경우 조선시대에 한글을 언문으로 평민들이 사용하고 한자어를 양반들이 사용해 왔고 특히 왕족들이 사용하는 언어가 별도로 있었던 것처럼 영국에서도 1066년 영국 에드워즈 왕이 후사 없이 죽자, 프랑스 북부지방에 이주해 있던 노르망디 영주 윌리엄이 왕위계승 약속을 내세워 노르망디 정복(노르망디 상륙은 1944년 아이젠하워 장군의 2차 세계대전 사건)으로 영국왕이 된 이후 상류층들은 프랑스어와 라틴어를 중심으로 사용한 반면 평민들은 영어를 사용하면서 구동사 중심의 언어를 사용하게 되던 문화가 지금은 주류가 되어 회화체에서 사용되게 된 문화적 배경이 있습니다.

현재도 라틴어 등의 외래어에서 나온 소위 귀족들의 단어들은 공식석상이나 문어체 등에서 주로 사용하고 평민들이 사용하던 단어들은 회화체에서 주로 사용되고 있는 것입니다. 그 중에서도 특히 구동사를 활용한 표현이 압도적으로 많이 사용되고 있습니다. 그러나 우리는 그 문화를 접속하지 못한 상태에서 구동사를 제대로 접하지 못한 일본인이 번역한 영어를 기본으로 학습을 해 왔기에 최근까지도 구동사는 지극히 낯선 영역에 있어 온 것입니다.

구동사는 동사와 전치사 결합되어 새로운 의미를 나타내기에 너무나 많아 하나하나 외운다면 끝이 없을 정도로 많기에 그것은 거의 불가능할 수도 있을 것입니다. 그러나 구동사가 동사의 의미와 전치사의 의미가 결합되어 동사의 의미가 보다 자세하면서 다양하게 확장되는 의미를 가지게 된 점을 이해하면서 습득을 한다면 동사의 이미지와 전치사의 이미지를 숙지한다면 효과적인 학습효과를 가지게 될 것입니다.

2) 영어는 한자어를 한글처럼 쉽게 풀어서 설명하는 표현 중심의 언어/ 친절한 금자씨

영어는 우리말의 한자어를 한글로 풀어서 쉽게 설명하듯이 표현하는 특징을 가지고 있는 바 이는 영어에서 발달한 **동사와 전치사의 조합을 표현되는 구동사**에서 많이 나타나고, 이것이 영어식 특유의 표현방식으로 나타나게 된 것입니다.

결국 이런 영어식 표현들은 우리나라 조선시대 양반들이 사용하던 표의문자인 한자적 표현을 표음문자인 한글로 서술(설명)하듯 표현하는 방식과 유사하다고 보면 될 것이고 그 기원은 노르망디 정복사건과 관련이 있다 할 것입니다. 결국 영국의 평민들이 고단한 생활속에서 기존의 단어들을 조합해서 단어의 의미가 확장된 것이 영어의미의 확장의 주된 흐름이었다는 점을 고려하면 쉽게 이해할 수 있을 것입니다. 이렇듯 생활영어는 이런 영국평민들의 언어확장과 관계된 것이고 표현형태는 동사와 전치사를 결합해서 만든 것으로 그림을 보는 것처럼 쉽고 친절하게 설명하듯이 표현하는 방식으로 나타나게 된 것이라 할 것입니다.

이 경우 동사는 동사 자체로 이해하고 **전치사도 동사처럼 생각하고**, 또 앞의 **본동사를 동사가 변해서 부사**가 된 것처럼 하면 자연스런 우리말 해석이 될 것입니다. 예를 들어보면

```
Put it in my room ( insert )          놓는데     안에   / 방에 넣다
Leave for the day                     떠나는데  오늘동안 / 퇴근하다
pulled her boots off (her feet)       당겨서        벗었다(분리)

can't put my finger on it    손가락을 접촉시킬 수는 없지만 /   꼬집어 말할 수는 없지만
    put one's finger right on the problem   손가락을 바로 접촉시키다 / 정확히 지적하다
take off              옷을 (몸에서) 떼어내다  /  옷을 벗다
take on               옷을 ( 몸에 ) 접촉시키다 / 옷을 입다

sign up for the class        수업 받으려고 사인하다 / 수강신청하다
put on        (몸, 얼굴에 ) 접촉시키다 / 바르다  옷을 입다/행위, wear 은 입고 있는 상태
put on a button              단추를 붙이다  / 단추를 달다

study abroad                 해외에서 공부하다  /  유학가다
put the plan together        계획을 함께 놓다 / 계획을 짜다
put the thought together     생각을 함께 놓다   생각을 가다듬다

during drop and add          빼고 넣는 기간 동안 /   수강신청 변경기간
What do you like to do       뭘 하는 걸 좋아하니? /   취미가 뭐니?
you did it to myself         너 자신에게 했어   /   자업자득이야

What do you study ?          무슨 공부하니?    /   전공이 뭐니?
What do you do for a living? 생활을 위해 뭘 하니? / 직업이 뭐니?
get out of my pants          바지 밖으로 나오다  /  바지를 벗다

put it on the shelf          위에 놓아  / 얹어 놔
see you off                  떠나는 것을 보다 / 배웅하다

* Do you have the time?      (보통명사화/시계) 몇 시니?
  Do you have time ?         (여유)시간 있나요? /차 한 잔 하자고) /추상명사
```

3) 자신이 직접 하는 일과 남을 시켜서 하는 일을 구분하여 표현

I had my clothes washed yesterday   시킴/사역동사
   I washed my clothes yesterday   스스로

He had his hair cut   시킴 /사역동사
   cut his hair   스스로

I have my room cleaned once a week   시킴/사역동사
   I clean my room once a week   스스로

She had her wisdom teeth taken out yesterday   시킴 / 사역동사
   She took out her wisdom teeth yesterday.   스스로

I got(had) my hair colored.   시킴
   I colored my hair.   스스로

4) 소유 중심의 언어 (Have) * 우리말은 존재중심

영어를 모국어로 하는 사람들의 가치관 중 가장 중요한 개념으로 사물 사람을 가리지 않고 포함하고 있으면 A has B 로 표현.

(1) 사물이 소유대상인 경우
I had an accident the other day
   사고를 가졌어 / 영어   사고가 있었어 / 우리말
Do you have change ?
   거스름 돈을 가지다   거스름 돈이 있다

(2) 사물과 사물의 관계도 소유동사로 표현
The desk has four legs. 가지다(영어) / 있다(우리말)
Can you tell me why two pants have different prices.
The hotel has a good reputation. 평탄을 가지다 /평판이 좋다

(3) 사람도 소유대상
She has 3 children .
How many brothers do you have ?
He had a great professor.

5) 영어는 제작중심의 언어 (Make) / 우리말은 동작 중심의 언어

우리말은 동작(do) 중심 언어 (약속하다, 실수하다 등) 이지만
영어는 제작중심의 언어(make ~) 의 특성을 보유

* 없던 것(물건 일 등) 들이 생기게 되는 것을 말할 때 do를 쓰지 않고 make를 사용

make an appointment	
make a mistake	
make a desk	만들다
a friends with	사귀다
a fool of her	바보취급하다
the list	만들다
the plan	세우다(짜다)
a mistake	하다
them happy	해 주다
a good wife	되다
sense	사리에 맞다
money	돈을 벌다
a face	얼굴을 찡그리다
every effort	온갖 노력을 다하다
excuses	변명을 하다
it	해내다

6) 영어는 주어에 사람 사물 구분 없이 사용하며 심지어 사물이 주어가 되어
사람마저 대상으로 삼는 일이 일반적. (만물평등 사상)

This book put her to sleep.
What brings you here ?
This reminds me of my mother.

The movie really touched me
The dog makes her angry.
The headache kept her awake all night.

A little bit of thinking will show you that it doesn't make sense.
The headline read " Man Killed A Young Girl in Portland Battle."
The sign said " Wet Paint "

7) 한국어의 술어(동사, 형용사) 대신에
영어에서는 **be +전치사** 표현을 통해서 간결하게 처리하는 특징

이 경우 전치사가 동사역할을 하는 것으로 이해하면 된다.
(다만 원어민이 아니기에 정리해서 훈련이 필요)

It is **not against** the law	위배되지 않는다
Refunds **are against** store policy	위배된다
His father **was against** his idea	반대하셨다

Are you **for or against** it?	찬성하니?
She was **down** yesterday.	(기분이) 내려가 있었다/기분이 좋지 않았다
It's **for** little kids	어린이 용이야

This is **for** you	나를 위한거야 /너를 위해 준비했어
This blow dryer **is only for** 220 V	200 V 전용이야
Don't be in a hurry	

When I **was in** a college , my major was Math Education.

He **was in** bad shape

I'**m off** now

The electricity is **off**

I'm **on** a diet.

8) 한국어의 [동사의 활용/부사형, 형용사형]을
영어에서는 전치사를 사용하여 간결하게 처리

[~ 해서, ~ 해 가지고, ~하여, ~ 는, ~ 한, ~ 하고 있는] 등의 한국어 표현은
영어에서는 **전치사**(자체에 이런 의미가 내포)로 **간결하게 처리**하는 특징이 있음.

결국 전치사가 동사의 기능을 내포하고 있음을 이해하면 훨씬 편리

Look at the flies (sitting) **on** the ceiling / on 에 sitting 의미포함

The student (being) **in** the classroom had lunch. / in에 being 의미포함

What will you do **after** school? 학교를 **마치고**의 의미 포함

Anything he said could be used **against** him in a court of law. 불리하게

He frowned **at** her   보고 눈살을 찌푸리다

She gaped **at** him   보고 입을 벌리다

She got on the train **back** to Seoul   되돌아가는

Two days later he came to the house **for** tea   차를 마시러

Do you have a table **for** five?   5인용

She reached into her apron pocket **for** her handkerchief   찾으려고

He put his credit card **for** the check.   계산하려고

He reached out **for** her arm and pulled her **toward** him back onto the seat
            손을 뻗어   잡아당겨

He took off his gloves and reached **for** his cookies.   쿠키를 집으러

9) 한국어 형용사의 서술형과 부사 표현을 영어에서는 명사를 수식하는 형용사로 간단하게 표현

Would you **like more coffee?**　　　더 많은 커피 / 커피 더 의미
He mailed **some letters**　　　몇 개의 편지 / 편지 몇 통을 의미
He drew out **a long sigh**　　　긴 한숨 / 한숨을 길게 의미

Take **a deep breath**　　　깊은 숨 / (숨을) 깊이 의미
We need a **new copy machine**　　　하나의 새로운 복사기 vs 복사기 새로 한 대 의미
Have a **good breakfast**　　　좋은 아침식사 / 아침식사 맛있게 의미

Did you have a **good trip?**　　　즐거운 여행 가졌는지 // 여행 잘 했는지
I don't think I could face **another beer**　　　또 다른 맥주 / 맥주 더
I have two **more baggage.**　　　두 개 더 많은 / 두 개 더
I need to make an **urgent call.**　　　급한 통화 // 급히 통화하다
I took the **wrong bus** and got lost.　　　잘못된 버스 / 버스를 잘 못 타다
I want to make a **good impression**　　　좋은 인상 / 인상을 **좋게**

I will give her **two free tickets**　　　두 개의 공짜의 표 / 표 두장 공짜**로**
It is healthy to have **a big breakfast**　　　큰 아침식사 / 아침식사를 **많이**
There were **lots of bloody scenes**.　　　많은 끔찍한 장면들이 / 끔찍한 장면이 **많이**

Three cheese burgers and three regular fries, please　　세 개의 치즈버거　세 개의 보통의 튀김들
　　　　　　　　　　　　　　치즈버거 **세 개**　감자튀김 **보통으로** 세 개
Would you like **more wine**?　　　더 많은 와인 / 와인 **더**
You are a **wonderful cook**　　　훌륭한 요리사 / 요리를 정말로 **잘하는**
Are you a **good player?**　　　좋은 선수 / 잘 하니?

How many required courses are you taking thus term?　　얼마나 많은 / 몇 개
There isn't **a single cloud** in the sky.　　　하나의 구름도 / 구름 한 점

10) 원어민 고유의 사고에 따른 표현

또한 모든 언어가 그렇듯이 영어도 우리말과 1:1 로 표현되는 부분이 있고 그렇지 못한 부분들이 있으니 보편적 사고의 동일성에 기초한 대부분의 표현은 1:1로 의미의 대응이 되지만,1:1로 되지 않은 부문은 문화적· 역사적 차이에 의한 사고방식의 차이에서 나온 것이기에 그런 표현들은 충분히 숙지하여야 할 것이고 그 대부분은 구어체와 속담, 속어(slang) 등에 있고 이것이 외국인으로서는 어려운 부분인 것입니다.

It's a little **overcast** today 흐린   귀찮은 일이다
It's so annoying. It's such a hassle.
       red tape   복잡한 절차
It's such a bummer.   안된 일, 아쉬운 일 What a bummer!
bummed out .   아쉬워 하다
He always **puts** his family(work,himself) **first**.   최우선
born with **a silver spoon**(in his mouth)   은수저 (금수저로 사용)로 태어나다

We've grown apart   서서히 멀어지다(자라는 게 오래 걸리니까) (반) keep in touch
She turned me down   거절하다 (기회, 데이트 등)
let down   실망시키다

not on speaking terms   말하는 사이가 아닌
falling out   다툼
She shot me down.   거절하다
I got shot down.   제안을 거절당함(비행기 맞아서 떨어짐)
I will keep you posted   계속 상황을 알리다
No matter what, I'll respect your decision.   결정을 존중하다
This isn't how I pictured it.   내 상상과 다르네요

11) 한국인이 특히 실수하는 영어

특히 한국인의 사고방식과 영어를 사용하는 원어민들의 사고방식의 차이에 따른 차이와 문화적 차이에 따른 표현의 실수(소위 konglish) 들을 숙지해서 적확한 원어민의 표현을 많이 익혀야 하는 것입니다.

(1) 한국인이 잘 틀리는 표현들

```
틀린표현              맞는 표현
```
0.
arbeit   part time job(○)
hotchkiss   stapler (○)
back mirror   rear view mirror (○)

1.
parking lot 주차공간 전체   parking space 1대 주차공간
morning call (×)   wake up call (○)
one-piece 여성용수영복   dress 위아래 연결된 치마

2.
I just cut myself.
　　　→ **Are you ok?** 괜찮니 인데 다쳤는지 안 좋은 일의 발생에 대한 질문
Do you want Korean food for lunch?l
　　→**Is that ok** with you. 그래도 좋니 ? (제안 등에 대해서 확인할 때 사용)

약속 있다
I have plans (복수형) 단수형을 사용하면 사업계획 군사작전 계획 등을 의미
I have a promise (×)
I promised my friend to visit him this weekend. (○)/동사로 사용은 가능
3. 전화영어 / 누구있어요? 할 때
　 Is 이름 there ? 또는 Is 이름 in ?형태로 사용
　 Is Jinho there? Is Jinho in?   Is there Jinho? (×)

4. 소유격 관련
 good(bad) for one's health. (one's를 빼먹으면 안 됨)
　　　It's good for your health. 영어는 소유격을 반드시 밝혀줌　반면에
Thank you for your help (소유격 있으면 helping 사용하면 안 됨)

Thank you for helping me (○)
Thank you for helping (○) /소유격 없으면 가능

5. what vs How
How do you feel about ~ ? (○) /What 사용 불가 (생각하는 방법)/감정,소감에 대한 질문
What(do you think) about ~ ? (○) / How 사용 불가(무슨 생각으로, 기억)
What (do you think) of   생각 의견 을 대답으로 해야 하는 경우

6. 질문 대답관련 / what, how
Do you know what ~ ? (○) /yes, no 로 대답필요
How do you think I got it? 내가 어떻게 구했을 거 같아?/간접의문문
What is jack like ? 변하지 않는 것 / 어떤 사람인지, 외모 성격
How is jac?k / 변하는 것, 상태 How / 잭은 괜찮아? 어떤지 바쁘니? 등

7. What about, How about
What about a break? 제안도 가능 / 문제제기, 불평
    상대방을 도입 What about me (it)? 그럼 나는?(뭐해 줄 건데/
    (서로 얘기하다 다른 사람일 끼어드는 상황/ 감정이 실림, 불평의 느낌)
How about jack for the job?   상대방의 의향, 제안

8. 회피하는 표현 / 사생활
It's my privacy.(×)   That's personal. 약간 언짢은 느낌
            I'd rather not say.   공손히 피하는
No comment   일반적인 (특히 기자들에게)
        (That's) None of your business. 화났다는 표현

9. 차를 태워 주다 내려줄 때
I will drop you off at the corner. (○)
I will get you off at the corner.(×) /([주어가 ~에서 내리다 라는 의미]이기에 부적절)

10.
등산하기
    hiking 산이나 들로 산행하는 것.   climbing 암벽타기
    eye shopping [눈]이나 사러가자 의미 window shopping = brouse 백화점 구경하기(아이쇼핑)

혼자서 ~ 하다
    hang out by myself 집콕하다   play with myself (×) /혼자서 자위행위하다의 의미

11. 각자 내다
Let's Dutch pay (×)   Let's Go dutch (○)
　　　　Let's spilt the bill.
　　　Let's fifty-fifty   Let's go halves.   반씩 내자
　　　　　This is on me   내가 낼께

12.
눈이 너무 높아
Her eyes are too high.(×) /눈이 위에 달렸다는 느낌
　　She is too picky about (food, man, ~) (choosy, fussy 까칠한). (○)
필름이 끊겼어   have a blackout   술에 취해 정신을 잃다   film cut(○)
토하다　　　　overeat (×)　　throw up(○)

13.
시험부정행위   cunning paper (×) 교활한 의미   cheating sheet (○)
점심메뉴가 뭔가요?
What are your menu(×) for lunch? (menu는 식당의 menu 판 자체를 의미)
 What are you having for lunch?
　What are you eating for lunch?

 What are you gonna eat for lunch?
　　What are you gonna have for lunch? 등의 표현으로 사용.
　　 * signature(popular) dish   대표요리

14. 나 아직 회사에 있어
　I'm still at my company (건물을 말할 때 사용)
　I'm still at work.(의미를 담아서 말해야 함/일하고 있다는)

15. 영화보는 거 (책보는 거) 좋아해요
　I like watching a movie.(×) movies 를 사용해야 함.(영화 한 개 만보는 것이 아니니까)
　I like reading a book (×) /books 로 해야
　 I like reading 만 하면 ok!

16. 미안 나 10분 늦을 거 같아
Sorry, I'm going to(gonna) be late for 10 minutes. (×) /10분 동안 이라는 의미
Sorry , I'm going to(gonna)[will be ,might be] be (10 minutes, a few) late. (○)
　　late 을 10 minute 가 수식, for 없음, few 만 사용은 안 됨 (거의 없다는 의미)

17. 나 여기 좋아
I like here 목적어가 없음 (×)
I like it here(there, home ,downtown/ 모두 품사가 부사)

나 집에 갈래
I will go to home (×) / to 가 없어야 함   home 이 부사이기 때문에 (to 의미 포함)

18.
한국 어때요?   How do you like it here?
             Do you like Korea?

너 불고기가 뭔지 알아?
Do you know What is Bulgogi? (×) (What bulgogi is 가 맞음)
간접의문문은 뒤에 나오는 문장은 평서문 형식으로 (Do you know 가 이미 도치되어 있으니까)

19. 저 고양이 알러지 있어요.
I am allergic to cats.   I have an allergy to cats.   I have a cat allergy.

20. 축하해 등 /복수형으로 사용해야함
Congratulations.   축하해   No worries   걱정마
My apologies   미안해   Thanks   고마워

21. 직역에 따른 오해
오늘 아침   today morning(×) this morning (○)
어젯밤   yesterday night(×)   last night(○)
내 친구 한명   one of my friends 복수를 사용해야 함

날짜 앞에 전치사 붙이기
 on my birthday , on Monday /특정한 날의 의미

22.
work hard, play hard(부사 형용사 다 가능 / hardly 는 안 됨(거의 ~이 없다라는 의미의 부사)
late 늦게 lately 최근에

23. travel(동사)/ trip (명사)
 I love to travel . I love traveling.
 go on a trip to Paris.
 take a trip to the State last year.

24.

I don't care 관심이 없다 Who cares , I'm not interested
I don't mind = It doesn't matter 상관없어, 아무거나 좋아, 괜찮아

move 힘을 써서 옮기 것   move to 옮겨가는 것
I just move to a new company. (new house) 회사를 옮기다
I just move a new company. 회사를 힘을 써서 이동시켰다는 의미
(회사가 장소를 이전했을 때)

25.
Sorry for late (×) / late 는 부사이기에 안 됨
 Sorry for being late (○) / 전치사의 목적어 필요
 Sorry to be late = Sorry I'm late   (○)
* Sorry for the late reply.(○) / 이 때 late는 reply를 수식하는 형용사이기에 가능

26.
notice 알아차리다 ,공지(명사) give notice 통지하다
Sorry for not noticing you earlier. (×) 알아 차리다의 의미이기에 어색
 I am sorry for not **giving you notice** earlier.(○) /공지하다

27.
Are you ok? 건강 느낌을 물어보는 표현
Is that ok? 제안, 상황자체가 괜찮다는 표현
Is it ok with you?(○) / Are you ok with that?(○)/상황을 물어보는 것
→ That's ok with that, I am ok with that. 모두 ok /상황에 대한 대답

28. available / 사람이 주어가 되어야 함
Are you available on Friday? (○) /I am available.(○)
 Is Friday available for you? (×) / Friday is available. (×)

29. marry
My friend will marry Jane next week. (jane 없으면 ×)
     / 목적어가 있어야 함(marry with 도 안됨/with 다음에 오는 사람은 굳지 따지면 동행자)
My friend is getting married next week. (○)
My friend will get married next week. (○)
 * be married to (○) be married with 3 children. 결혼해서 아기가 3 있다

30.
머리 헹구는 린스   rinse(×)   conditioner (○)
콘센트   concent(×)   outlet (○)
엑기스   extract

31.
비닐 하우스   green house
와이셔츠   dress shirt
깁스   cast
서비스 (무료)   This is free

32.
독신   solo 혼자 하는 것(악기 노래 등)   single   독신
부끄러운
embarrassed 다른 사람들의 반응을 의식(창피한, 민망한) / 이 사이에 낀 것 같은 상황
ashamed   스스로 한일에 대해 자책 반성하는, 내면의 모습
       shameful / shame 한 상황

33.
familiar with   누군가나 무엇에 대해 잘 알고 있을 때 on familiar with my colleague 잘 안다
 I am close to my colleagues   친하다

34.
I am used to listening to Classical music (동명사) ~ 에 익숙하다
 I used to V ~ 예전에 그랬다 (지금은 아니다)
I am scared (○)
I am scary (×) (무서운/ 사물에 씀 영화 등) /무서운 존재라는 의미일 때는 사용가능
   Spider is scary. 무서운 존재

35.
boring (지루한 / 사물 영화, 등/늘 그런 상황)   bored (사람이 심심하게 된/일시적인 상황)
    He is a boring person.(○) 지루한 사람 /늘 그런 사람이니까

36.
Would you mind ~ ? Do you mind ~ ? / 꺼리니? 의 의미
Yes, I would (mind) 부정   Yes I do. 꺼린다.
No, I wouldn't 긍정   No I don't. No that's fine 좋다 의미
(다만 다른 동사들은 긍정부정에 관계없이 긍정이면 yes, 부정이면 no 로 해야 함)

37. discuss (to ×) issue . / to 사용하면 안됨
We had a discussion / about(on) the issue. (○) / discussion 이 명사로 문장 끝남.

talk about the issue . / 이 경우 about 필요

38. Here
　　Here is beautiful (×) /here 는 앞에 사용하지 않음
　　It is beautiful here .(○)

39. know
　　Do you know me? 공격적인 느낌 (니가 나에 대해서 뭘 아는데?)
　　　What do you know about me?
　　Do I know you? 일반적인 표현 (좀 더 많이 쓰임)

I like dog 개고기 좋아해
 I like a dog(dogs) 강아지 좋아 해

40.
　　Call me If you get here　　　올지 안 올지 모를 때
　　Call me when you get here　　확실하게 올 때

41.
I have a stuffy nose　　코가 막혔어　　I am all stuffed up.
I feel so stuffy about it (×) 답답하다의 억지　I am so frustrated. 좌절감 답답해
I live in a stuffy little apart ment. 방이 좁아서 답답해
　　It's such a crumpled workplace. 좁은 장소
　　I need to vent(통풍구, 환기구). 답답한 거 풀고 싶다

42.
I broke my arm.(ankle 등 부위를 말할 때는 소유격)
I need to lose my weight.(×) /some 등 사용해서 표현.

Dear my friend (×)　To my dear friend .　My dear friend.
　old my car(×)　　my big car (O)

43. 고생시키다
I feel hard because of it(×) /고생하다 의미 아님
I am having a hard time 고생하다
Don't give him a hard time 고생시키지 마

44.
(Does) Anybody know a good restaurant around here? (knows 쓰면 안 됨)
　생략　　(동사원형이 와야 함)
(Does) Anybody know what time we have to be here tomorrow?
　　　(knows 아님)/ 의문문일 때

I envy you (×) 평생 한 번도 안 씀 / 우러러 보다의 의미 / envious 는 사용
 I am so jealous 부럽다

45.
I was drunken. I am drunken (×)
　　　I got drunk.　 I'm drunk. (○)

have a lunch(breakfast, dinner) /(×) a 가 붙으면 안 됨 (보통명사가 아니니까)
 일상의 식사는 a가 없는 반면 공식적인 격식적인 식사(저녁만찬, 이벤트 등)에는 a 를 붙임.
 / have a great (delicious, amazing) lunch(breakfast, dinner) 형용사가 있으면 a 를 붙여야 함

46.
I hope　　　미래에 되기를 바라는 것
 I wish ~　　　현실이 아닌 상태를 바라는 것 (실현불가능을 바라는 것)

He left for Seoul(for Busan). / ~ 행 busan bound

47.
Even native speakers don't know the meaning. 심지어 조차도
Even if it rains ,　가정
Even though I've lived in Korean for10 years , I haven't been to Jejudo. / 현실

48.
looks like a model. looks like Kennedy   (이름 앞에는 관사 없음/ 고유명사니까)
looks tired. / like 쓰면 안됨 / tired 가 형용사니까
looks rich (a rich 하면 안됨 /형용사가 와야 함) looks like a rich man(○/명사)

49.
I still remember what you said(did).
　　　　　　your saying(×/명사) /속담의 의미로 이해됨
You know what I am saying?(○) /saying 이 동사의 진행형

I was busy studying for a test .　　공부하느라 바쁨
I was too busy to study for a test　너무 바빠서 공부를 못함

50.
actually　예상치 못한 상태/ 놀라운 상태 밝힐 때, 보이는 상태의 반대 얘기할 때
　Actually, I am Korean.(×) 아는 상태를 말하는 경우 부적절

51.
large staff　여러 명 (team처럼)　a staff(×) staff 는 한 명이 아니니까　employee 직원
　five staffs(×/복수안됨)　five people (○)

and etc .(×)　A, B, C, etc / and 사용하면 안 됨.

52. recommend suggest 등
He recommended me to come there.(×) /나를 추천한 느낌/제안하는 의미가 아님
　　　　　　me for the position.(○) 이 때는 추천의 의미
　　　　　　that I (should) stop by.(○)　추천이 아니고 제안
　　　　　　this place to me .(○)

Do you have a company? (×) / 회사 경영한다는 의미
 (동행이 있는지 일 경우는 a 가 없어야 함)

53.
Do you know Kimchi? (×) Have you (ever) heard of Kimchi?(○)
I knew your site last year./ 지금은 모른다
I found out about your site last year. 작년에 알게 되었다
Who know Burgers? We know Burgers. /(광고에서) 속속들이 알고 있다는 의미
　　　(복수)　　　　expertise (전문가)

54.
each other (대명사임)
They were talking to each other.(부사 아님)
　They were talking each other (×)

12) 회화훈련과 발음

영어는 우리말과 달리 발음이 사전발음으로 알아들을 수 없을 정도로 많이 변해왔습니다.

그것은 쉽고 발음하기위한 영어만의 특징을 나타내고 있고 외국인들 특히 우리나라와 일본사람들이 더욱 어렵게 느끼는 것이 이 부분이라 하겠습니다.

우리말은 단어 하나하나를 또박또박 발음하고 구어체와 문어체의 차이가 거의 없는 언어인 반면 영어는 글로 씌어진 것은 원래 모습을 유지하고 있으나 말로 하는 것은 쉽고 빠르게 발음하는 문화적 특성으로 단어의 연결 시 축약, 강세, 리듬 등의 다양한 독특한 현상이 나타나고 있어서 영어학습을 하는 외국인은 실제로 2개 언어를 하는 것이리고 생각해야 할 정도인 것입니다. 그러기에 구어체에 대한 이해와 원리를 별도로 습득하지 않으면 말하는 것이 읽는 것보다 훨씬 어려운 것입니다. 그래서 우리나라에서 대학까지 공부한 사람들이 영어 말하기가 잘 안되는 근본적인 원인인 것입니다.

그러나 회화체는 외국인으로서 기본적인 문법사항과 단어 특유의 표현들을 숙지하고 훈련을 하다보면 그다지 어려운 것은 아닌 것입니다. 가장 좋은 방법은 기본기를 습득하고 현지로 가서 적응하면 가장 좋을 것이고 그것이 여의치 않을 경우에는 회화체에 대한 관심과 시간투자를 통해서 해결이 가능할 것입니다. 요즘은 컴퓨터, 어플, 유튜브, 네플릭스 등 다양한 매체 등을 통하여 혼자서도 얼마든지 훈련이 가능한 시대가 된 것입니다. 그러기에 더더욱 영어의 기본을 잘 숙지하고 훈련에 임하는 것이 시간을 아껴주는 지름길이 될 것입니다.

2.3 영어단어 연결의 특징

1) 문장이 아닌 다른 표현도 마찬가지로 영어는 앞의 단어가 뒷단어의 질문인 것을 관점을 달리보면 카메라 감독의 눈이 close up 시키는 모습대로 단어를 나열하는 구조를 나타내는 것을 알 수 있는 바. 카메라를 줌을 당겨서 멀리 있는 것을 가까이 올 때 파악되는 피사체로 이해해도 될 것임

   a   cup   of   coffee   / of 는 부분집합 개념 (소속, 소유) 에서
   먼저 한 개가 보이고 / 그 다음에 컵 / 그 다음에 내용물이 보이는 상황

   a glass of water 한 잔 / 물 / a cup of liquor 한 컵 / 술

   Mr. Lee , Miss. Lee , Mrs Kim.
   멀리서 사람을 보면 먼저 알 수 있는 것은 남자인지 여자인지, 그 다음에 가까이 오면
   누구인지 구체적인 모습이 보임 . (카메라의 close up 기능)

   King 세종,   President kennedy, Chairman Kim.
   직위가 먼저 보이고 다음에 구체적인 내용 보임

   10 a.m. 5 p.m
   시간이 보이고 그 다음에 오전인지 오후인지 파악

2) **동사 (주어는 자동 포함) 기준** / 동사 다음단어는 동사는 보충 내지 설명하는 단어들이 옴

   slide / to open   밀어서   열다 (slide and open)
   tilt / and turn = tilt / to turn   기울여서 돌리다
   come / and go =come to go   와서 가자

   drop / 20   떨어지다 20
   push / up   밀어서 위로
   stand / on hands   서다 손으로

   put / the key   in / the door   놓는다 키를 / 문안에
   transfer / to line 7   갈아타다   7호선으로

3)기타 단어 기준 (의미단위 앞부분이 결론, 뒷부분은 보충설명)

A key / to the door (car) 키가 있는데 문(차)으로 가는 것 (도어키/차키)
ten / to six   10(분) 있으면 6(시)가 됨 (6시 10분전/5시 50분)
the way / to happiness   길이   행복으로 가는

an answer / to the questions   해답이 질문(문제)에 대한
30% / off (부사)   30%   떨어져 나가다 (drop 20 에서는 drop이 동사)
sections / to be opened   구역이야   open 될 (미개통 지역))
a tenth   1개 10개중 (1/10, 10분의 1)

3

문장의 구성

3. 문장의 구성

3.1 문장의 구성요소

1) **철자** a b c d e f g h i j k l m n 등
2) **단어** dog, cat, tree, love, nature,
3) **구** 두 개 이상의 단어가 모여서 하나의 품사 역할을 하는 단어의 덩어리.
   (주어 동사가 없음/있으면 절이라고 함)

❶ 명사구 /주어 목적어 보어 기능을 하는 구
To **sing a song** is good for health / 주어
I don't know **what to do**. / 목적어
My hobby is **to study** English / 보어

❷ 형용사구 / 명사수식, 형용사 역할
I have a problem to **talk over** with her.
I have a book **to read** tonight.
He made a mistake to **lose the game**.
Books **written** illegally will be taken over.
It is **of no use**.

❸ 부사구
He usually goes to bed late **in the evening**. / 전치사구
She study hard **to pass the exam** / to 부정사
Judging from what she did, she is not honest. / 분사구문
To tell the truth, he is your son. / 독립부정사

❹ 전치사구 / [전치사 +명사] 형태로 대부분은 **부사**이지만
   간혹 형용사 역할을 하기도 함
It is **of no use.** / 형용사
He usually goes to bed late **in the evening**./ 부사

❺ 접속사구 / 접속사와 결합을 통한 구 (등위접속사, 상관접속사)
   (상관관계는 같은 품사여야 함)

both in theory **and** in practice   둘 다

between what she said **and** what I see

not me **but** you

not only apple **but also** banana = banana **as well as** apple   둘 다

in addition to   추가해서

either ~ or   둘 중 하나

neither ~ nor   둘 다 아님

as if , as long as, even if , as soon as, even though

❻ 동사구 / 두 개 이상의 단어가 모인 동사군

laugh at,   look at,   look up,   take off(벗다),

put on (입다, 신다),   turn on (켜다),   turn off (끄다),

take care of,   look after,   get on, get rid of

4) **절**   주어, 동사를 포함하되 문장이 되지 못하고 하나의 품사 역할을
         하는 단어의 덩어리

❶ 명사절 / 문장에서 주어, 목적어, 보어 역할 하는 절

It is true that " time is gold"   진주어

What I said is necessary for her studying math.   주어

The point is whether he loves her or not.   보어

Tell me why he was late for the meeting.   목적어

I know the fact that you will win the game.   동격

❷ 형용사절 / 명사를 수식하는 절 (관계대명사절, 관계부사절)

I have a friend **who can speak Korean very well.**   관계대명사 절

This is the book **that you buy the other day.**   관계대명사절

How can I forget tha day when I first kiss her.

❸ **부사절** / [종속접속사+ 주어+동사~] 형태의 절로, 형용사, 다른 부사, 동사, 문장전체를 수식하는 절
The snow was heavier than I expected.
I was sleeping when my father came home
Where there is a will, there is a way.

5) **문장**   주어 동사를 갖춘 완전한 문장
[문장구조에 따른 문장의 종류] 참조

구두점(부호)   ? , ' ! . : ; ( ), { }, [ ], " ", … ‐ ' ' ,

*8품사 구분

구분	8품사	구	절
1.to 부정사	명사 (대명사) 형용사 부사	명사구(대명사구) 형용사구 부사구	명사절 형용사절 주절 부사절
Quiz 2. 질문	동사 전치사	동사구 전치사구/부사,형용사	
3. 연결	접속사	접속사구	종속절 (부사절) 등위절
4. 독립	감탄사		

3.2 문장의 구성

1) 중심어

[주어(S) +(조동사) + 동사(V)] + 목적어 (O) + 기타 부사 상당어구
　　(한 몸)　　　　　　　　　　보어 (C)　　　(수식어)

(1) 주어 / 명사(및 명사 상당어구[대명사, 명사구, 명사절]만 가능.

동사가 나타내는 상태와 동작의 주인공으로 문장에서의 주인공 역할을 한다. 우리말의 [은, 는, 이, 가] 에 해당하는 조사가 붙으면 적확하며 여기서 우리가 꼭 명심해야 할 것은 **[주어와 동사]는 한 몸**이라는 것이다. 문장에 따라서 동사 (때로는 조동사)가 앞에 나오는 경우가 있더라도 둘이 하나라는 사실에는 변함이 없는 것이고, 때로 주어 동사 사이에 부사가 끼어들기도 하지만 부사는 문장의 필수가 아니기에 무시해도 되는 것이며 그 부사까지 하나로 보면 될 것이다. 필자가 강조하고자 하는 것은 우리가 흔이 말하는 일반적으로 주어 다음에 동사가 온다는 발상에서 **주어동사가 한 몸이라는 발상으로의 전환이 중요**하다는 점이다. 결과적으로는 같은 의미이겠지만 영어를 이해하는 데는 많은 차이가 있을 것이다.

또한 영어는 주어에 사람, 사물 구분 없이 사용하며 심지어 사물이 주어가 되어 사람마저 대상으로 삼는 일이 일반적으로 우리말과 다른 특징이라 하겠다. 주어에는 명사 대명사, 기타 명사 상당어구(to 부정사, 동명사 관련 구,절 등)이 사용됨.
　-사람·사물을 주어로 사용하는 것은 만물평등사상과도 관련이 있을 것임

❶ 사람이 주어인 경우
I am a boy. She is a girl. He is handsome.
He lost his watch. She has a book.

❷ 사물이 주어인 경우 (물주구문)

물주구문의 경우에는 일반적인 주어 역할을 하는 경우도 있지만 우리말로 자연스럽게 번역을 할 경우에는 조건, 이유 등의 부사 상당어구로 해석되는 경우가 일반적임 그러나
　해석을 할 때는 영어어순으로 그대로 이해하면서 읽어 가는 것이 중요.
　(우리말로 잘 번역하는 것은 번역가의 몫으로)

This book put **her** to sleep.

This reminds **me** of my mother.

The movie really touched **me**

The dog makes **her** angry.

The headache kept **her** awake all night.

What brings **you** here ? /왜?(이유)

What makes **you** think so ?

Her mother's sudden death forced her to give up school.

A little bit of thinking will show **you** that it doesn't make sense.

　　　　/조건(조금만 생각해 보면)

A careful compasison of it will show you the difference.

The headline read " Man Killed A Young Girl in Portland Battle."

　　　　/ 신문에 쓰여 있기를

The sign said " Wet Paint "/ 표지판에 쓰여 있기를

(2) 동사

　동사는 be 동사(상태를 나타냄)와 일반동사(상태와 동작을 나타냄) 2개밖에 없는 바 문장에서 **가장 핵심역할을 하는 문장의 구성요소**로써, 주어는 필요에 따라 생략할 수도 있으나 동사가 생략되면 의미자체가 표현이 되지 않기 때문에 생략이 불가능한 것이다. (중복될 경우 뒷문장에는 생략가능). 그러기에 동사만 파악하면 글의 의미는 파악되었다 할 정도로 문장에서 가장 중요한 요소인 것이다. 그리고 이 동사는 언제나 주어와 한 몸이라는 사실을 꼭 명심하면 문장을 보는 눈이 훨씬 간결하게 될 것이다.

　상세한 내용은 동사편에서 다루기로 한다.

(3) 보어(compl**e**ment / e 가 o가 되기 위해서는 보충해야 한다고 기억)

　보어는 보충한다는 의미로 주어나 목적어에서 궁금한 내용을 보충한다고 생각하면 됨. 보어가 필용한 문장은 주어를 보충하는 주격보어가 필요한 2형식의 문장과 목적어의 보어가 필요한 5형식의 문장이다. **보어로는 형용사와 명사 및 그 상당어구만이 가능함**

　　* compl**i**ment 칭찬(의 말), 찬사 (i 자를 인사하는 학생이 고개를 숙인 모습 이미지)

❶ 2형식 문장

I am / ~ 나는 입니다 에서 / 이후에 궁금한 것이 생기게 됩니다. 어떤 상태 인지,
누구인지 하는 것 들이. 그래서 그 궁금한 것들을 적어 주면 되는 것입니다

   I am / happy 주어의 상태
   I am / a girl / a student. / 주어의 신분

   She seems   **upset**
   You look   **beautiful**   today. 형용사
   That sounds   **true**.
   These cake smells   **good**.
   This meat tastes   **terrible**.

❷ 5형식 문장

목적적 보어는 5형식 문장에서 목적어의 궁금한 내용을 서술해주는 역할을 함.
이미 [주어 ,동사, 목적어]로서 문장이 완전해 졌지만 목적어의 내용에 대해서 궁금한 부분이 있어서 그 내용이 설명이 되어야 완결이 되는 형태의 문장구조임.

  I made her 에서
 내가 만든 것은 그녀 / 이 경우 **뭔가 그녀에 대해서 궁금한 내용이 있게 되어** 그 궁금한 내용이 뒤에 나와야 하는 바 이 때 her를 보충해주는 내용(happy)은 보어가 되고 her 가 목적어가 되니 목적격 보어가 되는 것임.

  I made her happy. 내가 그녀를 만든 내용이 happy.

*결국 보어는 주어나 목적어를 보충해 주는 것이기에 주어와 목적어와 내용이 같다고 보면 되는 것임.

  I saw her singing the the song (내용은 she was singing the song.)
  내가 본 것은 [그녀가 노래하는 것]. (her singing 은 내용이 she 가 sining 으로
     문장에서 she 가 목적격이기에 her로 바뀐 것임)
* sining은 동사에서 변형된 준동사이기에 동사의 성질을 보유하고 있어 뒤에 궁금한 내용이 목적어로
 추가로 온 것임.

* 추가로 궁금한 것은 6하 원칙 중 주어(who), 목적어 (what) 을 제외한 수식어와 when, where, how, why **(부사내용/ 언제 어디서 만나서 하와이 갈까? 로 기억)** 등의 부사 상당어구가 오게 됨
(이것들은 문장의 필수요소가 아닌 것으로, 있을 경우 문장이 좀 더 설명이 자세하고
풍성한 효과를 줌)

* 유사보어

1형식의 완전자동사는 보어나 목적어가 필요 없는 동사이나, 그럼에도 주어의 상태나 동작을 나타내는 말이 필요할 경우가 있는데 이 때 사용되는 보어를 유사보어라고 정의한다. 이 경우 동사는 불완전 자동사(2형식 동사)처럼 취급하기도 한다.

(live, die, stand, go, come, marry, divorce, return 등의 동사)

이 때도 1형식 2형식이 중요한 것이 아니라 의미가 무엇인지만 파악하면 되는 것임. 이 때 유사보어는 부사처럼 이해하면 될 것이나 보어처럼 해석해도 큰 문제는 없다고 판단.

유사보어는 문장을 간결하게 만들려고 하는 의미로 받아들이면 될 것임.
(보어가 될 수 있는 품사는 모두 가능 / 명사 및 형용사 상당어구(현재분사 과거분사 등)

My wife died happy.
　　→ My wife was happy when she died.를 간결하게 표현
The dog came jumping to me.
　　→ The dog was jumping when it came to me.
He came home depressed.
　　→ He was depressed when he came home.
He returned home a different boy.
　　→ He was a different boy when he returned home.
He remained a bachelor.
Jenny married young.

(4) 목적어

목적어는 주어 동사의 궁금한 내용 중 주어와 관계없는 (즉 다른) 내용이면 목적어가 됨.   (내용이 같으면 보어로 구별) /목적어로는 명사 및 명사 상당어구만이 가능함

I love you.   에서 I 와 you는 다르기에 목적어가 됨
I studied English. /   I ≠ English
I am a teacher. 에서   I 와 teacher이 같은 내용이니까 보어

직접목적어, 간접목적어 / 수여동사
               (관계가 있으면 보어)
I gave   her ≠ a doll.   두 목적어는 별개(관계가 없음)
         간접(IO)   직접(DO)   (둘 다 주어 I와도 관계없음)
         사람 /생물   물건/생물

* 동족목적어

자동사는 원래 목적어가 필요 없지만 그 동사에서 파생된 명사 또는 그 동사와 동일하거나 비슷한 의미를 갖는 명사가 목적어처럼 사용될 때의 그 목적어를 말함.

dreamed a strange **dream**.
live a happy **life**
fight a endless **fight**.
sleep a sound **sleep**
laugh a hearty **laugh**   마음껏 웃다
speak a **language**
talk the **talk**

(5) 수식어 (M) / 문장의 장식어로써 형용사, 부사의 기능을 한다.
   형용사, 부사, 분사, to 부정사 중 형용사· 부사적 용법

❶ **형용사적 수식어**

(1) 한정사 (앞에서 수식하는 것을 의미)

a/an, the, this, some, any, more, my, your 등
 명사 앞에서 한정의 뜻을 나타내면서 형용사 역할

an apple, a boy, this book, some people, more money,
my friend, your mother

(2) 명사를 이어서 사용할 경우 앞의 명사가 형용사 기능.
   a collge life, a love letter, a school teacher
   명사만 길게 나열하는 경우도 있음

(3) 형용사(구, 절), 분사(품사가 형용사임)
 명사 앞에서 수식 / 단어가 한 개일 때
 beautiful girl, handsome boy, young people

 - 명사 뒤에서 수식/ 단어가 2개 이상일 때, ~thing 등일 경우
 a book (which is) **full** of picture
 the students (who are) **present** were all moved to tears (참석한)
 * the **present** situation (현재의 상황) / 앞·뒤에 따라 뜻이 다름
 something **strange** happened. (~thing 일 경우)

 a boy (who is) playing the piano / 현재분사(능동, 진행)
 a girl (who is) **loved** by her father / 과거분사(수동)
 a closed door / 과거분사 / 닫혀진 문 (완료, 수동)

 a book **to read**   / to 부정사의 형용사적 용법
 a woman who studied English / 관계대명사 (형용사절)

❷ 부사적 수식어

(1) 동사수식
  She can run **fast**.
  He swims **well**. / 부사
  She came here to study English. / to 부정사 (목적 / ~하려고)
  Let's wait until they go./ 부사절
  She finished her homework until last week. / 부사구

(2) 형용사 수식
 very happy, almost always / 부사
 grateful **for your kindness** / 전치사구(품사는 부사)
 Generally **speaking**, Human being is good./ 분사 수식

(3) 부사구(절)를 수식하는 경우
　　right after them　/　부사구
　　more **than they expected**.　/ 접속사절 수식
　　almost always　/ 부사수식
　　just **at seven**　/부사구
　　soon **after He left home**　/부사절

(4) 문장 전체를 수식하는 경우
　　Finally, **He passed the exam**. / 문장전체 수식
　　Naturally, She was very happy.

3.3 * 주부와 술부

　　기존의 영문법 이론에서는 주부는 문장 내에서 주어 역할을 하는 부분, 술부는 동사가 핵심이고 동사를 설명해 주는 보어, 목적어 등이 술부를 이룬다고 설명을 하고 기술하고 있으나, 이 책에서는 영어를 좀 더 간단하고 효율적으로 이해하기 위해서 주부와 술부개념을과감히 벗어 던지고 다음과 같이 정의하고자 합니다. 이 부분이 이 책의 가장 큰 특징이라고 할 수 있는 부분입니다.

[영어는 QUIZ다]
　　필자는 **영어문장의 핵심은 질문과 대답이라는 Quiz 개념을 도입**하고자 합니다. 모든 영어문장의 어순에 따라 앞에 나온 단어는 quiz의 질문이 되고 뒤에 나오는 단어는 그 대답이 됩니다. 그러나 실제 읽어갈 때 이렇게 읽으면 너무 복잡할 수 있으므로 쉽게 문장을 이해하기 위해서 크게 2분류로만 나누어서 정리를 하였습니다.

　　먼저 모든 문장에는 **[주어, 동사]**가 있기에 (주어가 생략되는 경우도 있지만) 그것을 질문으로 하고 뒤에 나오는 [보어와 목적어]를 답으로 하기로 하겠습니다.
　(1형식의 문장은 질문이 아닌 자문자답의 서술로 판단하기로 합니다)

　　두 번째는 전치사를 질문으로 하고 전치사의 목적어인 명사를 답으로 하는 방식입니다
　　이것도 결국은 전치사를 동사로 생각하고(실제로 동사의 기능을 함) 동사의 답이라고 생각하면 되는 것입니다.

기타 준동사, 접속사와 관계사, 전치사는 연결기능이기에 그 뒤에 나오는 단어들을 위와 같이 생각하면 되는 것입니다.

결국 영어의 모든 문장은 **[영어는 QUIZ다]** 라는 뼈대 안에 정리하면 될 것입니다.
그 QUIZ 는 두 가지만 생각하면 됩니다.
하나는 **동사의 상태나 행위**에 대한 대답과
전치사의 상태나 행위에 대한 대답이 그것입니다.

나머지 문장은 **연결사**에 의해서 길어 질 것이고 그 문장들 역시 같은 개념으로 이해하면 될 것입니다.

영어는 **[주어+동사(이것은 언제나 분리가 안 되는 하나임) 의 답]** 구성이 영어의 기본적인 서술패턴이고 이 [주어·동사]는 의문문에서 도치가 되거나 부사가 중간에 삽입되더라도 늘 하나인 것입니다. 흔히 주어 다음에 동사가 온다고 하는 것을 그냥 주어 동사가 한 묶음(부사가 있으면 그것도 포함)이라고 생각하면 훨씬 정리가 깔끔할 것이고 뒤에 나오는 내용은 모두 동사에 의해서 결정되는 것입니다.

(1) [주어 +동사] 의 답

❶ 1형식 / 궁금한 것이 없음 (스스로 진술하는 형태)/주어+동사+부사상당어구

He **swims** /   fast(부사)
She **runs** /   fast (부사)/부사는 문장의 필수가 아님
Anything will **do**   충분하다, 도움이 되다
Family is what really **counts**   중요하다
It doesn't **matter**   중요하다

❷ 2형식 / 궁금한 것이 주어의 상태 [주어+동사+보어+부사상당어구]
 1) 상태를 나타내는 동사
She is / a teacher. 주어를 보충 (주어와 일치)
She is / smart.   주어의 상태를 설명
Life is / beautiful.

2) 상태의 변화를 나타내는 동사 /
  become, come, get, grow, make, turn, fall, go 등
  Global warming is / becoming common.
  The players were / growing tired.

  3) 외견을 나타내는 동사 / seem, look, appear
  She seems /upset
  Jenny looks/ beautiful .
   look ~처럼 보이다 You look/ **beautiful** today. 형용사
            look like **an angel.** 명사
lovely, friendly / 부사가 아닌 형용사임

  4) 감각을 나타내는 동사 / feel ,smell, sound, taste 등
  (지각동사는 5형식의 문장에 사용/ 둘의 구분은 동사를 be동사로 바꾸어서 말이 되면
  감각동사이고 아니면 지각동사임.

sound ~ 처럼 들리다   That sounds/ true.
smell ~ 한 냄새가 나다 These cake smells/ good.
taste ~한 맛이 나다   This meat tastes/ terrible.
feel   ~하게 느껴진다.   This towel feels /soft.
* I felt /a beatle crawling on my leg. 5형식 feel이 느끼다 라는 동작표현

❸ 3형식 /궁금한 것이 주어가 아닌 다른 것 [주어+(동사, 구동사)+목적어+부사상당어구]

  S **put off**   / the meeting. 연기하다
     turn on   / the radio   켜다
     *구동사의 전치사를 동사로 여기고 동사를 2개라로 이해하면 훨씬 명확해지는 효과.

I love /   you.
I have /   something to ask her.
He sold / his car.

❹ 4형식/궁금한 것이 목적어 2개(두 목적어 간에는 서로 다른 것/같으면 보어)

I gave / him my book   I gave/ my book **to** him.
 She sent /me a cake .   She sent/ a cake **for** me.
She'll make/ you some coffee .   She will make /some coffee **for** you.
I asked /him a question   I asked/ a question **of** me

* **영어는 중요한 순으로 나열하는 순서의 특성이 있는 언어**인데 순서를 바꾸면 앞에서 뒤로 가는 목적어는 물리적이나 심리적(기분나쁨)으로 멀어진다고 생각하면 그 앞에 거리를 연결시켜주는 전치사(연결기능/가깝게 만들어 주는 역할)가 오는 것에 대한 이해를 쉽게 할 수 있음./ 이 때 오는 전치사도 단순히 ~에게 라는 의미의 동사면 to, ~를 위한다는 의미이면 for 그리고 ask와 같이 동격을 나타내는 의미이면 of를 사용하는 것으로 이해

❺ 5형식 / [주어 +동사+목적어+목적보어+부사상당어구]
This will keep / you warm
I found/ the book interesting
I found /him innocent.
We'll call /her Jenny.
People elected / him chairman.

[영어는 QUIZ다] 의 골격

	질문	답	비고(동사에 의해 결정 됨)
1형식	S +V	×	궁금한 내용이 없음 (동작 완결)/서술형식
2형식		C	주어의 내용이 궁금(상태)
3형식		O	주어와 다른 대상이 궁금(1개)
4형식		I.O + D.O	주어와 다른 대상 2개가 궁금
5형식		O + OC	주어와 다른 대상과 그 대상의 보충내용까지 궁금

(2) 전치사의 답

전치사 다음에는 반드시 명사가 목적어로 오는 것은 주지의 사실인 바 이것도 전치사의 답이라고 생각하면 간단할 것입니다. (전치사 다음에 명사가 오지 않고 단독으로 쓰이면 그 때는 전치사를 부사라고 함)

전치사 (질문)	목적어 (답)	비고
in	the room the afternoon	전치사는 우리말에는 없는 품사로써, 전치사와 명사가 결합하여 when, where, how, why를 나타내는 다양한 부사적 표현들이 구사됨. (일부 형용사 기능을 하기도 함)
at	school nine	
on	the desk friday	
from	time	
to	the school	

결국 문장을 읽어갈 때 **[동사 다음의 답], [전치사 다음의 답]을 의미단위의 묶음(chunk)** 으로 이해해 가면 읽어가기가 훨씬 더 편하고 깔끔할 것임.

이 의미단위 내에서는 우리말과는 정반대로 표현하고 의미단위 간에서도 정반대이니 우리말로 잘 번역하면 영어의 주어를 먼저 놓고 영어의 chunk기준으로 뒤에서부터 역으로 해석해 와서 동사에서 마치면 될 것입니다. 그러나 영어를 읽을 때는 절대 그렇게 읽으면 안되고 앞에서 부터 읽어가야 하는 것입니다. 사고방식이 달라서 발생하는 현상인 것입니다.

결국 영어의 외국인으로서 효율적으로 영어를 습득해 나가려면 먼저 무작정 외울 것이 아니라 영어의 원리를 이해하고 우리말의 원리를 이해한 후 둘을 비교해서 정리해서 학습하는 것이 지름길일 것입니다.

I get up early **when the sun rises, but** she gets up late.
영어어순은 한 단어씩 의미가 추가되는 모습이 <u>영어의 의식의 흐름</u>일 것입니다.

내가 get(움직이다) 그리고 up(위로) / early(일찍)/ when(때는) 태양이 떠오를 /
 그러나 그녀는 움직였다 위로 /늦게 (이런 사고가 영어식 사고/영어의 뇌)

She is beautiful,/ **but** I don't like her/ **because she is not honest.**
  아름답다   좋아하지 않는다   정직하지 않아서

3.4 문장구조에 따른 문장의 종류

1) 단문
   주부 1개 술부1개로 이루어진 기본문장
   주어 +동사 (1형식) / 기타 부사상당 어구(필수 아님)
   주어 +동사 + (목적어, 보어)+   기타 부사상당 어구(필수 아님) / 2~5형식

I met her yesterday.
I love you.
Tom and Jenny are good friends

2) 중문(compound Sentence)
   2개 또는 그 이상의 절이 등위 접속사(and, or, but, (n)or, for, so 등)에 의해 문장이 대등하게 연결된 문장
I am a teacher **and** she is a policeman.
She is young, **but** her mother is old.

3) 복문 (Complex Sentence)
 독립적으로 쓰일 수 있는 주절과,
          주절에 필요한 성분으로 쓰여 지는 종속절로 이루어진 문장
주절 : [주어 + 동사+ 기타] 로 문장의 결론 부분
종속절 : 주절을 보충해 주는 역할을 하는 문장 성분으로 구성됨
   (명사절, 형용사절 ,부사절로 구성)

I know that **she is not guilty**. (명사절/목적어)
This is the book **that she gave me** (형용사절)
You have to do your homework **before you go out.** (부사절)

(4) 혼합문
 문장 안에 다른 문장이 들어가 있는 문장 즉 중문과 복문이 혼합된 문장
I get up early **when the sun rises,** **but** she gets up late.
            복문   중문
She is beautiful, **but** I don't like her **because she is not honest.**
* 복문과 혼합문은 학년이 올라 갈수록 문장이 길어질수록 많이 나오게 됨.

3.5 문장 내용에 따른 문장의 종류

(1) 평서문 / 부정문
  사실 그대로 표현하는 문장 (긍정문, 부정문)

❶ be 동사 / be 동사 뒤에 not을 붙여 부정문을 만듦
I am happy   I am not happy.
We are happy   We aren't happy.
you (They) are so nice   You(They) aren't so nice
She is beautiful   She is not beautiful. /He, It.

❷ 일반동사 / 일반동사 앞에 do, does(3인칭 단수), did(과거)를 놓고 동사원형 사용
I love you.   I **don't love** you.
She loves you.   She **doesn't l**ove you. / He, It
We loved you.   We **didn't love** you. / They
You have to study hard.   You don't have to study hard.

❸ 조동사 / 동사 앞에 위치(주어의 내면에 대한 내용이기 때문에 주어와 가장 가까움),
  부정문은 조동사 뒤에 not
You **can** speak English.   You **can't** speak English.
She **may** speak English well.   She **may not** speak English well .

*부정문 만드는 방법

구분	부정문
be 동사,조동사	be동사, 조동사 <u>뒤</u>에 부정어 (be 뒤 ,조 뒤) am not, is not, are not / can not, may not, should not
일반동사	do, does, did (조동사역할) 를 만들어서 뒤에 부정어+ **동사원형** **do not, does not, did not**

(2) 의문문

❶ 일반의문문

구분	의문문
be 동사, 조동사	be 동사, 조동사를 앞으로 보내고 주어~
일반동사	do, does, did +주어+동사원형~

Am I happy ?　　　　　I am happy.
Are you happy ?　　　　You are happy.
Is she happy ?　　　　　She is happy.
Can you speak English ?　　You can speak English.

Do you study English ?　　You study English.
Does she study English ?　　She studies English.
Did he stusy English ?　　She studied English.

❷ 부정 의문문
부정의문문의 경우 문장 맨앞의 조동사 뒤에 not을 붙이면 됨
Can you speak English?
→ **Can't** you speak English?
　Did you　 go to the school yesterday?
→ Didn't you go to the school yesterday?
　　Yed ,I did . 갔었다는 말
　　No, I didn't   가지 않았다는 말

* 영어는 긍정이나 부정 어떻게 물어도 긍정이면 yes, 부정이면 no 로 대답함
 (다만 mind는 꺼리다는 의미이기에 긍정이면 No(꺼리지 않는다),
　　　　　부정이면(꺼린다) Yes를 사용)

❸ 의문사가 있는 의문문

 의문사 6개 : who, what, when, where, how, why (6하원칙 내용)

 / 대답이 yes, no로 가능하지 않음. 구체적인 대답을 해야 함.

구분	내 용
be 동사	의문사 + be 동사 +주어 / Who are you? What is this?
일반동사	의문사 (목적어)+ 조동사+ 주어 +동사원형~ **Whom(Who)** did you invite to your party? **With whom** did you go to the party **What** can I do for you? 의문사(주어)+ 동사 + / **이 경우 조동사 사용안함** **Who** uses this car ?(o) **Who does** this car use?(×)

❹ 선택의문문

 말하는 사람이 선택사항을 미리 정해놓고 그중에서 어느 하나만을 선택하기를 기대하고 묻는 의문문. 이 경우 대답은 선택지 안에서 대답함.

Which do you like better, coffee or tea?

Which do you like best, diamond, gold, crystal?

Do you want to go to school by bus or on foot.

❺ 간접의문문

직접의 의문문이 다른 문장의 일부(목적어 자리)가 되어 사용되는 경우로, 궁금한 사항을 간접적으로 물어보는 의문문. 이 때 간접의문문의 어순은 일반적인 의문문의 어순이 아닌 **[의문사 +주어 + 동사]** 순서로 평서문과 같은 어순임.

직접의문문   Do you know her name ?

간접의문문   Do you know Who he is ? (o)

 Do you know Who is he ? (×)

간접의문문에서 의문사는 동사에 따라서 위치가 달라지게 됨.

* 의문사가 문장 맨 앞에 위치
think, suppose, guess 등의 동사는 삽입된 형태를 나타냄/이 경우는 대답을 해야 함
What (do you think)(suppose, guess) ~ ?
단, 이것도 외울게 아니고 이런 동사들은 모두 yes, no로 대답할 수 없는 구체적인
대답을 해야 하는 동사들임을 기억하면 쉽게 분별이 됨./생각한 것을 물어보는 것이니까

What(do you think) he is ?
 yes, no 의 답변이 아닌 구체적인 대답이 필요
→ I think he is a doctor.

* yes, no로 대답해야하는 동사 / 간접의문문처럼 의문사가 가운데 옴
Do you know what his name is ? 이 경우 yes, no 로 대답해야 /아니 모르니 물어본 것이니까
= [Do you know ~ ? + what is his name ?]
        주절   종속절
→ Yes, I do. No , I don't

Do you know where she lives ?
= [Do you know ~ ? + Where does she live ?]
→ Yes .I do / No, I don't

* 영어는 / **시제**, 단· 복수는 당연히 맞춰서 해야 하는 논리적인 언어
be 동사로 물으면 be 동사로 대답
Are you a student ? / Yes I **am**

일반동사로 물으면 일반동사로 대답
Do you like apple ? / Yes I do.
Does she like apple ? / Yes she does .
Did she like apple ? / Yes she did .

조동사가 들어가 있으면 조동사로 대답해야 함
Can you speak english ? / Yes I can.

❻ 부가의문문
부가의문문은 일반의문문이 직접 묻는 방식인데 반해, 자신의 말에 대해 상대방에게 다시 확인을 하거나 동의를 구하는 형식의 의문문으로 질문은 평서문, 명령문 등의 문장에 추가적인 질문을 하는 형식을 취함.

1. 이 경우 추가적인 질문은 앞에 나온 문장의 반대형식을 사용해서 강조하는 의미를 줌.
She **isn't** a teacher , **is** she? 부정이면 긍정
She **knows** the truth, **doesn't** she?   긍정이면 부정
She bought a Apartment, didn't she?
You **can speak** Korean well , **can't** you ?
　　　긍정　　　　　　　　　　부정

2. 명령문의 부가의문문에는 긍정·부정 관계없이 언제나 Will you? 사용
 Study English hard , will you ?
 Don't forget me, will you ?
 Go to school, will you?

3. 권유의 뜻으로 쓰인 명령문의 부가의문문에는 Won't 사용
 Have some tea, won't you ?
 Please marry me, won't you ?

4. Let's 시작되는 부가의문문에는 shall we ? 를 사용
 Let's go to the party, Shall we ?
 Let's study English from now on , shall we ?

5. **부정의 의미**가 있는 단어가 주절에 있으면 부가문은 **긍정형** 사용
 seldom, hardly, scarcely, little, few,
 anything but (결코 ~가 아닌/nothing but 마저도 없는 상태이기에)
   She seldom came here, did she?
   Do you **mind** if I smoke? Yes, I do
    꺼리십니까?   꺼립니다(결국 담배피지 말라는 의미)
* nothing but 은 but 뒤의 것 말고는 아무것도 없다는 의미니까 only 의 의미가 되는 것임

(3) 명령문

❶ 직접명령문 / 상대방에게 직접 명령하는 문장

(주어 you 생략하고 동사원형으로 사용.

Do your best. / Don't your best.
Be honest. / Don't be honest.

***be 동사의 부정명령문은 앞에 don't 붙임

Never say good bye (Don't 대신 never도 사용)

❷ 간접명령문

상대방에게 간접적으로 하는 명령문으로 (~에게 ~하도록 하라)는 의미를 보유)

Let me go .

Let us go   우리를 가게 해 주세요

 * Let's go는 갑시다 라는 청유 의미로 구분필요

❸ 조건명령문

명령문 + and / ~하라 , 그러면 ~ 할 것이다

Ask, and it will be given to you.

Seek ,and you will find.

knock, and it shall be opened to you .(마태복음 7장 7절)

= If you knock, it shall be opened to you .

명령문 + or ~하여라 ,그렇지 않으면 ~ 할 것이다

Hurry up ,or you will be late.

= If you don't hurry up, you will be late.

= Unless you hurry up, you will be late.

(4) 감탄문

놀라움, 기쁨 슬픔 탄식 등 사람의 감정을 나타내는 문장. 마지막에 느낌표(!)가 붙음

How 감탄문 / how 는 부사 그래서 형용사, 부사 수식

How + 형용사(부사) + 주어 + 동사 + !

How beautiful she is ?

How + 형용사(부사는 안됨/ 뒤에 명사가 오니까) + 주어 + 동사 + !

How beautiful a girl she is !

What 감탄문 / what 은 형용사 그래서 명사 수식

What + (a/an) + 형용사 + 명사 + 주어 + 동사 + !

What a nice girl she is !

(5) 기원문

기원을 나타내는 문장으로 주어의 인칭이나 수에 관계없이 동사원형 사용
문장 앞에 기원의 의미를 나타내는 may를 쓰기도 하나 보통 생략.
문장 끝에 감탄문처럼 느낌표(!)를 붙힘

(May) God bless you !
(May) you be happy forever !

4

명사 관련

4. 명사관련

4.1 명사

명사는 이름을 말하는 것으로 문장에서는 주어 목적어 보어 역할을 한다. 그러나 영어는 품사의 전환이 다양하여 명사가 동사로 사용되는 경우가 너무나 많다. 영어는 문장에서의 위치에 따라서 품사나 역할이 정해지기 때문에 우리가 명사라고 하는 것들이 동사자리에 있으면 품사가 동사가 되는 것이다

명사의 동사화

원래 명사의 의미만 있던 단어를 동사역할을 하는 단어로 만드는 방식은 영어에서 흔히 사용되는 방식으로 해당 명사와 관련한 행동을 빠르고 간단하게 설명하기 위해서 하는 영어식 특유의 발상임.

air the room   방에 공기를 넣다   That show **aired** last night   전파를 타다
The interview **aired** on US television   This is not time **to air** grievances   불만을 표하다

water the garden   정원에 물주다   water the plant, water the tomatos
She waters the lawn
Why don't you **water** the flowers for me?
     She has green thumb. 식물을 잘 키우는 사람

Would you mind **empting** the dishwasher.
My son **wet** the bed last night.
He **mouthed** "hello"
I'm totally going to **frame** this.
Please microwaves **this for 2minutes.**

center the ball   공을 중앙에 보내다   **man** the post 자리에 사람을 배치하다
Can I **cash** a traveler's check here?   I am short-**changed**. 잔돈이 부족하다
glass a house 집에 유리를 끼우다

piped the house   집에 파이프를 깔다   **wired** a house   전선을 넣다 집에
bridge a valley   다리를 놓다 계곡에   tunnel a valley   터널을 뚫다 계곡에
canal between Seoul and Incheon   운하를 파다 서울과 인천사이에

shade the window 차양을 치다 창문에   **lean** my seat backward 뒤로 젖히다 의자를
fence the garden from children 펜스를 쳐서 아이들이 들어오지 못하게 하다
google it 검색해 봐 look it up on Google   신조어 /구글이라는 고유명사를 동사화

floor   바닥 바닥에 기절할 만큼 놀라서 쓰러질 만큼 놀라다, 충격주다,
　 (기절해서 바닥에 쓰러지니까)
　　When I heard that I was floored.   충격받다, 놀라다

ground 바닥, 땅, 외출금지 시키다
　My mom **grounded** me because I flunked that math test.   (낙제하다)
　I stayed out late three night in a row, so my mom **grounded** me.   (연속해서)

book　　책, 예약하다, 빨리 달리다, 입건하다
　　Let's book it　　　　　 빨리 달려가자
　　I booked a room at the Silla Hotel.
shy　　　　　수줍어 하는, 겁이 나서 피하다
　Don't shy away from good opportunities (speaking your mind).
shelf　　　　선반, 보류하다
　　The project got shelved   보류되다
　　They shelved the plan 계획을 보류시키다

skirt 스커트, 빙둘러가다,   문제 따위를 피하다 (beat around the bush)
The hunting party skirted the lake.　　사냥꾼 일행들이 호수를 따라 갔다
The trail skirts the lake and then head up into the hill.
　　　　　　　　　산책로는 호수를 둘러서 언덕으로 이어져요
Stop skirting the issues!　　　　주제(중요한 문제)를 회피하지 마세요
bar　막대기, 술집(에 bar 가 있어서 그 위에 술을 올려 놓음), 금지하다
　He was barred from attending(the White House).

 waffle 와플 우유부단하다
He is waffling again on the issues.
We can't have a CEO who waffles on important issues.
　 (shouldn't choose)

1. 명사의 종류

1) 셀 수 있는 명사

❶ 보통명사

같은 종류의 사람 사물 등에 공통적으로 쓸 수 있는 명사 / 단수, 복수가 구분

명사 앞에 관사 또는 소유격 (my, your, his, her 등과 지시형용사(this, that 등)의 한정사가 있어야 한다.

보통명사	일정한 형태가 있는 것	book, flower, tree, house..
	일정한 형태는 없어도 구분이 확실한 것	minute, second, dollar, day..

❷ 집합명사

(1) 동일한 종류의 여러 개가 하나의 집합체를 나타내는 명사
　class, family, crowed, **people**, audience. / 단수취급

(2) 집합체를 한 개의 개체로 봄(군집명사)/ 복수취급 (복수형·부정관사 없음)
　　police, clergy성직자들 , aristocracy귀족 , gentry상류사회 , nobility귀족, peasantry 소작인
　　cattle 소, people, vermin 해충, 야생동물, poultry가금류
　　*a herd of cattle / a flock of sheep 등의 표현으로 복수 표시

(3) 물질명사 특징보유 집합명사 / 단수취급
　　furniture, clothing, machinery, baggage, merchandise
　*a piece of, much, a lot of, little 처럼 물질명사와 같은 형태로 수나 양 표시

(4) 집합체 구성원의 개개인에 중점 / 형태는 단수, 내용은 복수(복수동사)
　　　audience 청중들　large/small audience 형태로 표현(many/few 사용안함)
　　　The crowd is (are) going to march at 7 p.m
　　　　집합체를 한 덩어리로 보면 단수, 구성원 개개인을 보면 복수 취급

(5) 보통명사로 사용되는 집합명사
　* fish /　보통명사로　한 마리로 쓰일 때는 a fish 가능 ,복수형은 fish (부정관사 없이)
　* people / 사람들일 때는 단수형으로 복수취급,
　　　　민족일 때는 보통명사로 취급 an Asian people, Asian peoples

2) 셀 수 없는 명사

❸ 고유명사

세상에 단 하나만 존재하는 사람이나 사물 또는 장소를 의미하는 명사

관사가 있는 경우도 없는 경우도 있음

첫 글자는 항상 대문자

Seoul is the capital of Korea.
The Han river flows through Seoul.

*고유명사의 보통명사화 (관사나 복수형으로)

① ~집안사람 : a Kennedy

 ~와 같은 사람: a shakespeare/ 제품 a new Ford/ ~라는 사람 a Mr. Kim

②~라는 이름의 사람: three Marys

③~집 사람들, 부부: the Stuarts

④ ~의 제품 a BMW

⑤ ~의 작품   three goghes

*the + 고유명사

1. 강, 운하, 바다, 항만, 선박, 열차	the Han river, the Suez canal, the Pacific, the Sulf of Mexico, the Mayflower, the KTX
2. 공공건물, 관공서, 신문잡지	the White house, the British museum, The times
3. 군도, 반도, 산맥	the philippines, the Korean peninsula, the Alps, *Mt. Everest, Cheju island, Seoul station 구체적 지명에는 관사없이 사용
4.국가, 국민(복수형)	the United states of America, The Koreans

(암기법 : 여행코스로 스토리 만들기)

　4. 어느 국가의 국민들은　　3. 반도, 산맥들을 여행하면서

　1. 강과운하 바다를 선박과 열차를 타고 여행을 한다.

　2. 여행을 마친 후 공공기관에 가서 신고를 한다. 기다리는 동안 신문·잡지를 본다.

❹추상명사

1) 사람과 사물의 성질, 상태, 감정, 동작, 신분, 학문, 식사, 병명 등을 나타내는 추상적인 것이기에
무관사, 단수형이 기본

   love, peace, beauty, boyhood, movement,
    safety, honesty, silence, lunch, information

Art is long and life is short.
Necessity is the mother of invention.

2) 추상명사의 수량표시
양을 나타내는 경우 : much, some, any.(a)little, a bit of (bits of) 등을 명사 앞에 붙임
much experience , a lot of time, a piece of advice

3) 추상명사의 보통명사화
a success 성공한 사람
a piece of advice 한 마디의 충고(물질명사와 같은 수량 표현으로 개별화)
a strong will   강인한 의지(종류를 나타낼 때)
I now have the happiness of being with you.(한정)

4) of +추상명사 = 형용사구
a man of (great) experience = experienced
of use (useful)   of no use (useless)
of value (valuable)
of importance (important)

5) 전치사+추상명사=부사구
at will =freely   at random   무작위로   with ease = easily
with patience = patiently   on purpose = purposely   on occasion   때때로
to perfection =perfectly   by mistake   by accident
by chance   by luck   by intention

6) all+추상명사/추상명사+itself / all+복수보통명사 = very +형용사

She is all kindness = very kind

She is beautiful itself = very beautiful

She is all smiles = very smiling

She is trying frantically to maintain her youth.(청춘, 젊음: 추상명사)

He's an ambitious youth.(야심 있는 청년: 보통명사)

Youth should respect age.(젊은이들, 늙은이들: 집합명사)

❺ 물질명사

물질명사	복수형, 부정관사 불가 / 단수형	water, air, paper
	much, little, some, any, a lot of 등으로 수식	a cup of tea, two cups of coffee, a glass of water, three glasses of water, a piece of paper, three piece of chalk, a loaf of bread, two loaves of bread, a pound of sugar, four bottles of ink

We can't without air and water.

I have some (much, a little) money with me.

One cup of tea and two cups of coffee.

Mother bought three pounds of butter and two bottle of milk.

*물질명사의 전용시 관사, 복수도 가능

물질명사도 보통명사화 된 경우에는 복수와 관사의 사용이 가능함. 이는 처음에는 복수명사 사용할 일이 없었으나 사회의 발전에 따라 상품으로 보통명사가 되는 경우가 생겨나서 나타난 것임

4 waters(파는 물 4잔), papers (서류)

You have to be careful of **fire**. (일반적인 화재) /추상명사

There was **a big fire** last week In Tokyo. /two fires/화재사건/보통명사

The water in this thermos never freezes. /한정의 수식을 받은 경우

Do you know that Chinese girl who's dressed in silks. /제품: 비단옷

This is an excellent coffee, isn't it? / 종류: 좋은 커피

Waiter, give us two coffees and three green tears, please / 개체단위

2. 명사의 수

1) 규칙변화 : 어미 + (s, -es)

1.명사단수 +s	book(s), map(s) girl(s), flower(s) month(s) bath(s), mouth(s)	무성음(p,t,k,f,θ)　　(s) 유성음　　　　　　(z) 단모음+ths　　　　(θs) 장모음,이중모음+ths (ðz)

어　미	변　화	단　　어
2.s, sh, x, z ch(ts) *ch(k)	-es +s	bus, class dish, box church, bench stomach, monarch
3.자음+y 모음+y	ies s	lady, story chimney, monkey, mercy, pity
4.자음+o 모음+o *자음+o	-es -s -s	hero, potato radio, zoo piano(s), potato(s)
5.f, fe *예외 *양자가능	-ves -s (-ves, -s)	calf, wife, leaf, wolf, life, thief chief, roof, cliff, safe, grief, proof, strife hankerchief

2) 불규칙변화

변화	단수(복수)
1. 모음변화	man(men), woman(women), goose(geese) tooth(teech), foot(feet), mouse(mice)
2. 어미+en	ox(oxen), child(children)
3. 단복수동일	sheep, deer, fish, species, swine, trout salman, series, corps
사람	Chinese, Japanese, Swiss
4. 짝을 이루는 물건	socks, pants, shoes, scissors, glasses(a pair of)
5. 복합어는 중요한 단어에 -s	stepmother(s), looker(s)-on, passer(s)-by, sons in-law (예외) menservant(s)
6. 명사를 포함하지 않는 복합어 + S	forget-me-nots, have-nots, touch-me-nots
7. 뜻에 따라 다른 복수형	brother/ brothers(형제), brethren(동포) genius/geniuses(천재), genii(수호신) cloth/cloths(천의 종류), clothes(옷)
8. 언어별 변화	datum(data), stimulus(stimuli), formula(formulae, formulas) memorandum(memoranda), focus(foci, focuses) fungus(fungi), antenna(antennas 안테나/ antennae 촉각)
라틴어 변화	oasis(oases), phenomenon(phenomena), analysis(analyses) crisis(crises), parenthesis(parentheses)
그리스어	oasis(oases), phenomenon(phenomena), analysis(analyses) crisis(crises), parenthesis(parentheses)
프랑스어	bureau(bureauxː-ouz), monsieur(m$\partial\partial$'ːr)/messieurs(mesj∂ːrz)
9. 학과 이름/단수	physics, politics, mathmatics
10. 항상 복수/단수취급	brains(두뇌), billiards(당구), measles(홍역), suburbs(교외) goods(상품), glasses, gloves, means(수단), means(소유물) blues(우울증), thanks (감사), bowels(창자) pants, pains, sweets(과자), headquarters(본부), suburbs(교외)
11. 강조의 뜻	waters(바다), sands(사막)

*** 불규칙 변화의 활용**

1.수사 다음에 와서 형용사로 쓰일때	단수형으로	a ten-year-old boy, a four-act play a goods train
2.수사 다음에 dozen, score, hundred, thousand이 올 때 -단독으로 막연히 많음을 나타낼 때	단수형 복수형	four dozen, three score of egg, four hundred, three thousand hundreds(thousands) of people
2.수사 다음에 dozen, score, hundred, thousand이 올 때 -단독으로 막연히 많음을 나타낼 때	단수, 복수가능	two pair(s) of shoes, four yoke of oxen
2.수사 다음에 dozen, score, hundred, thousand이 올 때 -단독으로 막연히 많음을 나타낼 때	복수 뜻	300 foot and 500 horse
2.수사 다음에 dozen, score, hundred, thousand이 올 때 -단독으로 막연히 많음을 나타낼 때	단수취급	three miles, every three days= every third day.
6.단수, 복수의 의미차이		air, arm, good, force airs(태도), arms(무기), goods(상품), forces(군대), letters(문학), pains(수고)

3. 명사의 성

영어는 명사를 생물, 무생물 관계없이 성을 가진 것으로 분류하고 남성, 여성, 중성, 통성(남여 모두 포함) 등 4개로 구분하여 표현한다.

1) 생물

구분	남성 (여성)
1.다른 말의 사용	husband(wife), nephew(niece), ox(=bull, cow) witch(wizard), cow(bull), monk(nun), uncle(aunt) man(woman), gentleman(lady)
2.어미의 변경 -ess, -ine	lion(-ness), tiger(tigress), god(-dess) duke(duchess), widow(widower), hero(heroine)
3.성을 표시하는 말을 붙임	bull-colf(cow ~) billy goat(nanny ~) man servant(maid ~) peacock(~hen) conglishman(~woman), boy friend(girl ~)
4.통성명사	parent(father/mother), monarch(King/Queen) spouse(husband/wife) friend(boy~/girl~) child(boy/girl) (*child, baby 등은 중성(it)이나 성별을 알면 인정
5.중성(it)	desk, tree, water, house

2) 무생물

1.강하고 용맹하고 위대 (남성)		sun, war, winter, mountain, death, ocean
2.아름답고 부드럽고 우아하고 가련(여성)		moon, mercy, liberty, ship, country, peace, spring
3.국가명	경제, 사회, 문화(여성) 지리, 국토, 경치(중성)	England is proud of her great poets. Italy is famous for its beautiful scenery.

*국가명의 성의 표현에서 인간의 노력이 들어간 것은 여성으로 객관적인 지리에 관한 것은 중성으로 표현

4.명사의 격

1) 주격 : S, SC, 호격, 동격 등으로 사용

구 분	내 용
1.주어	The King believed the farmer's words.
2.주격보어	He is a scientist.
3.호격	Boys, be ambitious.
4.동격	James, the carpenter, made the box

2) 목적격 : 타동사나 전치사의 O, O.C (형태는 주격과 동일)

구 분	내 용
1.타동사의 O	I love my parents.
2.전치사의 O	The dog barked at the man.
3.O.C	I think him a scholar.

3) 소유격

(1)소유격 만들기

1.생물: 's	men's books, the boy's father, the cat's ear
2.어미가 -s인 복수명사 어미가 -s가 아닌 //	girl's rings, girl's high school, bird's song a children's hospital, men's wear
3.고유명사 -s it's (예외)	St. Janes's palace, Dickens's novels Mose's Ten Commandments, Hercules' power Jesus' disciplines, Columbus' discovery of America Venu's beauty, Socrates' death
4.복합명사; 마지막's	my father-in-law's house, somebody else's hat half an hours' walk, the queen of England's son
5.동격명사:-'s	This is Mr. Lee, our new teacher's house
6.공동소유 각자소유	Tom and Lisa's house Tom's and Lisa's house
7.무생물의 소유격 ㉮of+명사(시간,거리,가격) ㉯ ~'s(무게,의인화)	the legs of the table/ the leaves of the tree today's news paper, the earth's surface three miles' distance, a dollar's worth ten pounds' weight, Nature's law Heaven's will, Fortune's smile, truth's triumph a day's journey, within a stone's throw of

(2) 소유격의 의미

1.소유자	Bill's notebook, Tom's Bible
2.저자, 발명가	Shakespeare's plays, Edison's phonograph
3.주격관계	my sisyer's rescue came just in time mother's love of children
4.목적관계	I hurried to my brother's rescue. Caesar's murderers(=those who murdered Caesar) Shakespeare's admires(=those who admire Shakespeare)
5. 대상 (..를 위한)	a girls' school(a school for girls) Children's clothing (clothing for children)

(3) 소유격의 용법

❶ 숙어/ 단어 하나하나의 의미를 살펴보면 그런 의미가 나오는 것을 이해하면
굳이 숙어라고 하지않아도 될 것이나 관행상 쓰이니 편의상 그대로 사용함

for mercy's sake = for pity's sake   제발 /자비심을 구하니까
  for conscience' sake   양심상 / 양심을 구하니까
   for convenience' sake   편의상 /편의를 구하니까

at one's wits'(wit's) end   (at a loss) 어찌할 바를 몰라 / wit 의 끝에 있으니까
  at one's finger's end (정통한)
    by a hair's breadth   아슬아슬하게 ,간신히 /머리카락 만큼의 넓이니까

to one's heart's content   실컷, 마음껏 /마음이 만복할 만큼
  be on a razor's edge   위기에 처하여 /면도날 끝에 있으니까

❷ 독립소유격 / 반복생략 (공공건물, 집, 상점 등의 생략)
This book is my sister's(book)
I am staying at my uncle's (house)/ palace, hospital, house, shop, store
I met him at the barber's(shop)

❸ 이중 소유격
* <u>a/an, this, that, some, any, every, so</u> +명사+ of +독립소유격(소유대명사)
(소유격과는 함께 사용할 수 없음)

a friend of mine , a friend of my brother's, this book of hers
that book of yours, some books of her brother's

(4) 소유격을 표시하는 전치사 of

❶ 주격의 of
the love of mother, the love of god

❷ 목적격 of
the love of nature 자연을 사랑하는 / 자연에 대한 사랑

❸ 소유격 of
   the legs of desk   책상다리
   the treasure of the family 가족의 보물 (가보)

❹ 부분의 of / ~ 중에서
   one of them , most of them   none of us

❺ 동격의 of / ~의 , ~라고 하는 ~와 같은
   the city of Busan, the man of David   both of them
   a wolf of a husband   늑대 같은 남편
   an angel of wofe   여우같은 아내

   a bead of an eye   구슬 같은 눈
   a palace of a house   대궐 같은 집

4.2 대명사

1.인칭대명사

1) 인칭대명사의 격변화

인칭	수	격	주격 (은,는,이,가)	소유격 (의)	목적격 (을,에게)	소유대명사 (..의것)	재귀대명사 (~자신)
1인칭	단수 복수		I We	my our	me us	mine ours	myself ourselves
2인칭	단수 복수		You You	your your	you you	yours yours	yourself yourselves
3인칭	단수	남성 여성 중성	He She It	his her its	him her it	his hers -	himself herself itself
	복수		They	their	them	theirs	themselves

*대명사의 줄임말 / 대명사의 줄임말은 is와 has 의 줄임말이 동일함
   It's / it is, it has

he's / he is, he has
she's / she is, she has

She picked it up in her father's library.
This book is too difficult for me.
His workers stopped working and came up to him.

2) 총 인칭 대명사 /we, you, they가 막연히 일반사람을 지칭
We had much snow last year.
You should obey your parents.
They raise a lot sheep in Austrailia.

2. 소유대명사(독립소유격)

소유대명사는 앞에 나온 명사의 반복을 피하기 위하여 사용되는 대명사로써 [소유격 +명사의 의미]를 가지고 있기 때문에 단독으로 쓰이며 그 용법은 당연히 대명사와 같다.

단 소유대명사는 a, the, this, that, no, some, any, another 등 다른 한정사와 같이 쓰이지 않는다.
다른 한정사를 사용할 경우에는 이중소유격으로 표현한다.
* 이중소유격은 [a, an, this, that, some, any, another]+명사+of+소유대명사의 형태로 사용되며 강조할 경우에는 own을 사용한다.

You have your point of view, and I have **mine**.
She is sending e-mails to **some friends of her.**
You may invite **any friends of yours.**

That umbrella of her brother's is new.
Give me **another book of your father's.**
What I do with my spare time is **my own business.**

3. 재귀대명사

1) 재귀적 용법(동사 전치사의 목적어 역할 / 생략 불가)
   He killed himself.
   She laughted at herself.

2) 강조용법 (S. O. C 각각 강조, 생략 가능)
   I **myself** wrote the book.
   The house **itself** was humble, but the garden was wonderful.

3) 관용구
   by oneself   혼자서 홀로 (alone)/자신스스로 옆에 있으니까 혼자의미
   by itself   저절로 , 자동으로 (automatically) /사물이 옆에 혼자 있으니 저절로
   for oneself   혼자 힘으로 (without other's help) / 자신만을 위해서 하니까

   in itself   본질적으로(naturally)
   of itself   자연히, 자발적으로 /
   help oneself to some cake   케익을 마음껏 먹다

   enjoy oneself   즐거운 시간을 보내다
   between ourselves   우리끼리 이야기지만
   beside oneself   (걱정·흥분으로) 이성을 잃고, 어찌할 바를 모르고((with, for))
     She was beside herself at the news.

   pride oneself on (=take pride in)
   present oneself at (=be present at)
   avail oneself of (=utilize)

4. 지시대명사

1) 지시대명사 (this, these, that, those)
This is my room and that is your brother's.
Those who are rich are not always happy.

2) 시간명사가 올 때/ 상식으로 풀어보면 쉽게 이해가능
this, these: 시간명사 앞에 오면 현재와 가까운 시간
that, those: 시간명사 앞에 오면 과거와 가까운 시간

this morning   오늘아침   that morning 그날 아침
this week   이번 주   that day 그 날
(in) these days   요즘   in those days 예전에

3) 문장이나 어구의 대용어 / 앞에 나온 말은 this, that 모두 가능하나
뒤에 나온 말은 this(가까운 느낌이니까)만 가능. (that은 안됨/먼 느낌)/ 상식으로 풀어보면 쉽게 이해가능
She said nothing, and **this** mad me very angry.
Let's go to the park. oh, **that** is nice.
He makes mistakes, and that very often. (더구나, 게다가)
* 영어에서는 this, that 이 우리말의 사람, 시간 ,장소 등에도 동일하게 사용된다.
          (우리말에서는 시간과 장소를 물건과 다르게 사용)
  This is my son (my mother).
  That is near New York.   장소가 뉴욕근처
  Is it in Busan ?   부산시내에 있는지

  Is this Kim's house ?   여기가
  Who is it ? 누구세요 (전화로)   It's me 나야
  This is Kim speaking.   김입니다(전화로)

  This (Here ×) is very good room.(o) /   here 는 안 됨.
  That's where the success comes in.   그래서, 그곳이
  This is where they study.   여기가

  That's why I like her. (그래서 좋아 한다 /결과)
  / That's because you have studied so hard. /(좋은)결과는 니가 공부한 원인이야/원인)

That's what friends are for.   그래서 친구가 있는(좋다는) 이유

That's (not) what I want. 그것이 바로 내 의도야 (아니야)

4) 명사의 반복을 위한 that(단수), those(복수)   [this, these 는 안 됨]

The climate of America is quiet different from **that** of Korea.
His dress is not **that** of gentleman.
The ears of a rabbit are longer than **those** of a fox.

5) Such

such ~ as..	..와 같은~
such as ~	가령 ~와 같은
such+명사+that	너무 ~ 하므로
so+형용사(부사)+that	너무 ~ 하므로

Such was my reward.
He is only a child and should be treated **as such**.
Such men **as** Washington and Lincohn are rare.(such ~ as ..와 같은)
Autumn gives us fruits, **such as** pears, persimmons, and apples.(가령..와 같은)
Lisa is <u>**such a** polite girl <u>that</u> everybody loves her. (such/ 형용사)</u>
Lisa is **so** polite **a** girl <u>that</u> everybody loves her. (so/ 부사)

6) the same
He'll do the same again.
This is the **same** watch **as** I gave her. (동일 종류)
This is the **same** watch **that** I gave her. (동일 물/바로그거)

Are these <u>the same</u> people who came here yesterday.
      * the same ~ where(when, who, as)
They don't think <u>the same as</u> we do.(in like manner)

7) So 그렇게
Is he coming? I think so.
He is rich, so he is.(=yes)
      so is she.(=also)

5. 부정대명사 / 막연한 사람, 사물, 수량을 가리키는 대명사

1) one

(1) 일반사람(총 인칭)

One should keep one's word.

(2) a+ 단수보통명사의 경우에는 one으로 표현하고 (불확실하니까)
the, this, that + 단수보통명사 경우에는 it으로 표현한다(확실하니까)
I'm looking for **a house**, I'd like **one** with a beautiful garden.
 * I needed **his pen** so I asked to borrow **it**.

(3) a + 형용사 + 단수명사는 a +형용사 + one로 표현 (단수니까)
　　형용사 + 복수명사는　형용사 + ones로 표현 /복수니까
I have tree flowers ; a red one and two yellow ones.

(4) a certain (어떤)
I received phone call from one Mr. Kim.

(5) one을 쓸 수 없는 경우 : 아래 다음에는 one 의 사용이 불가

불가산 명사	I like **red wine** better than white.
소유격 + own	The bed is my own. My friends try and tell me find **a man of my own**.
수 사	He has **three cars** and I have two.
최상급의 형용사 / the +비교급	He has two sisters; **the elder** is more beautiful than the younger.

2) one, other, another

구 분	적 용
1.둘 중에서 순서가 없을 때 있을 때	one(하나), the other(나머지 하나)
	the one(전자), the other(후자)
2.셋 이상에서 순서가 없을 때	one(하나), the others(나머지 전부)
	one(하나), another(또하나), the others(나머지 전부)
	*셋 일 때는 one(하나), another(또 하나), the other(나머지 하나)
3.한정된 다수 막연한 다수	some(일부), the others(나머지 전부)
	some(일부), others(다른 일부)
4.another /다른 하나	a different one/ one more
5.one another each other	서로서로(셋 이상)
	(둘 사이에)
6.A~one thing ,B~another	A와 B는 별개다.

Jim loves Lisa; the one often visits the other.
They keep horses and sheep ; the one for riding the other for food.
I have seven dolls, one is red and the others(are) white.
Some boys in this class went on foot ; and the others (went) by bus.
Some boys went on foot ; and others (went) by bus.
I don't like this. Show me another(=a different one)
Will you have another(=one more) cup of coffee?
The help one another(or each other)

To love is one thing, and to marry is another.

3) some, any

some	1.긍정 2.긍정의 답을 예측/ 권유, 의뢰시의 의문문 3.about(약)/ a certain(어떤)
any	4.의문문, 부정 조건문 5.긍정문의 any (어떤 ..이라도)

Some of the novels are interesting.　　Do you have **some** sisters Yes, I have some.
Would you like **some** more coffee?
The event occurred **some** twenty years ago.　　He went to **some** place in Africa.

Are there **any** cars in the street?　　There aren't **any** students in the room.
If you have **any** money with you, lend me some.

Any child can do such a thing.　　You can get the book at **any** bookstores.

4) every, each

구분	용법	의미
each	1.대명사, 형용사 용법 2.each+단수명사/단수취급	각각의, 개개의 (전체와 관계없이 개별적인것)
every	3.형용사 용법만 있는 4.every+단수명사/단수취급	'모든..'(each and all) 각각의 것 전부

Each of the boys has his own room.　　**Each** of the guests tried to flatter her.
Each country has its own customs.　　**Every** teacher in our school is kind to us.
He wrote to me **every** other day.(=every two days) 이틀마다(2일)
　　every three days(=every third day) 사흘마다(2일)

5) all, both

구분	용법	의미
1.all	대명사, 형용사, 부사용법 사람: 복수취급 /사물: 단수취급	셋 이상의 모든 것/ 모든 사람 완전히/ 온통
2.both	대명사,형용사 용법 복수취급	둘다 *Both A and B: 둘 다 긍정

All the boys have their own cars.
All his money was gone.
It is all covered with dust.(=completely)
All of them will not come.(부분부정)

Both of his parents are living here.
He is both blind and deaf.
I don't know both of them.(부분부정)

6) None, no

구 분	용 법
1.none	no one의 뜻의 부정대명사 단수,복수 가능 가산명사일 때는 복수취급
2.no	형용사로서 not only 대신 사용, 조금도..아닌, I have ~ , There is ~

None have succeeded in solving the problem.
I looked for some jam, but there was none left.
I have no children.
There were no clouds in the sky.
He is no genius.

7) -thing, -body : any와 some의 용법에 준함

Is there anything interesting in today's paper?
Is anything in the room?
I saw something white moving in the dark.

Money is everything to her.
He thinks himself something.
If you want to be anybody, you must take efforts.
He's nothing here, but I suppose he is somebody in his native village.

8) either(~or), neither(~nor) / 상관관계 주의
Either of you has to go there.   둘 중의 하나

Either method is satisfactory.
If you don't go, I won't either.
Either you or he has to go.

Neither of them was aware of the fact.
Neither sentence is correct.
If you will not do so, neither will I.
→   ~   , and I will not, either.
Neither you nor he is in the artist. 둘 다 아님
He is neither a scholar nor an artist.

9) 부분부정/ 완전부정

	둘 중에서	
긍정	both(둘 다)	all(모두 다)
부분부정	not both	not all
	not always not everybody(thing)	
부정	not either/neither	not any/none
	not anybody(thing)= nobody, nothing	

I like both of them.
I like all of them.
I don't like both of them.
All that glitters is not good. / I don't know all of them.

The rich are not always happy. 항상그런건 아니다
I don't know everything about it./ I don't know everybody in this place. 전부를 아는건 아니다
I don't like either of them. = I like neither of them.
I don't know any of them. = I know none of them.
I don't know anything about it. = I know nothing about it.

6. 의문대명사

관계대명사와 형태는 같으나 의문대명사는 문장이 하나이고 의미가 누구라는 의문의 의미가 들어있는 반면 관계대명사는 문장(절)이 2개인 것을 연결해주는 연결기능이라는 점이 다름

	주 격	소유격	목적격	비 고
사람	who	whose	whom	사람이름, 혈족관계
사람, 사물	what	-	what	사람 앞에 쓰며 신분, 직업
사람, 사물	which	-	which	

1) who, whose, whom

Who is that woman over there?(사람의 이름, 혈족관계)

Whose room is this?

Whose is this room?   (소유대명사)

Who sent you the e-mail about the new project? (조동사가 없음: 주어일 때)

2) what

What made you change your mind? (주어)

What does your father do for a living? (직업, 신분: 사람 앞에: 목적격)

What sports do you like best. (의문형용사)

*He asked me **what I had done**. (종속절 일 때는 평서문 어순)

What (**do you think**)his job is?

 / think 등 대답이 필요한 동사일 경우에는 what 이 문장 앞에

/ Do **you know** what his job is?

  know 등 yes, no 로 대답할 동사일 경우에는 문장가운에 질문이 먼저오고 그 다음에 what이 옴

* what 이 한국어로 [무엇] 으로 해석되지 않는 경우

What's the exchange rate?   환율이 얼마인지
What the price ?   가격이 얼마인지
What's the fare ?   요금이 얼마인지

What's the temperature ?   기온이 얼마인지
What's your size ?   사이즈나 얼마인지

What's your weight ?	몸무게가 얼마인지
What if he rejects ?	어떡하지?
What should I do ?	어떻게 하지?
What would you like ?	어떻게 해 드릴까요?
What's the date ?	며칠인지
What did you come here for ?	무슨 일로 ~(목적)
= Why did you come here ?	

How did you come here / (이동수단 물은 것임) by bus , on foot

3) Which 어느 것
Which is taller, John or James?(S) / Which of these books have you read on this subject?
Which do you like better, summer or writer?(O)
Which season do you like best?

* How 는 의문부사
4) 의문사절 : 명사처럼(S, O, C의 역할)
Who did it is a question to me.(S)
The question is who did it.(C)
Tell me who did it.(O)
There is no doubt as to who did it.(전치사의 O)
*의문사 절이 전치사의 목적어가 될 때 전치사가 생략되는 경우도 있음.
You have no idea(of) **how depressed** it made me.

7. It의 특별용법

1) 날씨, 시간, 거리, 막연한 상황
It is very cold at the North Pole.(날씨)
What time is it now?(시간)
How far is it from here to the station.(거리)
How is it going with you?(막연한 상황)

2) It is ~ that의 강조 구문
Lisa saw a lion in the zoo yesterday.
-〉It was Lisa that(who) saw a lion in the zoo yesterday.
-〉It was a lion that(which) Lisa saw a lion in the zoo yesterday.
-〉It was in the zoo that(where) Lisa saw a lion   yesterday.
-〉It was yesterday that(when) Lisa saw a lion in the zoo .

3) 가주어, 가목적어 It
부정사구, 동명사구, 명사절이 S나 O로 쓰이면 이들 대신 it를 쓰고 긴 어구는 문미로 보내는 것

It is fun to learn English.
It is no use trying to escape. /
It's not very easy living all alone.(saving all my life for you whitney houston)

It is certain that he will come here.
He makes it a rule to go fishing every Saturday.
He thought it interesting to play the part of Hamlet.

You will find it pleasent talking with her.
I thought it natural that he should get angry.
It doesn't matter whether she agress or not.

4) 기타
   It is in Seoul. 그곳은
   Who is it ? (전화로) 누구세요 It's me. 나야

4.3 관사

관사는 명사 앞에 붙어서 그 명사의 의미에 제한을 두는 낱말로써 관사가 있으면 관사 뒤의 단어는 명사라고 판단해야 한다.

1. 부정관사 / 정해지지 않는 단수명사 앞에 놓임
  a는 자음 명사 앞에, an 은 모음 발음되는 명사 앞에 사용된다.

1) 셀 수 있는 명사 앞

❶ 처음 나오는 불특정한 것 There is a book on the table

❷ 하나임을 강조할 때
Rome was not built in a day.

❸ 같은(the same)
They are of an age/Birds of a feather flock together

❹ ~마다(per)
I write to her once a day.
fifty miles an hour
twice a week

❺ 어떤(a certain)
A Mr. Kim came to see you.
It is true in a sense
My friend visited me on a day in September

❻ ~ 은 어느것이나(any) [대표단수/종족전체]
A horse is more useful than a cat. (구체적인 샘플을 들어 설명)
Horses are more useful than cats (가장 일반적인 표현)
The horse is more useful than a cat. (다른 집단과 대조하는 뉘앙스)

❼ some
 Please pas me a salt .

2) 셀 수 없는 명사 앞에

❶ 물질명사 앞에서의 부정관사 / 물질명사를 보통명사화
  물질명사를 담는 용기를 단위로 표현   복수형은 용기를 복수로
   The boy threw a stone at a dog. (재료로서의 돌이 돌이라는 보통명사화)
   I' would like a (cup of) coffee ,please
   a glass of water   two glasses of water
   a bottle of beer   two bottles of beer
   a piece of cake   two pieces of cake
   a piece of advice   two pieces of advice
   a fire (화재)   a paper (보고서)

❷ 추상명사 앞에서의 부정관사 / 보통명사화
   a short silence   an ivention
   Will you do me a **favor** ? 들어 줄래요? 부탁을

❸ 고유명사 앞에서의 부정관사
   A Mr. Kim came to see you. 잘모르는 김씨라는 사람
   I want to be a Kennedy.   케네디 같은 대통령
   He is a Kennedy   케네디 집안
   He bought a Van Gogh   반 고흐 작품

3) 형용사가 붙어 부정관사가 필요한 경우
   보통 정관사를 붙여서 쓰거나 관사를 붙이지않고 쓰는 명사라도 형용사가 붙으면
   부정관사가 필요한 경우

   the moon   a full moon a half moon a new moon
   lunch   an excellent lunch

4) 부정관사 관련 숙어
   ❶ 셀 수 있는 명사 (보통 , 집합명사)
   a few   (수가)적은(조금은 있는/ 긍정의미)   few (거의 없는/ 부정의미)

   ❷ 셀 수 없는 명사 (고유,추상,물질명사)
   a little   (양이)적은(조금은 있는/ 긍정의미)   few (거의 없는/ 부정의미)
   a great many (a great number of) 아주 많은
   a number of (a lot of, lots of) 많은(복수)   the number of (~의 수 /단수)

at a loss   어찌 할 바를 몰라
as a rule (generally) 일반적으로
all of a sudden (suddenly) 갑자기

in a hurry   서둘러서
for a while 잠시 동안   once in a while 가끔
have a cold   catch a cold   come down with a cold 감기 걸리다

come to an end   끝나다

2. 정관사

❶ 앞에 나온 명사가 다시 나올 때

There once lived a **king. The king** had many children.

❷ 서로 알고 있는 것을 가리킬 때

Would you please open the window?
Will you pass me the salt, please?

❸ 세상에서 유일무이한 것

the sun, the moon, the sky, the earth, the world, the west

❹ 설명어구 (형용사구,절)가 붙은 명사 일 때

He is **the principal** of our school.   우리학교의 **교장선생님**
This is **the doll** that Mary made yesterday.   메리가 만든 **인형**
The water of this well is good to drink.   이 우물의 **물**

❺ 형용사의 최상급, 서수(첫 번째 두 번 째 ~) 앞에

 the + (only , first , last, same , next) 의미들이 최상급, 서수 느낌(바로 ~의 느낌)
She is the fastest runner in the world.(최상급)
The music room is on the third floor.(서수)

❻ 대표성

 * the + (단수, 복수, 집합명사
The dog is a useful animal.   종류 대표
The koreans   한국사람들
The MacArthurs   맥아더 가족
 * the +형용사,분사 / ~하는 사람들, ~ 인 것들

the young   젊은 사람들
the beautiful   beauty
the employed   고용된 자들

❼ 단위 악기 신체의 일부
* by the + 단수명사(계량단위)
 Sugar is sold by the pound.
 We rented a car by the hour.

* 신체의 일부 표현 / .동작의 대상이 되는 부분에
He caught me **by the hand**.
He seized me **by the arm**
My friend hit me **on the head**

* 악기   운동 (무관사)
play the piano   play basketball
plat the trumpet   play soccer
play the guitar

❽ 사람 이름 앞에 특유의 성질을 나타내는 형용사가 잇을 경우
the reverend [레버런드] John   성직자 존
the late Dr. Einstein,   고(죽은) 아인슈타인 박사
the poet Goethe   시인 괴테
the ambitious Caesar   야심가 시저

❾ 일부고유명사
고유명사에는 원칙적으로 관사를 붙이지 않지만 일부고유명사에는 정관사를 붙임
(1) 강 바다 반도 군도 운하 해협 산맥 사막, 만
   the Korean peninsular
   the Nile
   the Pacific (Ocean)
   the Panama canal

(2) 복수형 고유명사 / 산맥 군도
   the Alps Mountains   알프스 산맥
   the Greak Lakes   오대호
   the AIDS
   the United states of America,

(3) 배, 열차, 항공, 철도
   The Mayflower , The Titanic , The KAL,

(4) 관공서 ,공공건물(고유명사 이름이 없는 경우) / 무관사 참조
   the White House   백악관
   the Red cross   적십자
   the British Museum   대영박물관
   the KTX   한국 초고속열차

(5) 배, 열차, 항공기 이름
   the Queen Mary

(6) 학회, 협회, 연구소 이름
   the Royal Academy

(7) 신문, 잡지이름
   the Newyork times, the Washington times

(8) 국어, 특정한 언어
   the American language

(9) 칭호
   the princess of Monaco

(10) 역사상의 사건
   the French Revolution

(11) of ~ 의 고유명사
   the Bay of Mexico
   the University of Korea (= Korea University)

3.관사의 생략

❶ 호격 / 상대방을 부를 때
Boys, be ambitious

❷ 자기가족
Father is out, but Mother is in.

❸ 관직, 신분을 나타내는 말(동격, 보어로 쓰일 때)
Minho, Captain of our team, played well.
We elected him major of our city. (O.C)
He was elected President of the united states of America(S.C)

❹ 경기, 식사, 질병의 이름 앞에서 (경기후 식사한 것이 병걸린 이미지)
We sat down on the grass for lunch. (* a heavy breakfast형용사가 있을때는 가능)
He is suffering from fever. (cancer)
They are playing tennis. (football, baseball) (*play the piano 악기에는 관사)

❺ by+ 교통, 통신수단
by air(sea, land)
by car(bus, taxi, train)
by letter, by telephone
*on foot (걸어서) / on horseback(말타고)

❻ 시간을 나타내는 at ~ 경우
at dawn   at night

❼ 장소, 건물이 본래의 목적(추상적인 의미)으로 사용될 때
I am going to the school to see him.(학교라는 건물,장소에)
I am going to school.   (수업하러)
         the church(교회건물, 장소) / church(예배보러)
go to the bed (침대로 가다) / go to bad (잠자러 가다)
go to the sea (바닷가로 가다) / go to sea (선원이 되다)

❽ 명사가 대구를 이룰 때
day and night / husband and wife / rich and poor
step by step   / arm in arm / from morning till night
*They are living from hand to mouth.

❾ 관사+명사+and+명사(동일한 사람, 사물 또는 부속관계)
　관사+명사+and+관사+명사(두개의 사람, 사물)
　A poet and doctor is dead.(시인이자 의사 / 한 사람)
　A black and white cat 흰색과 검정색 털이 석인 얼룩 고양이
　A poet and a doctor are dead.(시인과 의사 /두 사람)
　A black and a white cat　　검은 고양이 1마리 흰 고양이 한마리
　The king and queen attended the bangquet (불가분의 관계일 때는 생략)
　　　　(the가 없음)

❿ 불가산 명사 (물질명사, 추상명사 ,고유명사)
　I like meat　　　　　　　　나는 좋아한다　고기를
　Nesessity is the mother of invention　　필요는 발명의 어머니

⓫ 인명 · 지명 · 국가명, 작품명
　J. F. Kennedy,　 Seoul,　 America,　 Hemlet

⓬ 개개의 산 ,호수 ,공원 /　　 항구 ,다리, 공항 등의 고유명사
　(한 묶음으로 묶어서 기억) /장면으로 연상
　Mt, Halla .　　　　　　　　　Busan Harbor
　Great Lakes　오대호 (미국 캐나다 국경)　　 London bridge
　Central Park　　　　　　　　　Kimpo Airport

⓭ 공공시설 (특정이름이 붙어 있음)
　Seoul Station　서울역
　Kimpo Airport　김포공항
　Seoul National University　서울대학교

⓮ 관용구

(1) 동사+명사

　　take place 발생하다　 take the place of ~를 대신하다
　　lose sight of,　 take part in,
　　keep house,　 take hold of

　　take the rest　 나머지를 가지다　take a rest 휴식을 취하다
　　Do you have **the time** ?　몇 시 입니까? 보통명사니까 시계의 시간을 의미
　　Do you have **time** ?　 시간 있으십니까? /추상명사이니까 여유를 의미

(2) 전치사+명사
　at home,　ay noon,　at hand,
　by sea, by mistake, by e-mail,
　on foot

　out of the question 불가능한 (the가 있는 것은 실존하는 보통명사로 하는 일이 불가능함을 의미)
　out of question 틀림없이 물론 (추상명사 question(문제)이 안 될 일)

　behind the times 시대(유행)에 뒤져서
　behind time (시간적으로)늦게

　of the moment 현재의 당대의
　of moment 중요한

4. 관사의 위치

1)원칙

관사+명사	a house, the house
관사+형용사+명사	a new house, the delight girl
관사+부사+형용사+명사	a very beautiful girl

2) 예외
❶ (so, as, too, how)+형용사+부정관사(a)+명사
　I have never seen **so honest a man** as he.
　He is **as diligent a man** as ever lived.
　He is **too honest a boy** as his brother.
　How difficult a problem this is!

❷ (such, half, many, what)+부정관사(a)+형용사+명사
　I have had **such a** good time.
　I waited for him **half an** hour.(미: a half hour)
　Many a student was present at the meeting(단수)
　What a difficult problem this is!

❸ (all, both)+the+복수명사 (the가 생략되기도 함)
All(of) the students of this college are fond of sports.(복수)
All students
Both (the) eggs are bad.

4.4 의문사

1. 의문사의 종류

의문사는 의문의 중요한 대상이 되는 사물이나 사태 등을 지시하는 말들을 통틀어 이르는 말로써, 관계사와 형태가 같음.

다만 관계사는 앞 절과 뒷 절을 연결시켜주는 기능을 하는 것이 의문사와 다른 점임.

의문사 what과 how 는 감탄사로도 사용됨.

의문사는 문장 앞에 오는 것이 원칙이지만 간접의문문에서는 문장 중간에도 사용됨

의문사는 주절과 종속절을 이어주는 접속사 기능도 보유.

또한, 의문사는 의문문을 만들기도 한다. 의문사가 있는 의문문은 의문대명사, 의문형용사, 의문부사 등을 모두 사용한다.

1) 의문대명사

(1) 의문대명사의 종류 / 의문사이면서 대명사

구분	주격	소유대명사	목적격
사람	who	whose	whom
사물	what		what
사람·사물	which		which

* whose 는 소유 형용사(누구의) 도 되고 소유대명사(누구의 것)도 됨.

(1) What (무엇)은 무엇인가 정보를 물을 때 사용

이름/ 직업을 물을 때

What's your name ?

What does your father do? / 아버지 직업이 뭐니?

What do you do foe a living ? /직업이 뭐니?(살기 위해서 하는 거니까)

의견을 물을 때

What makes you so think so? 무엇이 너를 그렇게 생각하게 만들었니?

　　　　　(우리말과 다른 영어식 표현의 특징)

= Why do you think so?

= How come you think so?

what 이 우리말로 How의 의미로 사용될 때
What's the exchange rate? / 환율이 얼마인지

What the price ? / 가격이 얼마인지
What's the fare ? 요금이 얼마인지
What's the temperature ? 기온이 얼마인지

What's youe size ? 사이즈나 얼마인지
What's your weight ? 몸무게가 얼마인지
What if he rejects ?   어떡하지?

What should I do ?   어떻게 하지?
What would you like ?   어떻게 해 드릴까요?
What's the date ?   며칠인지

(2) Who 누구(누구를) /Whom (누구를)/Whose (누구의 것)
Who / 주격이나 주격보어로 사용됨.
Who is it?   Who are you? /주격보어
Who made this? /주격

(3) W**hom / 목적격**
Who(Whom) do you like best in this class? /목적격일 때 문두에서는 who로
With whom did you go to the party?   /전치사와 함께 사용할 때는 Whom
= Who(Whom) did you go to the party with ?

(4) **Whose /누구의 것(소유격, 소유대명사)**
Whose is this smart phone ?
= Whose smart phone is this?

(5) **Which (어떤 것) /선택을 나타낼 때 사용**
Which is better on me , the black shoes or the white one ?
Which do you prefer, tea or coffee?

(2) 의문대명사의 역할(명사역할과 동일)

주어 Who broke the window ?
    Which is better, the red shoes or white one ?
주격보어 What is this? Who are you? Which is the book?
목적어 타동사의 목적어 What can I do for you?
    What did you buy yesterday?
    Which do you prefer, tea or coffee?
  전치사의 목적어 For whom did you buy it? (for who ×)

* 목적격 의문대명사 whom 은 구어체에서 who 로 사용하기도 함. 그러나 전치사의 목적어로 쓰일 때 전치사가 문두에 오면 who를 사용하면 안 됨 (Whom 만 사용).

2) 의문형용사

명사 바로 앞에서 명사를 수식하는 한정사 기능을 하는 것으로
What ,whose, which 세 개가 있다.(나머지 의문사는 아님)

(1) what /무슨 +명사

What time is it now ?

What kind of music do you like ?

What project do you make researches these days ?

(2) whose / 누구의 +명사

Whose watch is this?

whose money is this ?

(3) which / 어느 +명사

Which color do you prefer ?

Which flower is more beautiful ? / 선택이 제한적일 때 주로 Which 사용

* What color are these smart phone ? / 선택이 여러 개일 때는 주로 What을 사용

3) 의문부사
문장에서 부사역할을 하며 종류는 when, where, how ,why 등 4개로
관계부사와 형태로는 동일함

(1) when / 시간(언제)

When is your birthday?

When does the concert start?

When did you go to Seoul ?

(2) where / 장소(어디서)

Where is your cap ? 모자는 어디 있니? (인사는 해야지라는 의미)

Where do you live ?

Where will you study English ?

(3) how / 방법 (어떻게)

❶ 수단/방법

How does she go to school ? /교통수단

How did you come here / (이동수단 물은 것임) by bus , on foot

 * What did you come here for ? 무슨 일로 ~(목적)

   = Why did you come here ?

❷ 상태

How are you ?

How is your sister ?

How is it going ?

❸ 의견

How was the concert? /어땠는지

❹ *how do you like ~ 는 두 가지 의미가 있음. (의견과 방법)

<u>의견, 평가</u>

How did you like the concert (your class) ? 어땠는지

How do you like living in Korea ? 어떤지?

How do you like working the company ? 어떤지?

<u>방법</u>

How do you like your coffee ? 커피를 타주는 **방법**
How do you like to communicate ? 방법
How do you like to learn ? 방법

* What do you like ~ ? / 의문대명사 what

What do you like about her ? 어디가 좋은지
What do you like doing Saturday ? 뭐 하는 거 좋아하는지
What sports do you like ? 무슨 운동 좋아 하는지

❺ how +형용사/부사 (이때도 how는 부사)

How long does it take to Paris from Seoul by plane?/ 기간
How long will you stay in Seoul ?/기간
How long is the Han river ? 길이

How many people are there ?   /수
How many flowers didd you buy ?/ 수

How much is this book? / 가격
How much sugar did you put in the bread ? / 양

How tall is he?~ /키
How tall is the Tower ? /높이

How old are you ? /나이
How old is this building ? /기간
How far is your school ? /거리
How often do you take your English classes ? /빈도

think, believe, guess, imagine, suppose 등의 동사에서 의문사가 앞에 오고 이 경우
구체적인 대답을 하여야 하게 되는 의문문.
= How do you **feel** about your new house ?
= How do you **like** your new house ? 와 같이 변형가능
→ I like it very much .

* what 과 how의 사용법 구별 / 우리말 [어떻게]를 물어보는 표현

What do you think of the concert ? (o) / what 은 think 의 목적어

≠ How ~   (×) / how는 의문부사이기 때문에 사용불가

= **What do you think** about the concert ?

= **How do you like** the concert ?

= How do you feel about the concert ?   형태로 사용 가능

What is the price ? = How much is it ?

What is your age ?   =How old are you ?

What is the capital of South korea ? → Seoul [장소이름을 물을 때]

Where is the capital of South Korea ? / 물리적인 위치를 물을 때

→ It is in the western South Korea

What(How ×) do you **think** of your new house ? /

* 상태를 나타내는 How 와 What ~ like? 에 대해서

날씨/ 둘 다 사용가능

How is the weather ? / how 에는 like 사용하면 안됨

= What's the weather like ? 날씨가 어떤지 /같은 의미

> how / 사람의 감정이나 건강상태처럼 변할 수 있는 것에 대해서 물어 볼 때
> what ~ like 는 주로 사람의 성격이나 외모처럼 변하지 않는 것에 대하여 사용

How are you today ?

≠ What are you today like?(×) 단기에 변하지 않는

How does she look today ?

≠ What does she look like today ?(×) 단기에 변하지 않는

What is he like ? /그는 어떤 사람인지 (성격) (≠ How is he ?)

→ He is bright. (brilliant ,thoughtful, smart 등)

What does he look like ? / 생긴 거(외모)를 물어 봄(어떻게 생겼니)

→ He is handsome . (tall, short, short hair, long hair 0

(4) why /이유 (왜)를 나타내는 의문부사로 대답은 because (of) 형태가 일반적
   Why are you so angry ?
   Why is she going to school today ?
   Why do you ~ ? / Why did you ~ ?

❶ why don't + S + V ~ ? /~하는게 어때? (제안)
   = What(How) about +V ing ?형태와 같은 의미
   Why don't you study your homework now ?
   Why don't we take a walk ?

❷ Why didn't + S + V ~ ? /제안이 아닌 이유를 물어보는 표현
   Why didn't you take a walk yesterday? / 어제 왜 안했냐고 물어 보는 표현

❸ why not
   Why not take a walk today/ / (제안 : Why don't you 와 같은 의미)
   What about having some pizza ?
   Why not? (제안에 대한 승낙의 표현 / 좋다는 의미)

   I can't go to school ?
      Why not ? /이유 (왜 못 가는데?)

* 간접의문문 (의문사 +S +V)
Do you know **where** she is ? / 의문사 절이 다른 문장의 주어, 보어, 목적어 역할.
Do you know **what** I'm saying? / 이 경우 yes, no로 대답하는 형태
            I mean? /
Where did she **say** Tom put the book ? / say, tell 등의 동사에서도 대답이 나와야
                            하는 상황이면 의문사가 앞에
Did she **say where** she put the book ? / yes, no의 답변일 경우 의문사가 뒤에

2. 의문사의 특수용법

1) 의문사 + to 부정사

   What to say / 뭐라고 말을 할 지 = What I should say

   when to go / 언제 갈 지 = when I should go

   how to study / 공부하는 법 = how I should study

   where to go / 어디로 갈지 + where I should go

   * why는 없음

2) 의문사의 강조용법

what the hell ~ / 도대체

=what on earth ~

=what in the world ~

Whoever is it? / 도대체 그가 누구지요?

whoever / whatever / whichever / 복합 관계대명사

whenever/ wherever / however /복합 관계부사 (whyever는 없음)

3. 의문사의 관용표현

What's the matter ? / 무슨 일 인가요?

What if she doesn't come up tonight ? / 어떻하지요?

What do you say ~ ? / ~ 하는게 어때요?

What time do you have ~ / 몇 시니?

   = Do you have the time?

 * Do you have time? / 시간 있어요? (시간 좀 내 주세요 의 의미)

who is who 누가 누구인지 / what is what   뭐가 뭔지

what's up ~ ? / 어떻게 지내니? (How are you doing?)

I know what. / 좋은 생각이 있어,이렇게 하면 어때?

You know what?   있잖아, 너 그거 알아?

5

형용사

5. 형용사

5.1 부정수량 형용사

	형태	뜻
1	many+셀 수 있는 복수명사 many+복수명사+V(복수) many+a+단수명사+V(단수) much+셀 수 없는 단수명사	(수가) 많은, 다수의 많은(총괄적) 많은(의미가 더 강함) (양이)많은, 다수의
2	a number of a lot of, lots of a good(great) deal of plenty of	수 양
3	few+ 셀 수 있는 복수명사 a few+ ~ (*not a few=many)	(수가)거의 없는(부정) (수가)약간 있는(긍정:some)
4	little+ 셀 수 없는 단수명사 a little+ ~(*not a little=much)	(양,정도가) 거의 없는(부정) (양,정도가) 조금 있는(긍정)

* a good many 상당히 많은, a great many 매우 많은, as much 같은 양의,
  as much as to say(=as if to say)심지어,
  not so much A as B A 라기 보다는 B이다.
  not so much as(=not even)~ ~ 조차도,
  not much 너무 ~은 아니다(대단한 ~은 아니다)

(1) many, much
How many books do you have?(수)
How much money do you have?(양)
Many boys were surprised at the sudden noise.
Many a boy was surprised at the sudden noise.
They worked like so many bees.(마치..인 것처럼)
I waited for fifteen minutes, it seemed as many hours to me.
                (같은 수의)

(2) a lot of / lots of ~ 많은
He has a lot of(=many) friends.
We had a lot of(=much) rain last year.
The are a number of(=many) parks in Tokyo.
We need a good deal of(=much) sugar.

(3) few 거의 없는 / a few 조금은 있는(a 만큼이라도)/셀 수 있는 명사에 사용
There were few passengers in the bus.
  ~   a few   ~.
Not a few(=many) students are learning English.
*quite a few(=many)/ only a few(=not many)

(4) little 거의 없는, a little 조금은 있는(a 만큼이라도 있는으로 기억)/셀 수 없는 명사에 사용
There is little hope of his success.
There is a little water in the bottle.
He drinks not a little(=much) wine everyday.

*quiet a little(=much) 많이, only a little(=not much) 겨우
what a little(=all the little that) 미력이나마, little short of(=almost) 거의
A little knowledge is dangerous. 선무당이 사람 잡는다.

(5) 수량표시의 다양한 표현
a couple of days   이틀 , quite a few(not a few, many)
tens(dozen, scores) of 수 십의, hundreds(thousands) of 수 백의
tens of thousands of (수 만의), in 1980's 80년대,
 in one's 30's   30대에   three fourths   3/4

5.2 수사

1)기수와 서수
자연수에는 기수와 서수로서의 두 속성이 있다. 1, 2, 3, …을 나타내는 수사 one, two, three, …처럼, 한 집합에서 원소의 순서를 생각하지 않고 그 개수를 세는 데 쓰이는 것이 기수(基數)이고, first, second, third, … 처럼 원소들의 차례를 세는 데 쓰이는 것이 서수(序數)이다.
2) 일반수자
❶ 127 = one hundred (and) twenty-seven

❷ 725 = three thousand, seven hundred (and) twenty-five

❸ 795,453 = two million, seven hundred (and) ninety-five thousand, four hundred (and) fifty three

❹ five hundred(thousand, million) /단수

　Hundreds(thousands, Millions) of people / 복수(불특정 다수)

3) 분수, 소수

분자는 기수, 분모는 서수(분자가 2이상 일 때는 분모는 복수)

소수점은 point, 소수점 이하는 한 자 한 자 읽음.

❶ 1/2 = a(one) half

❷ 2/3 = two-thirds

❸ 3 2/5 = three and two-fifths

❹ 7.25 = seven point two five

❺ 분수의 수

　third-fourth of the apples <u>were</u> rotten

　third-fourth of the land <u>was</u> cultivated

4) 연호, 월일, 시각

❶ 1979(년) = nineteen seventy-nine

❷ 1980년 3월 27일(March twenty-seventh 1980) = March (the) twenty-seventh, nineteen eighty

❸ 6:30 a.m = six thirty a.m

5) 전화번호, 기타

❶ 537-1345 = five three seven one three four five

❷ $6.40 = six dollars (and) fourty(cents)

❸ No.7 = Number. seven

❹ p.25 = page twenty five

❺ world war 2 = the second world war/ world war two

6) 배수사

❶ I had to pay double the usual price.

❷ Your room is twice as large as mine.

❸ She has ten times as many books as I have.

5.3. 대명형용사 Pronominal Adjective

구 분	내 용
소유형용사	my, his, her(bag)
지시형용사	this, that, those(books)
의문형용사	what, which(way)
부정	all, each, some(money)

5.4 성질형용사

구 분	내 용
본래의 형용사	kind, poor, good(man)등
물질형용사	gold, stone, wooden(house) 등
고유형용사	Korean, American, French(boy)등
현재분사에서(능동) 온 형용사	walking, interesting, rising 등
과거분사에서(수동) 온 형용사	broken, wounded 등

1) convenient, possible, dangerous 등의 형용사: 사물이 주어일 경우에만 해당됨

It is dangerous for you to climb the mountain.(o)

You are dangerous to ~ (x)

=>(difficult, necessary, pleasant, impossible, surprising, awful, satisfactory, interesting

2) able, afraid, delight..사람이 주어일 경우에만 〈사람에게 고유한 성질을 나타냄〉

People who work for many hours are delight.(o)

His voice could be heard from here.(o)

His voice was able to be heard from here.(x)

It is delight to work for many hours.(x)

3) 알맞은 형용사 선택

This steak is very tender./soft(x) 연하다/ 질기다 tough[hard, strong(x)]

I ate a thin soup./weak(x)묽은/ 진하다 strong

His beard is very heavy./dense(x), 덥수룩하다

His salary is low(적다)

The fog is dense(heavy) 짙다.

dense 수풀이 빽빽하다.

5.5 관계형용사 / which, what

관계대명사가 형용사 역할과 접속사 역할을 하는 것을 말한다.

which +명사 = 접속사+that/this +명사 / 그런데 명사는

I studied english, **which** was difficult.   관계대명사

I studiedenglish, **which** language was difficult.

　　　접속사/ language를 수식하는 형용사

what +명사 = all the +명사 +that / ~한 모든 명사는

I will give you what money   I have

　　　　　what little(불가산) money I have 적지만 모든 돈

　　　　　what books   I have

　　　　　what few(가산) books   I have   적지만 모든 책들

5.6 형용사의 용법, 어순

1) 한정적 용법

명사의 앞 또는 뒤에서 직접 그 명사를 수식하는 용법

1. This is a beautiful flower.

2. I saw something black.

3. I found a wallet full of money on the floor.

2) 서술적 용법
주격보어(S.C), 목적격 보어(O.C)로서 주어나 목적어의 동작이나 상태를 설명
1. I fell asleep while listening to the music.
2. They found the room empty.

3) 한정/서술용법에 따라 뜻이 달라지는 단어
present time(현시점) / be present(참석하다)
a certain lady(어떤 부인)/ be certain(확실하다)
be late(늦다)/ the late Mr. Kim(故: 죽은)

4) the+형용사= 명사
  * 복수보통명사(~사람들: 복수동사)
    The young should be kind the old.
    The rich are not always happier than the poor.

  * 추상명사(단수동사)
    The beautiful(=Beautiful) is not always good.

5) 형용사의 어순(8개)

주관적 (추상적) → 상대적으로 더 주관적					객관적(구체적)→상대적으로 더 구체적					명사
부정 수량	지시, 대명	의견 opinion	크기 size	신구 age	모양 shape	색깔 color	출처 origin	재료 material	용도/ 분사, 명사	명사
all	a,the (관사)	cute	long	new	round	white	Korean	wooden	sleeping	chair
both	his (소유격)	easy nice	big	young	square	black	American	wool	kitchen	
such	five (수량)	expensive	large	old	rectangular	green	Chinese	metal	picnic	Box
	this	horrible	little	ancient	triangular	red	German	paper		

* all the / osa/scom / 위의 영어 앞 자 모음순서로 기억하기
* 문장에서 주어의 입장에서 보면 주관적인 것은 내면의 의식이기 때문에 먼저 오고

그 다음에 눈에 보이는 것이 그 다음에 오는 것이 논리적.
멀리 있는 사물을 카메라를 대고 zoom up 시키는 과정을 생각하면 명확할 것임
그러나 이런 분류는 논리적일 뿐 말로 표현하기 위해서는 훈련이 필요하지만, 이미 쓰여져 있는
내용을 읽어가는 경우에는 크게 관계가 없고 말하는 사람에 따라서 강조하고 싶은 말을 먼저 말하는
것이 일반적이기 때문에 그 정도로 이해하면 되는 사항.

Look at **those two large old stone buildings**.
All these fire nice boxes are mine.
He feeds **those two big cows**.
Both the large new watches will keep good time.
She is wearing **a beautiful white woolen sweater**.
These two big tall old wooden boxes, that tall young English lady.

6) 목적어를 취하는 형용사
It's a film that's really **worth seeing**.
My house is **near the lake**.
They sat **opposite each other**.
They are very **like each other**.

7) 형용사의 수식/ 한 단어면 앞에서 대부분은 뒤에서 수식
    (설명한다고 표현하는 것이 더 적절)

구 분	사용 예문
최상급, all, every 등의 한정	You have to use **the latest** information available.
~thing, ~body/뒤에서 수식	I have **nothing special** to tell you.
who is, which is 등의 생략	A girl (**who is**) ten years old.
다른 요소를 동반할 때	This is a loss (손실) **too heavy for me to bear**.
형용사가 여럿 일 때	She is a lady **beautiful, kind, and rich**
관용구	from time immemorial태고적부터, china proper중국본토, the sum total총액, the authorities concerned관계자

8) 한국어에서의 형용사의 서술형과 부사 표현을
영어에서는 명사를 수식하는 형용사로 간단하게 표현하기도 함

Would you like more coffee?	더 많은 커피 / 커피 더 의미
He mailed some letters	몇 개의 편지 / 편지 몇 통을 의미
He drew out a long sigh	긴 한숨 / 한숨을 길게 의미

Take a deep breath	깊은 숨 vs (숨을) 깊이 의미
We need a new copy machine	하나의 새로운 복사기 vs 복사기 새로 한 대 의미
Have a good breakfast	좋은 아침식사 / 아침식사 맛있게 의미

Did you have a good trip?	즐거운 여행 가졌는지 // 여행 잘 했는지
I don't think I could face another beer	또 다른 맥주 / 맥주 더
I have two more baggage	두 개 더 많은 / 두 개 더
I need to make an urgent call	급한 통화 // 급히 통화하다
I took the wrong bus and got lost.	잘못된 버스 / 버스를 잘못 타다
I want to make a good impression.	좋은 인상 / 인상을 좋게

I will give her two free tickets	두 개의 공짜의 표 / 표 두장 공짜로
It is healthy to have a big breakfast	큰 아침식사 / 아침식사를 많이
There were lots of bloody scenes.	많은 끔찍한 장면들이 // 끔찍한 장면이 많이

Three cheese burgers and three regular fries, please.	세 개의 치즈버거 세 개의 보통의 튀김들 / 치즈버거 **세 개** 감자튀김 보통으로 세 개
Would you like more wine?	더 많은 와인 / 와인 더
You are a wonderful cook	훌륭한 요리사 / 요리를 정말로 잘하는

Are you a good player?	좋은 선수 / 잘 하니?
How many required courses are you taking thus term?	얼마나 많은 / 몇 개
There isn't a single cloud in the sky	하나의 구름도 / 구름 한 점

6

부사

6. 부사 (Adverb)

기본적으로 동사를 수식하는 품사이고, 여기에 형용사, 다른 부사, 문장전체를 수식하는 기능을 가지고 있다. 여기에 명사나 대명사 앞에 놓여서 명사나 대명사를 강조하는 형용사 같은 기능을 하기도 한다. 관계부사 (when, where, how, why / 전치사 + 관계대명사) 관계있는 두 문장을 연결시켜주는 기능을 하는데 접속사와 부사의 역할을 동시에 한다.

1) 부사의 기능
- ❶ 동사수식　　　　　He always speaks fast
- ❷ 형용사 수식　　　　He is very handsome
- ❸ 부사수식　　　　　He works very hard
-   부사구 수식　　　　School begins just at seven
-   부사절 수식　　　　She went to school soon after I came home
- ❹ 문장전체 수식　　　Maybe She was happy
- ❺ 명사 대명사 강조　 Even a monkey can do it
　　　　　　　　　　　Only you can pass the exam

2) 부사의 종류(관계부사의 종류와 동일)

* 의미상 분류

❶ when   때를 나타내는 부사
　　now ,then ,today

❷ where   장소를 나타내는 부사
　　here, there, near

❸ how   방법을 나타내는 부사
　　상태　fast well happily
　　빈도　always often weekly sometimes usually never seldom rerely
　　정도　almost thus only quite   rather still hardly scarcely

❹ why   이유, 결과를 나타내는 부사

*형태적 분류

단순부사	지시부사	this, that, here, there
	부정부사	somehow, somewhere, everyqhere
	문장부사	happily, perhaps, luckily very, now, fast
의문부사		when, where ,how, why
관계부사		when, where ,how, why

3) 부사 만들기

(1) 원래 형태가 부사인 경우

(2) 형용사에 ly 를 붙여서 부사로 만들기

honest + ly   true + ly
full   + ly   easy + ly

(3) 형용사와 같은 형태의 부사이지만 부사역할하는 경우

fast 빠른 빨리   low   낮은   낮게
hard 단단한 단단히   early 빠른   빨리

(4) 같은 부사지만 뜻이 다른 경우

late   늦게   lately   최근에
pretty 꽤   prettily 예쁘게
hard   열심히   hardly   거의 ~ 아니다
high   높이   highly   굉장히

4) 부사의 위치

❶ 기본적으로는 수식하고자 하는 어구 바로 앞에
❷ 동사나 문장 전체를 수식할 때는 문장 끝에

❸ 빈도나 부정을 나타내는 부사는 be 뒤 조동사 뒤 / 일반동사 앞
❹ 완료형이나 수동태처럼 2개 이상의 동사가 나올 때는 조동사와 본동사 사이

5) 부사끼리의 위치

장소→ 방법 →시간 순
시간→ 거리→ 가격→ 무게 순이 기본

6) 부사의 용법

(1) very much

❶ very

형용사, 부사의 원급수식	He is very honest
현재분사 수식	The game is very interesting
형용사화된 과거분사 수식	He is very tired of the situation

❷ much

형용사 부사의 비교급 수식(강조)	He is much better today(still, far, even 등)
과거분사 수식	He was much respected by his children
서술적 용법형	He is much afraid of the game

동사 수식

 긍정문에서 단독으로는 동사를 수식하지 못하고 very, so, too등과 함께 사용됨
 It doesn't matter **so much**

부정문, 의문문에서는 단독으로 사용가능
 I don't like her much.
 Do you like him much.

  * **different** 는 형용사이지만 비교의 의미가 있어서 very를 사용하지 않고 much 사용
  I am much different from you.
  She looks much different from her mother.

(2) ago, before, since

❶ ago 현재를 기준으로 그 이전을 나타내고 앞에 수사가 반드시 온다
   He left Korea **3 years ago**(과거표시만 가능)기준이 현재
   I met her **ago** (×) 수사없이 단독으로는 못 쓴다

❷ **before**   과거를 기준으로 그 때보다 더 이전을 나타낸다.
　　　　　　완료형문장에서는 경험을 의미

　　I found that she had left korea **3 years before** (기준이 과거)

　　I have never seen her mother **before**   경험 (수사 없이 단독 사용가능)

　　I met(have met ,had met) her **before**   막연한 이전을 표시 (수사 없이 단독 사용가능)

❸ **since**   시점 (~이래로) ,단독 사용시 (그 이후 쭈욱)

　　I have not seen her **since last week**. (~ 이래로 / ~ 시점)

　　I met her 3 years ago , but have not seen her since   (그 이후 쭈욱)

(3) already, yet, still

❶ **already**   과거의 특별한 시간보다 먼저

❷ **yet**   기대했던 미래시간 보다 먼저 발생

❸ **still**   긍정문, 부정문, 의문문에서 같이 이직도, 여전히의 의미로 사용

	긍정문	부정문	의문문
already	이미, 벌써	×	벌써 (놀람)
yet	×	아직	이미 벌써
still	아직도 ,여전히	아직도, 여전히	아직도, 여전히

　I have **already** finished   my homework (이미) /긍정문이 되고 현재완료와 어울림

　Have you **already** finished the work ? (벌써/ 놀람)

I **haven't** finished   my homework **yet (아직)** / 부정문에서 사용하는 이유

Have you finished the work **yet** ? (이미)

　I **already (yet** ×**)** have. 과거 일이기에 already 가 맞음

　　　yet 을 답으로 하면 미래의 일에 대한 답이기에 맞지 않음

I still have another thirty minutes.

Are you still hungry ?

(4) too(긍정문), either(부정문) / 또한 역시

　If you go, I will go, too.

　If you will not (won't)go, I will not go , either

(5) once , ever

❶ **once**   긍정문에서 빈도를 나타낼 때는 문장 끝에   I have visited Seoul **once** .

경험을 나타낼 때는 주로 동사 앞에   I **once** saw her in Seoul

Once upon a time there was a king named Solomon (옛날에)

❷ **ever** 의문, 부정문에서 경험을 나타낼 때, 조건절에서 사용

Have you ever been to Seoul? (긍정 / 경험)

Nothing was ever happened during the vacation (부정 /경험)

Please come to my office if you ever have time. (조건절)

(6) enough (명사 앞뒤 모두 가능 ,형용사 부사 뒤에), so, too (형용사 앞에)

This smart phone is **small enough** to carry in my pocket.

 = This smart phone is **so enough** that I can carry it in my pocket.

I have **enough pens** to write with.

This table is **too heavy** for me **to carry** easily (너무 무거워서 옮기기가 어렵다)

= This table is so **heavy**   that I can't **carry** it easily

I can't thank you **enough**. (동사수식하는 부사)

7) 유도부사 / here ,there 문장에서 아무 의미 없이 형식 주어로 쓰임

진짜 주어(불특정일 경우)는 동사 뒤에 있는 것(시제와 수는 뒤의 주어에 일치시킴)

Here (There) is a book on my desk.

Here comes the bus.

Here he comes (주어가 대명사일 경우는 도치되지 않음)

There seems to be a misunderstanding.

There stand a lot of hotels.

There goes ist prize.

There remains nothing.

8) 부정의 부사

(1) 전체부정

not   ~이 아닌   never   결코 ~이 아닌

hardly,   scarcely   거의 ~하지 않는

seldom   rarely   좀처럼 ~하지 않는

No one   comes here
Not any, I don't have any money. /   Not either
not at all ,nobody

Nobody knew what to say.   아무도 무슨 말을 해야 할지 몰랐다.
I didn't enjoy it at all.   나는 그것이 전혀 즐겁지 않았다

** 'Thanks a lot.'   '정말 고마워요.'
　　'Not at all.'   '별 말씀을요.'
　　남의 감사를 정중히 받아들이거나 무엇에 정중히 동의할 때 씀
　　별말씀을요(고맙다는 말에 대한 정중한 대답)

2) 부분부정 : 전부 다 그런 것은 아니다
부정어 (Not, No Never 등) + always
　　　　　　　　　　　　all, altogether, both
　　　　　　　　　　　　completely. entirely, fully,
　　　　　　　　　　　　necessarily, quite , wholly
She is not always happy.
Not all of us like pizza.
The more expensive articles are not necessarily better.
　　　더 비싼 품목이 반드시 더 좋은 것은 아니다.

9) 부사의 변화

(1) 형용사로의 변화 / 원래는 부사이지만 형용사처럼 명사/ 대명사를 직접 수식
off season　　　　비수기
away match　　　　원정경기
yes man　　　　　윗사람 눈치만 보는 사람

even a child ,   almost an adult,   quiet a beauty
only god ,   only you

(2) 보어 / 부사가 보어처럼 쓰임
What's up　　　　무슨 일 이니?

What's on 뭐가 상영(진행)되고 있나요?
Keep the light on 불을 켜세요
She is in/out 그녀가 안에 있다/외출중이다

(3) 명사로 쓰임

They will leave here tonight
They went to New York from there.
I will study english from now on
in vain   헛되이

(4) 종속접속사 / 부사가 접속사처럼 사용됨

once (일단 ~하면)   you try the coffee, you'll like it
everytime (~할 때면 언제나)   we go there ,We can see her.
now that (~ 이기 때문에)   I don't want to go out now that I'm so tired
instantly ,directly, immediately (~하자마자 곧)   It began to rain instantly she got on.

(5) 등위 접속사

I had a headache , so I went to the doctor. (그래서)
She seems to be honest , yet I can't trust her. (그렇지만)
Subway is fast, **besides,** its fare is cheap (게다가)

10) 부사의 형태

(1) 부사로 착각하기 쉬운 형용사

elderly   나이 많은   ugly   흉측한   hilly   언덕이 많은
lonely   쓸쓸한   holy   신성한   lovely   사랑스러운 멋진
homely   가정적인 검소한 아늑한 담백한   lively 원기 왕성한
manly   남자다운   womanly   여자다운

(2) 형용사와 형태는 같으나 뜻이 다른 단어

daily 일상의 / 매일 (부) early 이른, 빠른/ 일찍이, 일찍부터
friendly 다정한 / 호의적으로 monthly 매달의 / 매달

11) 도치구문 / 부사가 문장 앞에 오면 문장의 주어 동사가 도치된다.(도치편 참조)

Little **did** I dream , he was famous.
No sooner **had** she left, ~ than ~
In the doorway **stood** a man , ~

Between the two boys **was** a small empty box.
I never dreamed that he was famous.→Never did I dream that ~
He did not speak a single word.→Not a single word **did he** speak.(O+조동사+S+V)

* 단, 목적어가 앞에 오면 그 문장은 도치되지 않는다 /주어 + 동사 순 그대로
He broke the promise in a week.→)**The promise he broke** in a week. (O+S+V)

12) 부사의 상관관계
hardly ,scarcely 등은 부정의 의미

❶ hardly ~ when (before)
The party **had hardly started when** he left .
  파티는 거의 시작하지 않았다 그녀가 떠났을 때
    →그녀가 떠났을 때야 파티가 시작됐다(시점차이가 거의 없음)
We **had hardly** started our dinner **when(before)** my friend came.
  우리는 저녁을 먹기시작하지않았다 친구가 왔을 때
    → 우리가 막 저녁을 먹기 시작하자마자, 친구가 왔다

❷ no sooner ~ than
The family **had no sooner spread** the picnic on the table **than** it started to rain heavily.
가족이 picnic을 펴자마자 /테이블에 / 비가 억세게 내리기 시작했다

❸ scarcely ~ when (before)
The game **had scarcely started before(when)** it began to snow .
게임이 시작되자 마자 비가 내리기 시작했다

*위 문장 모두 had pp의 형태로 뒤에 나오는 동사보다 먼저 일어난 사건을 부정하는 것으로
 시간적으로 그렇게 차이가 나지 않는 다는 의미임

7

형용사·부사의 비교

7. 형용사·부사의 비교

1) 변화

(1) 규칙변화

[원급 + er , 원급 + est]

동사 형용사의 비교급은 1음절과, 2음절어 일부의 경우 뒤에 er 을 붙이고, 최상급은 어미에 est를 붙임.

	원급	비교급	최상급	비고
원급 +er/est	kind long	kinder longer	kindest longest	단음절
yet끝자음 하나 더 + er/est	hot big	hotter bigger	hottest biggest	어미가 단모음+ 단자음 일 때
y를 i로 +er/est	easy happy busy	easier happier busier	easiest happiest busiest	어미가 자음+ y일 경우
+r, st	wise nice fine handsome	+r	+st	발음하지 않는 e로 끝날 때

[more + 원급, most +원급]

대부분의 2음절 단어와 3음절이상 단어는 비교급에는 more ,최상급에는 most를 붙임.

또한 +ly로 끝나는 부사의 경우에 많이 쓰임.

(2) 불규칙 변화

	원급	비교급	최상급	비고
서술적용법만 사용되는 형용사	afraid, alive alone, aware worth, tired fond	more + ~	most + ~	1음절어
2음절 단어	useless, honest famous, useful selfish, charming	more + ~	most + ~	-ful, -less, -ous, -ive, -ing -ish 어미
3음절 이상 단어	beautiful difficult important	more + ~	most + ~	
어미 ly 부사	carefully quickly slowly intelligent	more + ~	most + ~	

2) 원급에 의한 비교

	원급	비교급	최상급	비고
불규칙 변화	good well	better	best	
	many much	more	most	
	bad ill	worse	worst	
	little	less	least	
	old	older elder	oldest eldest	늙은, 낡은 손위의
	far	farther further	farthest further	거리가 먼 정도
	late	later latter	latest last	시간이 늦은 순서가 늦은
라틴어 비교급	superior/inferior senior/junior interior/exterior	~ to		어미가 -or인 형용사의 비교급은 to (than이 아님)

* 동사의 경우   I **prefer** working **to playing** tennis.
　　　　　　　　　　　명사　　　　　　명사

(1) as+원급+as (부정:no +as(so)+원급+as) / 비교대상
　　(형용사/부사)

　Mary is as beautiful as Lisa.
　Mary is not as(so) beautiful as Lisa.
　He is meticulous as his father.
　He is not as meticulous as his father.

　*.James is as cunning(A) as **wicked**(B).(A이기도 하고 B이기도 하다)
　　　　　　　　　(비교대상이 아니고 같은 형용사)
　as 다음에 나오는 품사의 구별은 문장의 형식을 보면 판단가능
　as 다음에 형용사가 오면 문장에서 보어역할을 하는 것이고
　as 다음에 부사가 오면 문장에서 부사역할을 하는 것으로 문장의 필수요소가 아님.
　She is as beautiful as Miss Korea. /문장에서 보어 역할 (형용사)
　She runs as fast as her sister. / 문장은 1형식으로 완전하고 as 이하는(부사)역할.

A (as well as B) 가 기준
　She dances as well as her sister. / well 은 부사로 [잘] 의 의미
　She is pretty as well as smart. / pretty and smart

as long as
　You can play golf as long as you want. / ~한 만큼 (부사)
　I don't care who you are as long as you love me. / ~하는 한

(2) as+원급+as one can = as+원급+as possible(가능한 한 ~하게)
　You had better consult a doctor **as soon as** you can(possible).
　He used the dictionary **as often as** he could.
　I would like to travel around Korea as much as possible.

(3) 부정어 + as(또는 so)+ 원급 +as A(어떤 ~도 A만큼 ..한 것은 없다/ A가 가장 ~하다)
　Nothing is as important as health.(원급)
　　-〉Health is the most important thing(최상급)

No(other) mountain in the world is so high as Mt. Everest.
   -> Mt. Everest is the highest mountain in the world.(최상급)

No(other) boy in our class is as(또는 so) tall as Jim(원급)
   -> Jim is the tallest boy in our class.(최상급)

3) 비교급에 의한 비교

(1) A 비교급(~er, more ~)+than B   / 보다 더한 (우등비교)
      less +원급+ than /~보다 덜한 (열등비교)
 John is stranger than James.
 = James is not so(또는 as) strang as John.(부정)
 = James is less strange than John.(열등 비교)

 I like spring better than Winter.
 He is getting better everyday.
 She loves you better than I.(love you)
    ~   better than (she loves) me.

(2) the 비교급+ of the two / 둘 중 더 ~ 한
   all the 비교급 + for(because) / 훨씬 더 ~한
   so much the better(worse) / 훨씬 더 좋은 (나쁜)

 Who is the taller of the two?
 I love her all the better for her mistakes.
 If you study hard, so much the better

(3) 동일인의 성질비교
I think he is more shy than clever.(more는 rather의 뜻)/ clever 라기보다는 shy
She is more mother than wife. / wife 라기보다는 mother

(4) grow, get, become +비교급 and 비교급 / 점점 더

　It is getting warmer and warmer day by day.
　She became more and more beautiful.
　Thanks to science, the world is getting smaller and smaller.

(5) the + 비교급.., the + 비교급 ~ / 점점 더

　As we climb higher, it becomes colder.
　-〉The higher we climb, the colder it became.
　The older he grew, the wiser he became.

(6) 비교급으로 최상급의 의미 표현

　No(other) girl in the class is prettier than Lisa.(비)
　=Lisa is prettier than any other girl in the class.(비)
　=No(other) girl in the class is as(또는 so) pretty as Lisa.(원)
　=Lisa is the prettiest girl in the class.(최)

　Nothing is more precious than health.(비)
　=Nothing is as(또는 so) precious as health.(원)
　=Health is more precious than anything else.(비)
　=　　　~　　　　　any other thing.(비)
　=Health is the most precious thing of all.(최)

(7) 비교급의 강조

　　much, far, still, even + 비교급(very 는 아님)

　Iron is **much** more useful than gold.
　Women drive **far** more careful than man.
　Lisa is by far more beautiful than Nancy.

(8) 기타표현

No sooner had I met her **than** it began to rain. /부사 상당어구 앞에 오면 v+s 도치
　=I had **hardly(scarcely)** met her **when(before)** it began to rain 그녀를 만나자 마자 바로 비가 내렸다
　(As soon as 주어+과거, 주어+과거 / On Ving, 주어+과거
　* 만난 일이 거의 없다 /비가 오기 전까지는

4) 최상급에 의한 비교

(1) the 최상급+of+복수명사(또는 in+장소, 범위의 단수명사)

Lions are **the strongest of all the animals**.

What is **the largest city** in Korea?

Seoul is one of **the largest cities** in the world.

(2) 무관사 최상급

> 소유격과 함께 쓰일 때
>
> 부사의 최상급 (미국에서는 관사를 쓰기도 함)
>
> 동일물의 자체 성질을 나타낼 때

He is my best friend.

I like roses best(of all flowers)

*This lake is the deepest in Korea.

   This lake is deepest at this point.

   These flowers are most beautiful at this time of the year.

(3) 최상급의 강조

He is the greatest biologist that Korea has ever had.

She is the greatest poet that has ever lived.

(4) even의 뜻을 가진 최상급

The wisest man doesn't always make a right decision.(부분부정)

(5) 관용표현

> most of +명사, most +명사 / 대부분(의)
>
> a most+형용사, most+형용사 / 매우 very

She spends most of his money on books.
Most Korean students learn English.
He is a most (very) proud person.
This detective story is most exciting.

❷

> not~ any longer = no longer / 더 이상~이 아니다
> not~ any more = no more

You are not a child any longer.
　=You are no longer a child.
I can't eat any more.
　=I can't eat no more.

❸

at best	기껏해야	at one's best	최고의 상태
at most = not more than		많아야, 기껏해야	
at least = not less than		적어도, 최소한	
at last		마침내	

I can give you only 50 dollars at most.
Lisa paid at least 5,000won.

❹ 뒤의 비교급을 부정하는 의미

> no more than(=only 겨우)(①),　not more than (=at most 기껏)②
> 　　　　/ 많지 않으니까 작다는 의미
> no more　A　than　B / A가 아니듯이 B 도 아니다.(둘 다 아니다)
> no less than(=as many as 많음)③,　not less than (=at least 적어도)④
> 　　　　/ 적지 않으니까 많다는 의미

세배 돈을 주는 삼촌이 겨우 1,000원을 준다. 좀 더 줘도 **기껏해야** 2,000원
 큰삼촌 10,000이나 많이 준다 (놀람) 작은 아이한테도 **적어도** 5,000원을 준다
 크기순 ③ 〉 ④ 〉 ② 〉 ① (no 끝단 〉 less)

He has **no more than** a 10 dollars. /겨우 10 dollar 밖에
She has **no less than** a million dollars. /백만 dollar만큼 이나 많이

She is **no less** beautiful **than** her sister.   틀림없이, 바로 ~이다
 그녀는 아름답다/ 그녀의 sister 가 아름답듯이 (둘 다 긍정)

 no more a fish **than** a horse is. (둘 다 부정)
= A whale is **not** a fish **any more** than a horse is.

no fewer than   ~이나, 최소한
 no less than   꼭 …만큼, …와 마찬가지로; …에 못지 않게, 다름 아닌 …이다.
                  (=as much as, as important as.)
 no better than   ~보다 좋지 않은 (~와 다름없는) / 거의
 no worse than   ~보다 나쁘지 않은
 no(not) later than   ~ 보다 늦지 않게 (늦어도)
 no earlier than   ~보다 빠르지 않게 (빨라야)

❺ 부정어구 + any the less (for) / 조금도 아니다, 그럼에도 불구하고(긍정)
 긍정어구 + none the less (for)
I don't think any the less of him for his faults.
I love her none the less (nonetheless) for her faults.

❻ not so much A as B / A라기 보다는 B (A 가 아니고 B)
He is not so much a teacher as a scholar.   .

not so much as V / V 조차 못하다(not 만 고려, 뒤는 무시)
She can't so much as write her own name.

❼ as beautiful as ever /　　　　　여전히 아름다운
　 as lovely as any woman
　 sooner or later　　　　　　　조만간, 언젠가는
　 more or less　　　　　　　　어느 정도는

5) 절대비교급
다른 것과 비교하는 것을 상대비교급이라 한다면 절대비교급이란 다른 것과 비교할 수 없는 비교대상이 막연한 비교급을 말함. 이 경우 [비교급+than]을 사용하지 않고 숙어처럼 사용

lower animals　　하등동물　　upper classes　상류층　lower classes　하류층, 흙수저
higher class hotel 고급호텔　　higher education　고등교육　younger generation 젊은 층
latter part　　　　후반부　　　upper part 상부　　　greater part　　대부분
inner circle　　　 내부자들 , 핵심층

* 절대형용사
단어의 의상 절대적인 의미를 포함하기 때문에 비교급을 쓰지 못하는 형용사

absolute　　절대적인　　　　almighty　　　전지전능의
empty　　　빈, 공허한　　　 brilliant, excellent　　매우 훌륭한 , 탁월한
final　　　　최후의　　　　　furious　　　　매우 화가 난
exhausted　　　기진 맥진한　　　enormous, huge　　매우 큰
ideal　　이상적인 main　　주요한　major　중요한 대다수의　minor　사소한 , 소수의

[정도] 자체가 존재하지 않는 절대 형용사
이런 형용사들은 completely나 absolutely, almost 같은 부사로 정도의 표현을 강조

digital　　　　디지털방식의　　　　correct　　　　맞은 정확한
impossible　　불가능한　　　　　　pregnant　　　임신한
unique　　　　독특한

* 직유표현 / 형용사를 더 강조하기 위해서 사용되는 표현

as busy as bee	벌처럼 바쁜	as cool as cucumber	오이처럼 아주 신선한
as cunning as fox	여우처럼 교활한	as dry as dust	먼지처럼 건조한
as old as Adam	아담처럼 오래된	as poor as a church mouse	교회 쥐처럼 아주 가난한
as proud as a peacock	공작처럼 도도한	as sweet as honey	꿀처럼 달콤한
as timid as a hare	토끼처럼 소심한	as wise as Solomon	솔로몬처럼 지혜로운

* cunning은 [교활한, 약삭 빠른]이란 의미의 단어이고 우리가 흔히 쓰는 컨닝이란 말의
  영어단어는 cheat(~을 속이다) 임

8

동사관련

8. 동사관련

8.1 동사

동사는 인칭, 수, 시제 등에 따라 그 형태가 변하는 것이 영어의 특징.

1. 동사의 종류
동사는 내용에 따라서 상태를 나타내는 상태동사와 동작을 나타내는 동작동사로 구분할 수도 있고 형태에 따라 be 동사와 일반동사로 구분하기도 한다. be 동사는 100% 상태동사이고 일반동사는 상태동사와 일반동사로 다시 나뉘어 진다.

1) be (원형) 동사 / 상태를 나타내는 동사
원형은 be / 과거분사는 been

	단수			복수		
	주어	현재 / 과거	축약형	주어	현재 / 과거	축약형
1인칭	I	am / was	I'm	We	are / were	we're
2인칭	you	are/were	you're	you		you're
3인칭	he she it	is/ was	she's he's it's	they		they're

* its 는 소유격임 it's = it is

be 동사는 존재를 나타내는 동사로 동작이 아닌 상태를 나타내는 역할을 한다. 원형은 be 이며 과거분사는 been 이다. 기타 현재형과 과거형은 인칭과 시제에 따라 변하하며 그 내용은 위의 표 참조.

be 동사가
(1) 1형식의 동사로 사용될 때는
  He   is   in the class.   [있다] 라는 의미로 사용됨.
 [그가 **있다**   교실에]
 There   is a book   in the room. /
 [(뜻이 ×)   있다   책이   방안에]
 / there는 유도부사 (뜻이 없음) a book 이 주어인 1형식 문장

(2) 또 2형식의 문장에서 사용될 때는

I am happy.   처럼 보어가 형용사로 올 때는
나는 **하다** 행복   ~ 하다 (한 상태를 의미/ 동작을 나타내는 [하다[가 아님)
I am a boy.   보어가 **명사** 일 때는 [~ 이다]라는 의미로 사용됨.
나는 **이다** 소년

(3) 또 be 동사는 한국어의 술어(동사, 형용사) 대신에 **be +전치사 형태**로 간결하게 표현하는 장점이 있는 표현으로 사용.

    It is **not against** the law   / 위배되지 않는다
    Refunds **are against** store policy   / 위배된다
    His father **was against** his idea   /반대하셨다
     Are you **for or against** it?
      She was **down** yesterday.
   It's for little kids
     It's for you
      This blow dryer **is only for** 220 V

Don't be in a hurry
    When I **was in** a college , my major was Math Education.
      He **was in** bad shape
I'**m off** now
    The electricity is **off**
     I'**m on** a diet.

(4) be + to 부정사의 be to 용법으로 다양한 표현을 하기도 한다.
  be + to 부정사는 주격보어로써 형용사 역할을 하기 때문에 형용사적 용법으로 분류하기도 하나 용법의 암기가 중요한 것이 아니라 문맥에 따라서 자연스럽게 이해하면 되는 것임.

> **기억법**(스토리와 이미지로)/ 분단국가의 **운명**은 국방의 의무이기에 곧 입대할 **예정**

❶ 운명(~할 운명이다)   He was never <u>to see</u> his home again.
❷ 의무(~하여야 한다)   You are <u>to finish</u> it by six.
❸ 예정(~하기로 되어 있다)   We are <u>to meet</u> her at 9 o'clock.

> **기억법** / 최전방에 배치 받아서 북한군의 **의도**를 막을 가능한 방법을 구상

❹가능(~할 수 있다)　　Nothing(No one) was **to be seen**
❺의도(~하려면/조건절)　If you are **to succeed,** you must work hard.

* 기타 부정문, 의문문 등에서의 사용은 문장편에서 다룸

2) 일반동사

동사 중에서 be 동사를 제외한 동사를 일반동사라고 하며 일반동사는
상태동사와 동작동사로 구분할 수 있다.

평서문　동사원형을 기본으로 사용하되 3인칭단수에서는 ~(e)s 를 붙인다.
부정문　동사 앞에 do, does, did를 붙이고 그 다음에 **동사의 원형**을 사용한다.
의문문　do, does, did를 문장의 앞에 놓고 주어 + **동사원형**의 형태로 사용한다.

(1) 상태동사

동작이 아닌 상태를 표현하는 동사로 주로 감정, 감각, 관계, 소유 등을 나타내는 동사
sense : feel, see, hear, smell, taste, sound, look(seem)
emotion : like, dislike, love, hate , want, prefer, admire, wish, mind, fear
기타　: know, understand, think, believe, imagine, hope, expect,
　　　　　remember, forget, mean, have, cost, belong, consist, seem, appear

*상태동사는 진행형으로 사용할 수는 없다. 그러나 상태동사가 동작동사로 사용되는 경우에는 진행형이 가능하고 이 때는 의미가 바뀐 것임.

　　　상태동사　　　→　　　동작동사
look(seem) 보인다(여겨진다) → be looking at 쳐다보고 있다
see　보다　→　　　be seeing　만나다
taste　맛이 나다 →　　is tasting　간을 보고 있다
have　가지고 있다　→　be having a break　휴식을 취하고 있다
think(believe) 생각하다(믿다) → be thinking of　생각중이다

** listen과 watch 는 **감각동사이지만 상태동사가 아니라 동작을 나타내는 동사.**

(2) 동작동사 / 대부분의 동사로 ~하다(행위)라는 의미가 들어가는 동사를 말함

2. 동사의 변화

1) 규칙동사

(1) 현재형

동사의 형태	방법	예
기본 (대부분의 동사)	+s	likes, eats, meets, runs, lives, looks
자음 +y	y를 i 로 바꾸고 + es	study→ studies, fly → flies, try→tries
모음 +y	+ s	plays, enjoys, says, buys, pays
-s,-o,-x -sh, -ch	+es	pass+es, go+es, push+es, wash+es

* have →have/ has(3인칭 단수일 경우)

(2) 과거형과 과거분사형

동사의 형태	방법	예
기본	+ed	walk+ed, help+ed,
e 로 끝나는 동사	+d	like +d, live+d, move+d, close+d
자음 +y	y를 I로 바꾸고 +ed	try→ tried, study→studied
모음+y (기본형과 동일)	+ ed	play+ed, enjoy+ed
단모음 +단자음 꼴의 1음절 동사	마지막 자음 한 번 더 +ed	stop+ped, plan+ned, chat+ted

** 과거(분사)형 의 발음

❶ 무성음(9개)중에서 [p], [f], [k], [s], [ʃ], [ʧ] 로 끝나는 동사의 과거형이나 과거분사형 ~ed 는 [d]가 아닌 [t]로 발음 / **[t], [h], [e]는 아님**

　kissed, helped, laughed, passed, asked, pushed, matched

❷ 유성음은 [d] 로 발음

　played, lived, planned, filled

❸ ~d나 ~ t로 끝날 대는 [id]로 발음
　　ended, watched

❹ 품사에 따라 발음이 변하는 단어도 있다
　　learned [동사/러~언드] [형용사 / 러니드]
　　blessed [동사/ 블레스트] [형용사/ 블레시드]

2) 불규칙 동사

A	B	A	A	A	B
come	came	come	beat	beat	beaten
run	ran	run	fit	fit(fitted)	fitted
bid	bade(bid)	bid(bidden)			
forbid	forbade(forbid)	forbid(forbidden)			

금지하다, 어렵게 하다, 용납하지 않다

A	A	A	
bet	bet	bet	
bid	bid	bid	(값을 물건에)매기다, (~하도록) 지시하다 (인사 등을)말하다
cast	cast	cast	배역(하다) 주조 던지다
cost	cost	cost	
cut	cut	cut	

forecast	forcast (~ed)	forcast(~ed	
hit	hit	hit	
hurt	hurt	hurt	
let	let	let	
put	put	put	
read[뤼드]	read [뤠드]	read [뤠드]	
rid	rid	rid	없애다 버리다 지우다
set	set	set	
shed	shed	shed	흘리다 벗다 탈피하다

shut	shut	shut	
slit	slit	slit	~을 (선을 따라) 잘라내다 가늘고 긴 상처
split	split	split	나누다 쪼개다

thrust	thrust	thrust	추진하다 세게 밀다 밀어 붙이기 추진력
wed	wed(~ed)	wed(~ed)	
wet	wet	wet	

A	B	B	
behold	beheld	beheld	~을 바라보다
bend	bent	bent	
bind	bound	bound	
bleed	bled	bled	피를 흘리다
breed	bred	bred	사육하다 번식하다 품종

bring	brought	brought	
build	built	built	
burn	burned	burnde(burnt)	
burst	burst	burst	
buy	bought	bought	

catch	caught	caught	
cling	clung	clung	매달리다 고수하다 집착하다
creep	crept	crept	기어가다 서행하다
deal	dealt	dealt	
dig	dug	dug	

dive	dived(dove)	dived	
dream	dreamed	dreamed	
dwell	dwelt(dwelled)	dwelt(dwelled)	살다 머무르다
feed	fed	fed	
feel	felt	felt	

fight	fought	fought	
find	found	found	
flee	fled	fled	도망치다 피하다 탈출하다
fling	flung	flung	내던지기 휘두르기 내던지다 ~에 몰두시키다
grind	ground	ground	

hang	hung	hung
have/has	had	had
hear	heard	heard
hold	held	held
keep	kept	kept

lay	laid	laid	
lead	led	led	
leave	left	left	
lend	lent	lent	
lie	lied	lied	거짓말하다

light	lit(~ed)	lit(~ed)
lose	lost	lost
make	made	made
mean	meant	meant
meet	met	met

pay	paid	paid
prove	proved	proved(proven)
say	said	said
seek	sought	sought
sell	sold	sold

send	sent	sent
sew	sewed	sewed(sewn)
shine	shone	shone
sit	sat	sat
sleep	slept	slept

slide	slid	slid	
sling	slung	slung	매달다 삼각건
spend	spent	spent	
spin	spun	spun	
spit	spat	spat	침을 뱉다 타액 (고기굽는)고치
split	split	split	나누다 가르다 분할
spread	spread	spread	퍼지다 확산되다
stand	stood	stood	
stick	stuck	stuck	고수하다 붙다 찌르디 막대기
sting	stung	stung	쏘다 찌르다 침
strike	struck	struck	공격하다 파업하다 치다 타격
string	strung	strung	묶다 줄 일련 현악
sweep	swept	swept	휩쓸다 압승하다 청소하다
teach	taught	taught	
tell	told	told	
think	thought	thought	
weep	wept	wept	울다 눈물을 흘리다
win	won	won	
wind	wound	wound	
withhold	withheld	withheld	보류하다 숨기다 억제하다 원천징수
withstand	withstood	withstood	견디다 이겨내다
wring	wrung	wrung	~을 비틀다 쥐어짜다 움켜쥐다

A	B	C
arise	arose	arisen
awake	awoke	awaken
bear	bore	borne
begin	began	begun
bite	bit	bitten

blow	blew	blown	타격 강타 불다(내뿜다)
break	broke	broken	
choose	chose	chosen	
do	did	done	
draw	drew	drawn	그리다 끌어당기다

drink	drank	drunk
drive	drove	driven
eat	ate	eaten
fall	fell	fallen
fly	flew	flown

foresee	foresaw	foreseen
forget	forgot	forgotten
forgive	forgave	forgiven
freeze	froze	frozen
get	got	gotten

give	gave	given
go	went	gone
grow	grew	grown
hide	hid	hidden
know	knew	known

lie	lay	lain
ride	rode	ridden
ring	rang	rung
rise	rose	risen
see	saw	seen

shake	shook	shaken	
shrink	shrank	shrunk	줄다 감소하다 움츠리다 수축
sing	sang	sung	
sink	sank(sunk)	sunk	

slay   slew   slain   죽이다 살해하다

speak   spoke   spoken
spring   sprang   sprung   도약하다 갑자기 튀다 스프링 봄
steal   stole   stolen
stink   stank(stunk) stunk   악취(를 풍기다)
stride   strode   stridden   활보하다 보폭 발전 성큼성큼

strive   strove   striven   노력하다 애쓰다
swear   swore   sworn
swell   swelled   swollen   붓다 부풀다 늘어나다 증가
swim   swam   swum
take   took   taken

tear   tore   torn
throw   threw   thrown
tread   trod   trodden   밟다 발걸음 짓밟다
wake   woke   woken
wear   wore   worn

withdraw   withdrew   withrawn   철수하다 철회하다 인출하다 포기
write   wrote   written

3. 동사의 활용

1) 동사원형 사용
 명령문
 조동사 다음
 to 부정사에서 to 다음에 동사원형 사용

2) 현재형
 동사의 원형과 기본적으로는 같지만 3인칭 단수 현재에서 동사에
 접미어 ~ (e)s를 붙인다.

3) 과거형
 과거시제 동사사용

4) 분사(품사는 형용사)
 * 현재분사 / 동사에 ~ ing 형태를 사용하여 능동, 진행의 의미로 사용

 *과거분사 / 동사의 형태에 ~ ed (불규칙동사는 별도형 보유)형태로
　　　 수동, 완료의 의미로 사용

4. 문장의 5형식

	질문 (quiz)	대답	비고
1형식	S + V	× (답 없슴)	주어라는 한 주인공 이야기
2형식	S + V	C	
3형식	S + V	O	주인공과 상대방 하나 이야기
4형식	S + V	IO + DO 사람,생물 사물,생물	주인공과 상대방 2개 이야기 (생물(앞)과 무생물(뒤)순서가 중요한 순으로 나열)
5형식	S + V	O + O.C (O의 행동이나 상태표현)	주인공과 상대방의 상태나 행위에 대한 이야기

* Quiz 완성 이후에는 연결사 등에 의해 문장이 길어짐.
* 4형식 문장은 목적어 부분(IO+DO 두 개의 독립적인 목적어)을 하나로 보면
  3형식의 문장이라 할 수 있고, 5형식 문장 역시 목적어 부분 (O + O.C 목적어와 목적보어)부분을 하나로 보면 3형식 문장이라 할 수도 있을 것이다.

* 모든 문장은 동사에 의해서 결정되게 되는 바 동사, 다음에 오는 말(보어, 목적어)은 동사와 의미가 연결되는 것들만 오게 되는 것이다. 결국 동사가 모든 문장을 결정하는 가장 핵심적인 것임을 고려하면 동사만 보면 그 뒤에 목적어와 보어가 미리 결정되는 것임을 이해하면 되는 것이다. **목적어와 보어가 동사에 어울리지 않은 내용이 올 수는 없는 것이다.**

* 자동사와 타동사의 구분
자동사는 문장의 5형식 중 1형식과 2형식에 사용되는 동사인데 그 구분은
1형식은 주어의 **행위**나 **상태**가 완결되어 궁금한 것이 남아 있지 않은 상태이기에 완전자동사라고 부르며, 2형식의 경우에는 주어의 내용이 다소 부족하여 추가적인 설명을 해 줘야 하는 상황이기 때문에 주어의 **상태**를 보충해 줘야 하는 경우에 사용한다. 결국 이 모든 의사결정은 동사에 의해서 결정되는 것이라 하겠다.

타동사는 주어의 행위(상태가 아님)에 대해서 완전하지 못해 추가로 설명을 해야 하는 동사가 오는 경우 주어와 다른 내용이 궁금할 경우에 사용하는 것입니다.
결국 타동사에는 주어의 행동에 따른 궁금한 내용 중 한 가지 이상을 명확하게 설명을 해야 할 때 사용하는 것이라 하겠습니다.

결국 같은 동사라도 동사 뒤에 나오는 내용에 따라 그것이 자동사인지 타동사인지가 결정된다 할 것입니다. 그러나 자동사인지 타동사인지는 영어사용자와 우리나라의 언어 사고방식의 차이가 있어 우리말과 딱 떨어지지 않는 부분이 많아 별도의 표현에 대한 공부와 훈련이 필요한 상황임은 불가피한 것입니다. 그러나 이부분을 너무 외우려고 하지말고 실수를 통하여 익혀간다 생각하고 편하게 학습하는 것이 오히려 더 효과적일 수 있을 것입니다.

1) 1형식 동사 / 동사자체로 완전한 뜻이 나타나기 때문에 완전자동사라고 명명함
(질문에 대한 대답이 없고 스스로 서술하는 형태)
굳이 행위나 상태를 말하지 않아도 될 경우

| 주어(S) + 동사(v) / 부사 상당어구 (when, where, how, why) |

이 형식의 동사는 동사자체가 완전한 그림으로 그려지는 모습으로 뒤에 궁금한 것이 없는 것이 동사의 특징.

She runs/ fast   그녀가 달리는 모습이 머리에 그려지기에 궁금한 것이 없음.
　　　　　　　　　빨리라는 표현은 부사 상당 어구
The bird **flies** well
A leaf **fell**
He **swims** fast
She **runs** fast

Anything will **_do** 충분하다, 도움이 되다
It doesn't **_matter**　　　중요하다
Every minutes counts 중요하다 The book counts as a masterpiece 걸작으로 여겨지다

kindness always pays.　　　이익이 되다, 수지가 맞다
The machine doesn't **work**.　　작동하다
Her plan won't **work**.　　작용하다 , 효과적이다

The ceremony **lasted** three hours.　　지속되다
It **reads** as follows .　　　~라고 적혀 있다, ~하게 읽히다
The computer sells foe $30.　　팔리다

This pen **writes** well   쓰이다
The bird **sings** sweetly. 노래하다   Birds sing in the tree
This label **peels** off well. 벗겨지다
Fire **burns** well it this dry weather.

He **is** in the garden
She stays in the bed

* there is/are 구문
There are some flowers for you.
There is no doubt about it.
There is a book. / 책이 있는 상태가 그려지기에 더 궁금한 것이 없음

* here 로 시작되는 구문

Here is <u>my brother</u> .   소개나 도착을 알릴 때
       주어

Here comes <u>the train</u>.   눈앞에서 벌어지는 일에 대해서 상대의 주의를 끌 때 사용
       주어

2) 2형식 동사 / 동사만으로 완전한 의미가 표현되지 못하고 주어를 보충해 주는
표현이 필요한 동사로써 불완전 자동사라고 명명함

```
  S + V + C /   기타 부사 상당어구
  주어  동사  보어   (주어와 보어는 같은 것이거나 관련 있는 것)
```

(1) 상태를 나타내는 동사 / be, lie, stand, keep, hold, remain, stay
                          등의 동사   (~이다 , ~인 상태로) 있다

She is a teacher. 주어를 보충 (주어와 일치)
She is smart.   주어의 상태를 설명
Life is beautiful.

(2) 상태의 변화를 나타내는 동사 /
  become, come, get, grow, make, turn, fall, go 등
  Global warming is becoming common.
  The players were growing tired.

(3) 외견을 나타내는 동사 / seem, look, appear
  She seems upset
  Jenny looks beautiful. (* lovely, friendly / 부사가 아닌 형용사임)
  look ~처럼 보이다 You look **beautiful** today.   형용사
                    look like <u>an angel</u>.   명사

(4) 감각을 나타내는 동사 / feel , smell, sound, taste 등
sound ~ 처럼 들리다   That sounds true.

smell ~한 냄새가 나다 These cake smells good.
taste ~한 맛이 나다 This meat tastes terrible(sour).
feel   ~하게 느껴진다 This towel feels soft.

*감각동사인지 지각동사인지 구분은 동사를 be 동사로 바꾸어 말이 되면 감각동사임

* 완전자동사가 보어를 취하는 경우 /주어의 상태를 설명하는 말을 부가적으로 취하는 경우 이를 유사보어라고 함

1형식의 완전자동사는 보어나 목적어가 필요 없는 동사이나, 그럼에도 주어의 상태나 동작을 나타내는 말이 필요할 경우가 있는 바 이 때 사용되는 보어를 유사보어라고 정의한다. 이 경우 동사는 불완전 자동사(2형식 동사)처럼 취급하기도 한다. (live die, stand, go, come, marry, divorce, return 등의 동사)/ 이 때도 1형식 2형식이 중요한 것이 아니라 의미가 무엇인지만 파악하면 되는 것임. 이 때 유사보어는 부서처럼 이해하면 될 것이나 보어처럼 해석해도 큰 문제는 없다고 판단하면 됨. 유사보어는 문장을 간결하게 만들려고 하는 의미로 받아들이면 될 것임.
(보어가 될 수 있는 품사는 모두 가능 / 명사, 형용사, 현재분사, 과거분사)

My wife died happy.
 → My wife was happy when she died.를 간결하게 표현
The dog came jumping to me.
 → The dog was jumping when it came to me.

He came home depressed.
→ He was depressed when he came home.
He returned home a different boy.
→ He was a different boy when he returned home.

He remained a bachelor
Jenny married young.
Her father died young.

She returned home a different lady.
The boy came running to us.
She came home very excited

(5) 기타 표현

come untied　　　　　　　　　(끈이)풀리다
hold good　　　　　　　　　　(유효하다)
keep silent　(침묵하다) /keep quiet. (침묵하다) keep burning 계속 타다

make a good wife　　　　　좋은 아내가 되다
stay healthy　　　(건강을 유지하다) / keep awake.　(깨어있다)
remain silent/ unchanged

stand open　　　　열려있다　stand(hold) still　(가만히 있다)
come true　　　　(실현되다)　come easy　(쉬워지다)
lie asleep　　　　잠이 들다　fall asleep　　잠들다
fall sick(ill)　　　　병들다　　fall short　(부족해 지다)

get angry (mad)　화나다　get anxious　걱정되다　get drunk　술에 취하다
get(grow) old　늙어가다　get(grow) colder/warmer (추워/더워) 지다
get (grow) dark　어두워 지다　grow fat　살찌다

go　bankrupt 파산하다　　　lay asleep　　　잠들게 하다 방심시키다
go　bad　　상하다　　　　　lay bare　　　　누설하다 폭로하다
go　blind　장님이 되다　　　run short　　　　적어지다, 부족하다
go　hungry 배고프다　　　　run dry　　　　　마르다
go　wrong　잘못되다　　　　turn pale　　　　창백해지다
go　deaf　귀가 멀다　　　　turn sour　　　　우유 등이 상하다
go　mad　화나다　　　　　　go　crazy　　　　미치다

* There / seem, appear, happen, end 등의 자동사는 2형식 동사
　There remains only one thing to do.
* 2형식의 보어는 명사와 형용사만 가능(부사는 불가)

3) 3형식 동사
3형식 문장은 주어의 행동(동사)으로 나올 수 있는 행위의 대상 중(종류) 하나만을 선택한 것을 목적어(주어와는 다른 명사만) 라고 정의하고 이 때의 동사를 타동사라고 명명함
/ 콕 집어 한 가지를 명확히 말을 해야 하는 경우
　　S + V + O / 기타 부사 상당어구
　주어 +동사 +목적어 (주어와 목적어는 서로 다른 것이 point)

* 목적어와 보어의 구분은 주어와 관련이 있으면 주격보어, 관련이 없으면 목적어로 판단하는 것이 핵심.

(1) 기본형 / S+V+O
　I love　　you.(주어가 love하는 수 많은 것들 중 주어가 선택한 대상이 you)
　　　　　목적어 자리에 명사가 아닌 동사나 형용사 부사 등이 올 수는 없는 것임
　I have　　something to ask her.
　He sold 　his car.

(2) 주어 + (동사+전치사) + 목적어
　　S **put off**　　the meeting.　　연기하다
　　　turn on　　the radio.　　켜다
　　　turn **it** on　　　　　대명사는 반드시 사이에
　　　look after　　　　　돌보다
　　　look up to　　　　　존경하다
　　　put up with
　　　　　참다

(3) 전치사가 필요 없는 3형식 동사(헷갈리기 쉬운 동사)
　❶ ~에, ~에게로 해석되는 겨우
　enter　the room　　　방에 들어다가　 (into 들어가면 틀림)
　enter into　the contract　　　계약을 맺다
　address　the audience　　　청중에게 연설하다
　* 청중에게 연설하고 방에 들어가 계약을 맺다
　answer the question.　　　attend the wedding.
　call him.　　　suit her.　　잘 맞다
　* 예식장에 참석하겠냐는 질문에 대답을 하고 그를 전화로 불러서 보니
　　옷이 잘 맞았다

❷ 와 로 해석되는 경우 / 결혼을 하고보니 엄마와 너무나 닮았다
marry her   그녀와 결혼하다
resemble her mother   엄마를 닮다
❸ ~에 대하여 ,~에 관하여로 해석되는 경우
discuss   the matter   mention   it
explain   the situation   consider   the question
 * 질문을 생각하고 언급을 하자 / 상황을 설명하면서 그 문제를 토론하다

(4) 전치사가 필요한 3형식 동사
hope for his success (for 가 없으면 안됨) / hope that you will succeed.
complain about   her (불평하다) / complain that she is bad.
complain of   (고통, 질병을)호소하다
subscribe to   정기구독하다

* 혼동하기 쉬운 동사
lie -lay -lain   눕다, 놓여 있다(자동사)
lie-lied-lied   거짓말하다
lay-laid-laid   놓다(타동사)

rise -rose-rosen   오르다 ,일어나다, (해, 달이)뜨다 (자동사)
raise -raised-raised 올리다, (자금, 사람 등을)모으다 (문제를)제기하다
                     키우다 기르다

(5) 특정전치사가 오는 완전타동사(동사와 전치사의 의미와 상관)
V + O + of   **informed** him **of** his success
                    robbed him of his bag

V + O + with   **helped** me **with** my english
                    provided him with water.

V + O + from   **prevent** us **from** going out   우리가 밖에 못나가게
                    know good from bad   good과 bad를 구분

V + O + for   **blaimed** him **for** the failure. 그를 비난한 이유가 실패
                    paid $100 **for** this bag   100$을 지급, 이 가방대금으로

                mistake the key for mine

V + O + to   **owe** my success **to** my mother 네 성공은 어머니 덕이다
                 prefer white shoes **to** black one 검정보다 흰 것이 더 좋다

V + O + as   **regard** him **as** a friend 그를 친구로 여기다

(6) 기타
❶ 재귀대명사
   pride oneself on   ~을 자랑으로 여기다
   enjoy yourself   즐거운 시간을 갖다

❷ 동족목적어 /동사와 목적어가 같은 내용의 단어
   fight a hard fight   slept a sound sleep
   laugh a laugh   live a life
   sigh a sigh   smile a smile

❸ 명사를 동사로 사용하기
   air the room   water the garden
   This car seats 4 persons   center the ball
   man the post   Can I cash a traveller's check here?

4) 4형식 동사
4형식문장은 동사는 준다는 의미에서 수여동사라고 하며 ~에게(간접 목적어/ 사람 생물 등) ~을 (직접목적어/물건, 생물 등)해 준다는 의미를 나타내는 문장 형식임

    S + V + IO + DO / 기타 부사 상당어구

        간·목 직·목 이 경우 IO가 DO 보다 더 중요하기 때문에 앞에 왔고 만일 IO를 뒤로 보낼 경우 기분이 안 좋다는 의미를 내포하고 있어 그것을 연결시켜주는 전치사가 필요한 것으로 이해하면 됨. (전치사는 물리적이나 심리적으로 거리가 있는 것을 연결시켜 주어 가깝게 만들어 주는 기능을 가지는 것으로 이해)

(1) 4형식의 기본형 및 3형식 의로의 전환
    4형식   3형식
I gave him my book   I gave my book **to** him.
She sent me a cake .   She sent a cake **for** me.

She'll make you some coffee .   She will make some coffee **for** you.
I asked him a question   I asked a question **of** me

*4형식문장이 3형식으로 전활 때 사용되는 전치사별 동사분류
　　IO　　+　　DO
　　DO　　전치사 (to, for, of,,on)　　IO

to 사용동사 / ~에게 의미보유 (to는 목표로 하여 도착할 때까지의 의미보유)
　　give, hand, pass, offer, send grant, allow, owe, mail, show 등
for 사용동사 / ~를 위한다는 의미의 동사(for는 해바라기,그 것만 생각하는 의미)
　　buy, get, make, choose, cook, order 등
of 사용동사 / 문의, 요구 등에 관련된 동사 (of는 분리가 불가능한 부분집합의 의미를
　　가지고 있어 분리가능한 물건이 아닌 생각의 종류 (의견, 감정, 호의, 지식 등) 들만
　　올 수 있음.　ask, inquire, require, demand 등
　　* to와 for 는 동작의 움직임이고 of는 생각의 움직임을 의미

(2) 3형식으로 전환되지 않는 동사/ 의미상으로 이해하기
　envy(시기하다), forgive (용서하다), save (덜어주다), cost (비용이 들다)

I envy her her patience.
This machine will save you a lot of time.
God will forgive us our sin.

(3) 4형식 동사처럼 해석이 되지만 3형식동사인 경우/동사를 연결해서 스토리 만들어 기억하면 되나 굳이 그렇게 까지 할 필요는 없음./**모두 말하는 내용의 동사임**
　　say, mention(언급하다), introduce, confess (고백하다)
　　describe (묘사하다)
　　explain, repeat, announce, suggest, propose 등

　She **explained** her situation **to** me
　　　She explained me her situation (×)
He **told** me that he would do it. (4형식동사)
He said to me that he would do it. (3형식 동사)
You can **say** whatever you want (to me)

(4) 4형식동사 do 의 사용법

do IO(me) a harm	do a harm to IO(me)
do IO(me) a good	do a good to IO(me)
do IO a justice	do a justice to IO
do IO great damage	do great damage to IO
do IO(me) a favor	do a favor **of** IO (me)

5) 5형식 동사

5형식 문장은 목적어를 추가로 보충하는 내용이 나오는 문장임
이 때의 동사는 목적어가 오니 타동사이고 목적어의 보충이 필요하니 불완전하기에 불완전 타동사라고 정의.

S + V + O + O.C / 기타 부사 상당어구
　　　　목적어 목적보어 (목적어를 보충해 주는 보어)
　　　　　(둘은 같아야 함/ 다르면 4형식) / O + O.C를 하나의 목적어로 봐도 관계없음 (오히려 이해하기가 더 쉬울 수도/ 이 경우 O + O.C의 관계는1형식, 2형식, 3형식의 형태가 되는 것임/ 상태를 나타내면 2형식 동작을 나타내면 1형식과 3형식)

(1) 목적보어로 (명사 / 형용사) 가 오는 경우

* make, get, turn, keep, leave, drive(~하게 만들다) / O를 ~하게 하다
　call, name, elect, appoint /　O를 O.C 라고 ~ 하다
　find, consider　　　　 /　O를 O.C 라고 ~ 하다

He made **me happy**. (I am happy에서 동사가 생략되고 주어가 목적격으로 바뀐 상태)
They call <u>him ice price</u>. (5형식)　* They gave <u>him some flowers.</u> (4형식)
　(같은 내용/ he is a ice prince)　　　(다른 내용 /서로 독립된 명사 개체)

This will keep you warm
I found the book interesting
I found him innocent.
We'll call her Jenny.
People elected him chairman.

(2) 목적보어로 부정사가 오는 경우
* to 부정사가 오는 경우 / O가 O.C 하는(동사니까) 것을 ~ 하다
* want, wish, like, tell, ask, teach, advise
  allow, compel, force, oblige
  enable, persuade, choose,
  think, believe, declare,
  understand, know   등

I want you to go right now.
She didn't allow him to go out yesterday.

* 원형부정사가 오는 경우
❶ 사역동사/ 시킨다는 것은 가까운 사이에서나 가능한 의미이기에 정신적 거리를 나타내는 to 를 생략한다 고 이해하면 됨
  let, make, have, help (원형, to 부정사 다 가능함)
  get, cause, allow 등의 동사는 사역의 의미이지만 to 부정사 사용

Let me go. Let us go 가게 해 주세요 (allow ~ to),
Let's go. 갑시다(청유)
Let me get out of here.
She always make me laugh
I had my hair cut.
I **had her fix** my car.   I **got her to** fix my car.
My sister helped me (to) do my homework.

1) 영어는 자신이 직접 하는 일과 남을 시켜서 하는 일을 구분
  I had my clothes washed yesterday 시킴/사역동사
  I washed my clothes yesterday   스스로

  He had his hair cut   시킴 /사역동사
  I cut his hair   스스로
  I have my room cleaned once a week 시킴 / 사역동사
  I clean my room once a week   스스로

  She had her wisdom teeth taken out yesterday 시킴 / 사역동사

She took out her wisdom teeth yesterday.   스스로

I got(had) my hair colored. 시킴
I colored my hair.   스스로

❷ **지각공사** / 지각 할 수 있다는 것은 거리가 가깝다는 의미이기에 물리적 거리를 나타내는 to 를 생략한다고 이해하면 됨
(2형식의 감각동사와 의미가 같거나 비슷하나 문장 구조만 다름)
지각동사의 목적보어는 현재분사형(Ving)을 사용하여 당시 상황이 진행되고 있음을 사실적으로 표현하기도 함
see, hear ,feel, smell ,watch

I saw her walk(walking) her dog in the park.
I heard her talk(talking) on the phone.
I smelled something burning.
I felt something touch my shoulder.

*I felt her suggestion to be wise. (feel 이 ~라고 여기다의 정신적인 지각을 나타낼 때는
to 부정사를 사용함.

(3) 목적보어가 현재분사가 오는 경우
원형부정사는 동작의 전체 과정을, 현재분사는 진행중인 동작에 초점을 둠
* 지각동사가 진행동작을 강조할 경우
* 일부사역 및 사역의 의미를 가진 동사
get, have, keep, set. start, leave 등
She couldn't get smartphone working.

4) 목적보어로 과거분사가 오는 경우
Her father wants the work done by tonight,
He had his wallet stolen.

5. 연결동사

특정한 명사는 특정동사하고만 결합하는 데 이 때 사용되는 동사를 연결동사라고 함

700. 1) have

have a dream   꿈을 꾸다   have a chat   잡담하다
have a headache   머리가 아프다   have a good time v ing   좋은 시간을 보내다
have a hard time v ing   어려움을 겪다   have an eye for   ~에 대한 안목이 있다

have one's own way   마음대로하다 / 자기방식대로 하다
have the wrong number 전화를 잘 못 걸다   have nothing to do with
                                                            ~와 관계가 없다

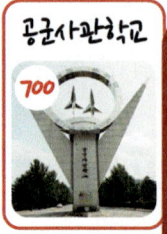

1. 2) make

make an appointment   약속을 정하다   make ends meet   수지를 맞추다
make a fire   불을 피우다   make a fortune   돈을 벌다
make a fool of   바보취급하다   ~ oneself   웃음거리가 되다

2. make a fuss   소란을 피우다   make good   성공하다
make a mistake   실수하다   make face   얼굴을 찡그리다
make sense   이해하다 . 이치에 맞다   make a speech   연설하다

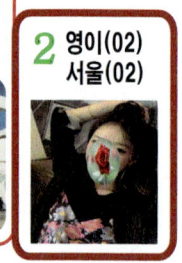

3. make up one's mind   ~하기로 결심하다   make one's way   나아가다 번창하다
make a point of   반드시~하다   ~을 규칙으로 삼다   make use of   이용하다
make room for   ~을 위해 자리를 양보하다

4. 3) take

take chances   모험을 하다   take a break(rest)   휴식을 취하다
take care   조심하다   take care of   ~을 돌보다
take it easy   여유를 가지다, 마음을 편하게 가지다

5. take an exam   시험을 치르다   take medicine   약을 먹다
take a note(notes)   필기하다, 노트하다   take pains   수고하다 애쓰다
take place   발생하다   take one's time   서두르지 않다

take a trip   여행하다   take account of   ~을 고려하다
take charge of   ~을 맡다   take part in   참가하다
take the place of   ~을 대신하다   take pride in   ~을 자랑하다

6. take a look at   ~을 보다
     take actions(steps, measures) to   ~할 조치를 취하다
take the initiative to v   선수를 치다
take the trouble to v   수고를 아끼지 않고 ~ 하다

7. 4) do
   do one's best   최선을 다하다   do one's teeth   이를 닦다
   do the dishes   설거지 하다   do wrong   나쁜짓을 하다
   do me a favor   내 부탁을 들어주다   do good to   ~에게 이익이 되다
   do harm to   ~에게 해가 되다

8. 5) give
   give advice   조언을 하다   give a sigh   한숨을 쉬다
   give a sign   신호를 보내다   give a test   시험을 치르게 하다
   give rise to   ~을 일으키다   give a speech   연설하다

9. 6) keep
   keep a diary   일기를 쓰다   keep in mind   명심하다
   keep a secret   비밀을 지키다   keep one's word   약속을 지키다
   keep one's temper   화를 참다   keep an eye on   ~를 주시하다

   keep in touch with   ~와 연락을 유지하다   keep company with   ~와 사귀다
   keep pace with   ~와 보조를 맞추다   keep track of   ~의 상황을 잘 파악하다

10. 7) 기타동사

address the issue 문제를 거론하다 administer first aid 응급처치를 하다
answer the phone 전화를 받다 answer the door 문을 열어주다
assume responsibility 책임을 떠맡다 attract one's attention
~의 주의를 끌다

 수안보온천 710
 10. 십자가

1.

bear fruit 열매를 맺다 bear in mind 명심하다
blow one's top 화를 불끈 내다
break a habit 습관을 고치다
break the ice 서먹함을 깨다 break one's fast 아침을 먹다, 단식을 그만두다

 신경림농무시비 (노은초등)
 11. 빼빼로

2.

break one's word(promise) 약속을 깨다 burst into tears 울음을 터뜨리다
call for patience 인내를 필요로 하다,(요구하다)
call at 방문하다 (make a call at) call it a day 마치다

catch(hold) one's breath 숨을 죽이다 catch a cold 감기에 걸리다

 충주어머니 상상학교 폐교/캠핑
 2. 112 범죄신고

12.12쿠테타

3.

clear one's throat 헛기침을 하다 contract disease (cancer) (병/암)에 걸리다
commit a suicide / murder 자살(살해)하다 consult a doctor 진찰을 받다
cross one's fingers 행운을 빌다

 목계나루 문화마을
 3. 13일의 금요일

인류 / 일류(명품)

4.

deliver a baby 아이를 낳다 deliver verdict 판결을 내리다 pass judgment
draw one's attention 주의를 끌다 * pay one's attention 주의를 기울이다
draw an inference 추론하다 drive a nail 못을 박다

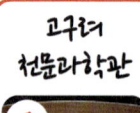 고구려 천문과학관

 4. 114전화안내 114

5.

earn a degree 학위를 취득하다   enjoy longevity 장수하다
evade a tax 세금을 포탈하다   find fault with ~을 비난하다, ~의 흠을 잡다

gain time 시계가 빠르다   gain(put on) weight 살찌다

5.보름달

6.

get off the hook 곤경에서 빠져나오다   get the picture 잘 이해하다
get rid of ~을 제거하다   get in the way 방해가 되다

6. 인류

7.

hit the ceiling 격노하다   hit one's taste(fancy) 기호 (취향)에 딱 맞다
hold a meeting(conference) 회의를 개최하다 hold the line 끊지않고 기다리다
hold one's tongue(jaw) 잠자코 있다   handle finances   재정문제를 다루다

16살의 꿈(디 원)

7 LG 그램 17 노트북

8.

host the Olympic Games 올림픽을 개최하다   identify the problem   문제를 찾다
invade privacy   사생활을 침해하다   issue a statement 성명을 발표하다
lose one's temper 화를 내다   meet the demand 수요를 맞추다

C-17미군수송기

8.신발/ 욕

9.

play a part 역할을 하다   pick one's words 말을 신중히 하다
pool money   돈을 모으다   put on airs   잘난 체 하다.
run a business 회사를 운영하다   run an errand 심부름 하다
run(take) the risk 위험을 무릅쓰다

5.18광주민주화

 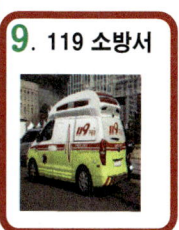

9. 119 소방서

코로나 19 / 19금

20.

set the alarm clock   자명종 시계를 맞추다   shed tears   눈물을 흘리다
split the bil l 각자 계산하다   stand a chance 가능성이 있다
throw(give) a party   파티를 열다

1.

watch one's weight   체중조절하다
watch one's step 조심해 걷다   watch one's language   말조심하다

2.

weigh the consequences   결과를 신중히 고려하다   win a game 경기에서 이기다
bid farewell to   ~에게 작별인사를 하다   catch(get) a glimpse of   ~을 흘끗보다
catch a sight of   ~을 찾아내다 얼핏보다   fall in love with   ~와 사랑에 빠지다

3.

gain access to   ~에 접근하다   * give access to   ~에 접근을 허락하다
get the better of   ~을 이기다 능가하다   get in touch with   ~와 연락하다
lose sight of 시야에서 놓치다   pay attention to ~에 주의를 기울이다

pull(play) a trick on ~에게 장난을 치다   put one's name to ~ 에 서명하다

6. 구동사(Phrasal verb)

구동사는 동사와 전치사가 결합되어 수많은 의미를 파생시키는 마법같은 역할을 하는 기능을 가지고 있으며 그 의미는 최초의 하나의 의미에서 시간이 지나면서 문화와 문명의 발달에 따라 뜻이 파생되어 나온 것입니다.

그러기에 다른 단어와 마찬가지로 구동사의 학습도 여러 의미를 무조건 외우려고만 할 것이 아니라 원래의 이미지(그것을 모르더라도 가장 앞에 나온 의미를 기준으로 하면 됨)를 기반으로 의미가 추가되었을 때 원래 이미지와의 관계를 생각하고 그 연결된 의미들을 이미지와 스토리로 만들어서 기억하는 것이 훨씬 효율적일 것입니다.

(원어민들 역시 그 역사적 스토리는 모를 것이나 이들은 어릴 때부터 늘 사용해 왔기 때문에 우리처럼 굳이 외우거나 이미지와 스토리로 기억하지 않아도 되는 것임) 이것은 우리가 우리나라 말을 배우는 과정과 같은 것입니다.

예를 들어 '배' 라는 단어를 생각해보면 우리가 그 단어를 [바다를 다니는 배, 사람의 배, 과일 배, 몇 배할 때의 배] 이런 것들을 묶어서 기억하지 않듯이 원어민들 역시 마찬가지일 것입니다. 그러나 외국인들이 우리말을 배울 때는 우리가 외국어를 공부할 때와 마찬가지로 이렇게 묶어서 학습을 할 것입니다. 물론 현지로 가서 언어를 습득하는 것이 가장 확실할 것입니다. 그렇더라도 가기 전에 현지 언어에 대한 기본은 확실하게 습득하고 간다면 훨씬 더 효율적일 것입니다.

특히 구동사는 외국인으로서 한국인인 우리는 학교에서 이런 개념에 대해서 교육을 받아 오지 않았고 영어를 잘못하는 일본인 학자가 지은 영문법 개념을 1945년 광복이후 지속적으로 교육을 받아 왔기에 가장 취약한 분야인 것입니다.

다행히 최근에는 영미권의 문화를 많이 접해서 그나마 이 부문에 대한 관심도 많이 올라간 상태이지만 아직도 주류교육인 학교교육에서는 대학진학을 위해서 수능영어의 절대적 비중을 차지하는 독해부분이 압도적인 비중을 차지하고 있는 것이 현실입니다. 수능영어의 듣기부문이 있기는 하지만 이 부문은 가장 기본적인 듣기를 지향하는 관계로 실생활 영어를 학습하기에는 한계가 있는 상황인 것입니다. 그래서 대학진학 후 다시 듣기 말하기 기능을 위한 학습을 별도로 다시 해야 하는 것입니다.

1) 기본동사의 구동사(동사와 전치사의 결합)

1. be   가만히 있는 주어의 상태 (이다, 있다) /상태를 나타냄(동작이 아님)

       be 동사는 과거의 행위가 일어나 후의 결과를 표현하는 의미임

I am happy./ 형용사 (happy 다음에 man(주어) 이 생략된 의미로 파악해도 됨)

She is a pretty girl. 명사

I was embarrassed~ 에서 embarrassed를 형용사로 생각해도 같은 결과인 바

   내가 과거(was)에 당황한 상태였다는 의미 / pp는 완료와 수동의 의미보유

He is a teacher.   teacher가 되기 위한 노력의 결과가 teacher

 * be going to do /내 상태는 진행하는 do 할 때까지 계속 going하겠다는 행동의 의미

 (99% 행동한다는 느낌)

will 은 단지 앞으로 할 것이라는 마음속의 생각단계를 표현한 것

What are you going to to this weekend.에서

 I am going to climb Mt, Hanla.(o) / 행동할 것이라는 의미로 적절한 대답

 I will go to Mt, Hanla. (×)라고 하면 행동을 묻는데 생각을 답하는 동문서답 표현.

be done 은 수동태만을 생각하면 해석이 안 되는 경우가 많은 바 이 경우에도 done을 형용사로 생각하고 과거 (방금 행한 직전의 의미 포함)에 완료된 일을 표현하는 능동의 표현으로 생각해야 할 경우가 많음

 I am done   다 했다는 의미

 I was born in Seoul in 1990. 90년에 태어났다. 나를 낳았다(부모님이)

be meant to be ~하게 되는 의미이다에서 ~하기로 되어있다 ~되기 마련이지 / 운명,인연, (부정적 어감으로는)팔자의 의미가 나오는 영어식 표현

They are meant to be together. 함께할 운명

Some marriage are meant to be annulled. 깨지기 마련

Deals are meant to be renegociated. 재협상하기 마련

The universe kept pulling them together, just waiting for them to see that they were meant to be together. 경우와 직녀 이야기

* be to V 용법 / 준동사 편 참조

4.
get married 결혼식 하다 (미혼에서 기혼으로 막 된)
be married 기혼인 상태
get cold 추워지다   be cold 추운 상태
get hungry 배가 고파지다   be hungry 배가 고픈 상태

5.
be after   뒤쫓다(구체적) 쫓다 (바라다/ 추상적)
be against   (반대하는) 어긋나다 반대하다
be along   (따라오는) 오다

5 6.25전쟁

6.
be around (주변에 있는)   주변에 있다 나타나다
be at (좁은 곳에 콕 붙어 있는)   ~에 있다   ~하는 중이다
be behind   뒤처지다 뒤에 있다 (대출금 등이)밀리다
be cut out for 적성에 맞다 (보통 부정문으로)

6 비행기 이륙

7.
be down (있다 아래에) 잠을 자다 (건강이)나빠지다 감소하다
be for (~를 위하는)   찬성하다
be in   (안에 들어가 있는)   ~하는 중인 참여하다 (어떤 상황에)처하다

7 2층버스

8.
be into   푹 빠지다   열중하다   매우 좋아하다
be off   떨어져 있는 / 가다, 출발하다, (일을) 쉬다
be on   꼭 붙어 있는   진행 중인
   It's on me 내가 쏠게(돈 낼 때)
   I'm on it   내가 처리할게

8 28청춘

악어이빨(28)

9.
be out   (밖으로 나가버린) 나가다 (비밀 등이) 새나가다, ~이 없다
be over   극복하다 병이(낫다) 끝나다 흥미를 잃다
be through   (겪어 보는) 겪다 경험하다   끝나다

9 이구아나

30.

be there for 곁에 있어 주다 도와주다
be under   ~의 밑에 있다 ~상황 아래 있다 ~하는 중이다
be up   (있다 위를 향해) (잠에서) 일어나다
               (무슨 일이) 일어나다 (이익 등이) 증가하다
be up tp   ~하고 있다, ~할 기분이다
I'm up   일어나다
be with (함께하는)   동반하다   같이 있다   의견에 동의하다

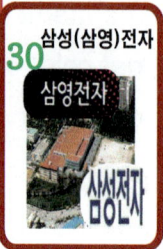

2.have   완전히 내 것이 되었다 이미 가지고 있다,
음식을 먹다 병에 걸리다 시간을 보내다 손님으로 맞다 어떤 속성이 있다
(사역동사) ~을 하게 하다 (이 경우 OC는 원형부정사)
영어를 모국어로 하는 사람들의 가치관 중 가장 중요한 개념으로 사물 사람을 가리지 않고 포함하고 있으면 have 동사로 표현하고 우리말은 존재중심으로 있다 라고 표현한다.

(1) 사물이 소유대상인 경우
  I had an accident the other day
    사고를 가졌어 (영어) / 사고가 있었어(우리말)
  Do you have change ?
    거스럼 돈을 가지다(영어)/ 거스럼 돈이 있다(우리말)

(2) 사물과 사물의 관계도 소유동사로 표현
 The desk has four legs. 가지다(영어) / 있다(우리말)
 Can you tell me why two pants have different prices.
 다른 가격을 가진(영어) / 가격이 다른(우리말)
 The hotel has a good reputation. 평탄을 가지다 /평판이 좋다

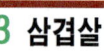

(3) 사람도 소유대상
  She has 3 children
  How many brothers do you have ?
  He had a great professor.

1.
have a cold 　　　 감기에 걸려 있는 상태
have a seat 당신 것처럼 가지라는 의미에서 정중함 내포
　*get a seat 없는 의자를 가져다 앉으라는 다소 무례한 표현
be having a lunch. 　　　 점심먹는 중
She is having a baby in September. 출산할 예정

2. have to do ~ 해야 한다
 have 하고 있는 것이 to do(미래 일)이기에 [~해야 한다]는 의미가 나옴
 have to do는 의무만 있는 것이 아니라 to 부정사의 보어용법처럼
　　　　　[의도, 운명, 미래, 가능] 등의 의미도 당연히 내포.

You have to study architecture. 미래의 의무 부정은 must not 임
You have to be joking. 농담이겠지요? /의도
You **don't have to** call me back. 전화 안 해 줘도 돼. / 할 필요 없다
You **have got to** go school. 시작할 준비행동이 끝난 상태표시 (get 때문에 의미발생)

3.
have against   ~에 맞대어 있다 기대어 놓다 ~을 싫어하다
have back   도로 가지다 돌려받다 되찾다 다시 받아들이다
have down   아래로 내려놓다 (사람, 사물을)~로 여기다

4.
have in 안으로 들이다 초대하다 (~에게 나쁜 마음을) 품다
have on   ~을 붙여놓고 있다 작동중인 진행중인 입고 있다
have out 밖으로 꺼내놓다 (터놓고 말해서)결판을 내다

have up ~을 올려놓고 있다 걸다

5.

3. Do 일상적으로 자주하다

do the housework   do my homework

do yoga   일상적으로 하는 것 (play 는 경기하는 것)

do over   다시하다   overdo 오버하다 과장하다   do away with 없애다
do over   다시하다   do without   없이 지내다

6.

4. get   상태의 변화 / 상태가 변해서 ~이 되는,
     없는 것을 가지는 것, **없는 것이 생겨나는 것**/
     * 현재 없는 상태이기에 미래를 나타내는 to 부정사,
     현재하고 있는 것을 나타내는 Ving (막 시작함을 나타냄),
     과거의 일인 pp 형태 모두 뒤에 올 수 있는 말들임)

I don't have it   없다
   I get it   없다가 생기다
    I have it   완전히 내 것이 되었다 / get 이후 단계의 뉘앙스
   get a job (막 취직한 것)   have a job (직업이 있는 것)
   get a cold 감기에 걸림   have a cold   감기에 걸려있다
                have breakfast

7.

   * take medicine (억지로 먹으니까/ 노력이 필요)
    I am old   늙은 상태
    I am getting old   젊었는데 점차 늙어가고 있는 상태
  I'm ready   준비되어 있는 상태
   Let's get ready   준비된 상태로 변해라(준비해라)
    Experience never **gets old**

5 사모곡

6 36계 줄행랑
인천상륙작전 (36)

7 신생아 37일 (산모조리기간)

8 3.8선

9 삼국지

8.
    Clildren never **get tired.**   피곤한 상태로 되다

    It's getting cold outside

    You are fired 해고된 상태   I got fired today. 막 해고된 상태

    I am angry   이미 화가 난 상태

      I have a book. 이미 완전히 소유한 상태

      I got angry (화가 나지 않은 상태에서) 화가 난 상태로 변한 것을 표현

9.
    I am in the car. 차안에 있 상태

     Get in the car   차안에 있는 상태로 변해라(차에 타!)

    I've got a smartphone.   없는 상태에서 가지게 된 상태 (생겼다는 의미)

      I have a smartphone. 이미 가진 상태

 get angry 화가 나게 되다   be angry 화가 나 있다

  get wet   축축하게 되다   be wet 축축해져 있다

   get sick   병이 나다   be sick   병아 나 있다

❶ 상태가 되게 하다(be 동사가 되게 하는), 변화시키다

40. * pp 는 형용사로 느끼면 됨
  Get it done first 이것 먼저 끝내 (변화)/ 끝낸 상태로 변함을 의미
    It is done   끝난 상태
    I am done. (수동이 아닌 완료된 상태를 의미)

1.
  get started 시작하다 Let's get started 시작하자
  got fired , got tired, got married, get bored
  get this done by tonight.
  I should get going. 가고 있는 상태로 변화는 것(막 시작함을 나타냄)
  I had better get going.

2.
❷ 추상적 의미 /   알다, 이해하다
 get to the point
    * beating around bush   숲 언저리를 두들겨 사냥감을 몰아내다
                      돌려서 말하다, 변죽을 울리다, 요점을 피하다
 get the jokes. get me wrong , <u>get it</u> 이해하다 (지능이 움직임)
                   (이해하지 못하다가 이해함)

사이다

3.
* I know 이미 알고 있는 것(교만한 표현 일 수 도 있음) I see 들어 보니까 알겠어.
  I need your help
    you got it   내 도움을 받았어 (부탁을 수락하다)/마음이 움직임
  Let me get the door   문은 내가 맡을께 (열다, 닫다, 잡다 등 문맥으로)
  I got this 내가 맡을 게. (처리할게)

4.
* get to do 는 to do가 미래를 나타내는 의미를 가지고 있고 get 은 어느 정도
  약간의 노력을 하는 상황을 의미
   / 언제라도 ~할 수 있게 채비를 갖추다, ~할 준비를 하다
   get to know 알게 되다 / **미래의 know를 가지다**
   get to see her , got to see you win /기회를 얻다,

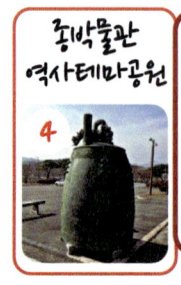 

5.

I didn't get to say goodbye (≠ couldn't 은 능력, 가능성에 초점)
기회가 없었다 나의 주관적 의사 /내가 못한 사정)

Let's get to work 일하기 시작하자 (아직 안한 느낌)

Let's get working. 일을 하고 있으면서 일을 하자고 하니 좀 제대로 하자는 의미 내포

Why do you **get to be** you, but I didn't **get to be** me? / 허용이 되다
왜 너는 되고, 나는 안 되니?

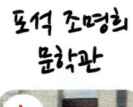

6.

I have got to eat something. (현재완료)
(have to do 보다 의미가 더 강한 표현/ 먹기 위한 노력을 이미 시작한 느낌/ have to do 는 아직 움직이기 전의 의도)

You have got to be strong to win the race.

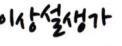

7.

❸ 움직여서 ~에 도달하다, ~로 이동하다 (be 동사 상태에 도착하다)
get there(도착하다),   get to this position

8.

❹ ~를 가진 상태(have 동사)로 변하다
(물건 ,병 ,일자리 성적(구체) 느낌 상대방의 말(추상) 등을) 잡아서 가지다, 없던 것이 생기다(문맥으로 판단) / 받다 얻다 사다

get a seat   (의자가 없는 상태에서) 의자를 가져다 앉으세요(무례할 수 있음)
take a seat   (의자가 있는 상태에서) 의자에 앉으세요 (have a seat)
get a cold, get an A in math,

9.

got a cold 감기에 걸리다
take a cold (×) 불가 / 미리 준비된 느낌이기에
catch a cold 잡고 보니 감기 (부주의해서 걸린 느낌)
have a cold 감기에 걸려있는 상태

50.

got a job (없는 상태에서) 노력해서 구한 느낌 get me a job (일자리를 구해주다)

take a job 준비되어 있어 언제든지 쉽게 갈 수 있는 직장의 느낌

got a bruise on my arm   멍이 생긴
  have a bruise on my arm   멍을 가진 상태(멍이 든)
    get a feeling, get a lap top, got a money
  get certified, get a license, 자격증을 따다(없던 것이, 외부에서
                       주어진거니까 get)
  get (receive, obtain) a certificate of qualification.

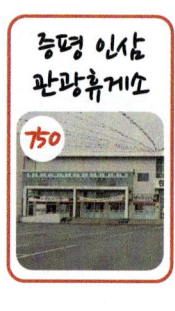

1.

I got a book from by parcel services   바라고 있던 book을 받음(모은 움직이지
   않았지만 기다리는 마음도 움직임의 느낌/심리적 움직임)
  go (to) get your stuff   짐을 챙겨라
  go get him   잡아라
  Can I get a white wine? 주시겠어요?(얻을 수 있나요?)/ 받다
  Can I get you anything? 뭘 드릴까요?(주문할 때)/ 4형식 주다
  get some bad news
  get outside   밖으로 나가다
  get some fresh air 바람을 가지다(바람 쐬다)

OIL

I'll get you some drink(wine, a towel, books) at once . 없는 것을 갖게 하다.

2.

❺ 주어가 상대방을 움직이게 해서 ~하게 하다 / 하게 만들다
  없는 상태를 get 하다 (주어가 움직여서 만든 상태니까 시키다는 의미가 나옴)
  get my car fixed   수리시키다 (남에게 시켜서 함)
    → I fixed my car myself.   (직접 함)
  got him to do this work. got her to leave.
  got me to prepare for our plan.
  get your hands dirty   손을 더럽히다, 육체노동하다

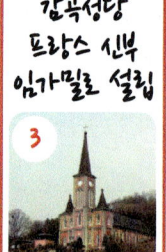

3.

get in(to)　(움직여서 안으로 들어가다) 차에 타다 기차가 도착하다
　　　　　　합격하다, 사람이 들어오다 (감정, 상태에) 빠지다
get across　(움직여서 가로지르다) 건너다 전달하다 이해하다(머리 속을)
get ahead　　(움직여서 앞으로 가다) 앞서가다 성공하다

get along (움직여 가다) 살아가다 사이좋게 잘 지내다(~with)
get around to (바쁘거나 하기 싫어서 일을 미루다가) 하게 되다
get away (움직여서 멀리가다) 도망치다 ~에서 벗어나다

4.

get back 　(움직여서 돌아오다) 돌아오다 되찾다
get behind 　(움직여서 뒤로가다) 뒤쳐지다 운전대를 잡다 지원하다 지지하다
　　　　(뒤로가서 도와주니까) get behind wheel 운전을 하다
get by 　(움직여서 옆으로 지나가다) 통과하다, 그럭저럭 살아가다

5.

get carried away 　　(분위기 등에) 휩쓸리다
get down 　　(움직여서 아래로 향하다) 내려가다 몸을 낮추다
　　　　　기분이 우울해 지다 낙심하다
get going 　　　~하기 시작하다, 천천히 가다 (빈도 많음)
　　get somebody going　　　화나게(걱정, 흥분하게) 하다

6.

get off 　　(움직여서 떨어져 나가다) 차에서 내리다 퇴근하다
　　　　(전화를)끊다 (사물, 마음,사람 등을)떼어내다
get over 　　(움직여서 어떤 대상을 넘어가다) 장애물을 넘어가다
　　　　극복하다 (사람, 안좋은 일을) 잊어 버리다
get on 　　(움직여서 붙다) (버스 등에)타다 (일을)하다 (옷을)입다

7.

get out　　(움직여서 밖으로 나가다)　~에서 나가다 (얼룩을)빼다 (비밀이)새 나가다

get out of　　　(책임 등에서) 벗어나다, get out of here 나가버려!

get through　　(움직여서 통과하는) 어려움을 이겨내다, 전화로 연락하다

get to　　　(움직여서 ~로 향하다)　~로 가다 도착하다　~하게 되다

　　We get to know each other 서로 잘 알게 되었다

get up　　(움직여서 위로 올리다)　일어나다, 올라가다　일으키다 깨우다

　　　　　　　 (용기 등을) 내다

　　　　　　get him up　그를 깨우다　get me uo　나를 깨우다

8.

get ahead　　　성공하다　　　get across　　　　이해시키다

get around　　　돌아다니다　　　get away　　　휴가가다　　도망치다

get back　　　돌아오다　　　　get behind 뒤지다

9.

get in　　　도착하다 들어가다　　get off　　하차하다 일을 끝내다

get on　　해나가다 승차하다　　　get out 나가다 알려지다

get over　　극복하다　　　　　get rid of 제거하다

get through　　일을 끝내다 위기를 넘기다　get to 도착하다 시작하다

get by　　그럭저럭 지내다　　　get together　　모이다

get up 일어나다

60. 5. take   힘을 써서 선택해서 잡는

❶ (사람 사물을 선택해서 잡다) /get 은 받기는 하지만 선택은 아님
  (구어체)잡아서 가지다, 이용하다, 잡아서 ~데리고 가다, 차지하다
  take a taxi,
  I will take it
Take a call 전화를 받다 Take a cellphone 휴대폰을 빼앗음
Take a bath
take me home country road
take a number
take care of children 돌보다 신경쓰다 (yourself)

삼천갑자 동방삭

1.
take my luggage 짐을 가져다 놓다
take sugar 설탕을 타다
take my hands 내손잡아
  take(have) a rest 쉬다 자다

2.
❷ (추상) 이해하다 시간이나 노력이 들다, 열이나 혈압 등을 재다
  Dont take it personally.
  It takes time
  Let me take your temperature.

유기제품

3.
❸ 특정 활동을 하다 (휴식, 목욕, 수업, 산책, 낮잠 등)
  take a break, take shower
  take medicine /노력이 필요하니까(맛있는 것이 아니니까)
  take picture

4.
take along 잡아서 가지고 가다   데려가다   가져가다
take apart 잡아서 흩어놓다   분해(리)하다   패배시키다 혼내주다
take away 잡아서 멀리 가져가다   (물건을) 빼앗다 고통을 덜어주다 없애주다

5.
take back   원래 위치로 갖다놓다   반품하다 철회하다 회상시키다   취소하다
take down   잡아서 아래로 내리다(사람, 물건)   무엇을 받아 적다
take in   (받아들이다)   숙박시키다 이해하다 (옷 허리 등을)줄이다

6.
take off   잡아서 떼어놓다 / 옷을 벗다   (그림 ,책임 등) 떼어내다
          비행기가 이륙하다, (사업 등이) 번창하다 뚜껑을 열다, 자리를 뜨다
take on   잡아서 붙이다 / 승객을 태우다   고용하다   책임이나 업무를 맡다
take out   꺼내다   데리고 나가다 돈을 찾다 대출하다 쓰레기를 버리다 화를 내다

7.
take over   대신하다(over 넘기니까) 잡아서 이쪽으로 가져오다 회사를 인수하다
           일을 떠맡다   차지하다   장악하다   운전을 하다
take to   가지고 가다 / 익숙해지다 정이 가다 ~을 데리고 가다 수준을 끌어올리다
take up   위로 들어 올리다, 일이나 취미를 시작하다 시간이 들다 공간을 차지하다

8.
take after   닮다
take back   말을 취소하다   반납하다   기억나게 하다
take care of   돌보다

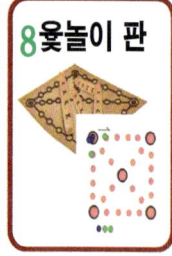

9.
take off   벗다   이륙하다 갑자기 성공하다
        (옷을 벗고 있는데/ 비행기가 이륙이 잘 안되다 /갑자기 성공하다)
take on   떠맡다

6과9 물구나무

70. 6. make   주어의 능력범위 내에서 만드는 의미(불가능한 것은 안 됨)
 영어는 제작중심의 언어로써 Make를 중심으로 사용하는 반면 우리말은
 동작중심의 언어로써 make 에 해당하는 우리말은 [하다]라는 동작(do)
  중심의 표현으로 표현.(우리말의 하다는 행복하다 와 같이 형용사적 표현도 있음)

❶ 무에서 유를 만들어내다, 성공하다, 해내다, ~이 되다
 ~하게 시키다 (사역동사 / have ,let 보다 강한 의미)
 He **made toward** door . 문을 향해가다 / 그가 만든 것이 문쪽으로 가는 것
 The dense forest **makes up** to the mountains . 숲이 산으로 뻗어 있다
 It **makes for** our disadvantage. 손해가 된다
 make sure that your seatbelt is fastened. 확인하다
 He will make a good teacher. 스스로 노력하는 느낌
                  (be 동사는 되는 것만의 의미)

1.
 ❷ 없던 것(물건 일 등) 들이 생기게 되는 것을 말할 때 make 사용
             늘 그 행동을 하는 것은 아님
 make   a desk   만들다   make a friends with   사귀다
 make   a fool of her   바보취급하다 make the list   만들다
 make   the plan   세우다(짜다) make   a mistake   하다

2.
 make them happy   해 주다   make a good wife   되다
 make sense   사리에 맞다   make a face   얼굴을 찡그리다
 make every effort   온갖 노력을 다하다   make excuses   변명을 하다

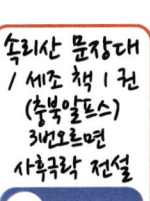

3.
 make it   해내다   make an appointment   약속하다
 make a mistake   실수하다   make a friend   친구를 사귀다
 have a lot of friend   친구가 이미 많이 있는 경우

4.
 make a money (사업 등을 해서 스스로) 돈을 벌다 have a money
                    돈을 가지고 있는 상태
 get a money (수고를 들여서) 돈을 벌다   take a money (준비되어 있는) 돈을 받다
 make yourself at home   편히 쉬세요 /자기 집에 있는 거처럼(편하게)
                  스스로를 만드세요

5.

❸ 만들기 어려운 상태를 이겨내고 만들다(어려운 상황을 부사 관련어구로 표현)

He tries to **make time** for his wife **despite** his busy schedule.
      애써 시간을 만들다   어려웠지만

He could **manage to make her party** last night.
    가까스로   참석하다

 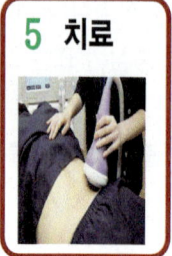

He rushed off down the street and **barely made the last KTX** for Seoul.
  황급히   가까스로

He made time **with** his co-worker.   서로 만드니까 바람피우다의 의미
              for는 일방적인 의미 이니까 상대방을 위해서 시간을 만든 느낌

6.

❹ make + 준동사

  make 는 [만들 수 있는 무언가를 만들다[는 개념이기에 원칙적으로 준동사
  사용은 불가 (ving는 진행중인

상태 pp는 이미 만들어진 상태 [to 부정사[는 미래의 상태이기에 만들 수 있는 것들이 아님)

그러나 to 부정사의 의미 중 운명 의무 가능 예정, 의도, 중 예정, 의도는 만들 수 있는 것을 의미하기에 이런 표현의 경우는 가능하게 됨.

He **made to tell** me something but didn't.   무언가 말하려고 하다
   make to experience   경험하게 하다
   make to delay marriage   결혼을 지연시키다
   make to act like a babarian.   야만인처럼 행동하다

철판구이, 칠판

7.

❺ make +원형부정사 표현/ 행동이 탐탁치는 않지만 어쩔 수 없이 하는 행위

  make do on very small income 어떻게든 살아가는 느낌
  make shift wihe something 그럭저럭 하는 행위를 하다
  (우리말 거시기의 느낌/ 하던지 먹던지 등등)
  make talk for a while . 잠깐 동안 어쩔 수 없이 이야기를 하는 느낌

8. ❻ 사역동사 make(let, have, help) +목적어+원형부정사/ 미래의 의미가
나오지 않게 하는 표현방법

으로 to를 생략(to는 거리가 있는 2개를 연결해 주는 역할이니까 사역을 시킬 수 있는 사이는 가까우니까 to 생략한다고 이해해도 ok!)

I made her catch a taxi.
This photo makes her **look like** a young lady.
You made me **smile**

9. ❼ 재귀대명사의 목적격 보어로 pp가 오는 경우/주어와 같은 때 사용
주어 자신의 과거행동은 자신이 만들 수 있기에 사용가능.

He took pains to **make himself understood.** 다른 사람이 그를 이해하게 만듦
She can make herself understood in five languages. 5개국어를 한다
She can't make that done. 그것을 해낼 수 없어

* My mom made me a doll. 4형식 나에게(나를 위해서) 인형을 만들어주다
주어와 목적어가 다르면 재귀대명사 사용 불가

80. ❽ 구동사

make ~ into…. 만들어서 변화시키다 ~를 …. 만들다
make for ~을 향해 길을 만들어가는 ~쪽으로 가다 향하다
make off 있던 장소에서 분리되어 나가게 하다 급히 떠나다

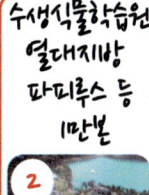

make off with 훔쳐가다
make out 밖으로 만들어 내다 / 해나가다 알아보다 분간하다 스킨쉽 하다
~ with ~와 잘 지내다, 껴안고 키스하다

* make up (좋은 상태로 만들다) 만들어서 올리다 / 지어내다 변명하다
결정하다(마음 ~ my mind) ~을 구성하다(이야기)
화장하다(얼굴) 화해하다
만회하다, 갚다 I will make it up to you.
보충수업

make of ~라고 생각하다

1.

7. come   함께 하는 공간으로 가까워지다

어떤 기준을 향해 다가오다 가까워지다   ~한 상태가 되다

말하는 사람이 듣는 사람 쪽으로 가다

   I'm coming.   (엄마가 부르는 곳으로 갈 때)

He came from Seoul.

Thank you for coming over. (over 는 바쁜데 열일 제쳐 두고의 의미/ 모두 덮어두고)

She came to know about him. 알게 되다

2.

Jack came a trick on Jane. Jane을 조롱하다

Jack come the brother with me 내게 형처럼 굴다

He can come that 해 낼 수 있다./도착,완성의 의미(성공하다) Ha came that

How come (that) **you didn't study** for the exam? 어떻게 이런 일이 왔을까?(발생했을까?)

(How did it come) **(도치 없음)** / 의문사의 간접의문문

3.

come along   ~따라 움직여 오다, 일이 잘 진행되다, 따라오다, (기회가)생기다

come across   우연히 만나다

come around   마음이 풀리다, 반대하던 것을 찬성하다

4.

come by   근처로 다가가다 잠깐 들르다 손에 넣다

 come true   이루어지다, 실현되다

come down   아래로 내려오다 병에 걸리다(with) 값을 깎다

5.

come in   안으로 들어오다   (옷이 ~색깔로) 나오다

come off   떨어져 나오다 (단추 등이) 떨어지다 벗겨지다 잉크가 지워지다

come on   빨리 움직이다 나오다

6.
come out	밖으로 나오다 (영화, 책 등이) 발매되다, 얼룩 등이 빠지다
come over	멀리서 가까이 이동해 오다/ 방문하다 (어떤 기분이) 들다
come through	무언가를 뚫고 오다 / 어려운 일을 해내다, 성공하다 약속을 지키다

5 파로호

7.
come to	~쪽으로 다가오다 (금액)총계가 ~에 이르다 결정을 내리다
come together	(사람 일이) 함께오다 일이 완성되다 정리되다 화해하다
come up	낮은 데서 높은 곳으로 올라오다/ 일이 생기다 (행사가) 다가오다, **생각해 내다 (come up with)**

6 도요타 86
86아시안게임

8.
come with	함께 오다 따라오다 (나쁜 행동을 해서) 댓가가 따라오다
come across	우연히 만나다
come along	함께 가다, 진전을 보이다

7 87닭강정
팔찌

9.
come apart	부서지다
come down	가격 등이 내리다 비 눈이 내리다
come down with	병에 걸리다
come from	출신이다, ~에서 생겨나다
come forward	나서다
come out	나오다

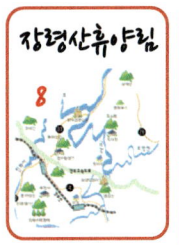

8 88올림픽
88고속도로

9 팔구(시장)
바구니

90.

8. go 함께 하는 공간(기준점)에서 멀어지다, (사람 사물이)가다
       일이 진행되다, 사라지다, (현재 상태와 달라지는, 새로운 것이 생기는 의미)
       (목적어가 없고 1형식과 2형식으로 사용됨)

I have to go.   가야한다
 She has gone.   가버려서 이제 없다
The poverty must go.   가난은 없어져야 한다
She made her company go   잘 돌아가게 한다.
Are you going to his party?   파티에 혼자가는 의미(함께 갈 때는 come)

1.

go mad (bad, hungry, naked, thirsty)
 The building went cheap. 싸게 팔리다
go shopping (fishing, swimming, hiking)
I can't go her nagging (complaint, preaching) /참을 수 없다
you can't not go wrong with Korean fried chicken. 항상 옳지(잘못되지 않지)

91DAYS
(일본애니)

2.
The story goes that She has gone to Korea, and never to return.
                                          이야기가 있다
go to school   공부하러 (the가 있으면 학교라는 건물, 없으면 본래목적)
go to the drugstore   약국가다 (어쩌다 가는 건물로 이해 the 붙임 /약사러)
go for dinner (Seoul)   밥 먹으러(서울행) (목적)
go ahead   먼저 가다 먼저 하다

3.
go against   ~에 맞서서 가다   법을 어기다 ~을 거스르다
go along   ~을 따라서 가다 / 동행하다 동의하다 (계획 규칙 등에) 따르다
go around   돌아다니다   두르다 고루분배하다 (소문이) 돌다

4.
go away   멀어지다   사라지다 떠나다 없어지다
go back   되돌아 가다
go back on   약속한 것을 번복하다

구사 (화투)

5.

go by	옆으로 가다, 잠깐 들르다, 시간이 지나다,~라고 불리다 (call me)
	as time goes by
go down	낮은 곳으로 내려가다 (혈압 주식이)떨어지다 부기가 가라앉다
	(배,비행기 등이) 추락하다 가라앉다
go for	~를 향해서 가다 ~을 선택하다 ~하러가다 얻고자 노력하다
go for it	힘내

6.

go get them	화이팅! (way to go 잘 한다, 훌륭하다)
go into	안으로 들어가다 시작하다 (분야에)뛰어들다
go off	벗어나다 (선로를) 이탈하다 (알람이) 울리다 (화를)내다
	(폭탄 등이)터지다 (전화,벨 등이) 울리다 (불 등이)꺼지다

7.

go on	시작하다
go on and on	같은 말을 반복적으로 하다
go out	밖으로 나가다 / (불이) 꺼지다, 데이트하다, 사귀다 (with)
go over	~위로 가다/ 넘어가다 건너가다 검토하다, 좋은 반응 얻다
go through	통과해서 가다 / 경험하다, 샅샅이 뒤지다

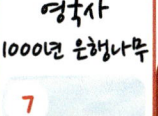

8.

go to	~로 가다 ~하러 가다
go under	아래로 가다 / 파산하다 가라앉다
go under the knife	수술을 받다
go up	위로 올라가다 (열, 기온, 가격이) 오르다, 불타 오르다

98인치 TV

9.

go with	~와 같이 가다 잘 어울리다 ,대세를 따르다
go without	~없이 가다 ~하지 않고 견디다, ~하지 못하다
to go	(아직) 남아 있는, (음식을 식당에서 먹지 않고) 가지고 갈, 말하다
	I went = I said

구구단

800.

What's (there) to know? (그런 것쯤이야) 간단하지 않느냐
to there   화제를 꺼내다   go about   ~을 시작하다, ~을 하다
go after   뒤쫓다   go against   거스르다

1.
go ahead   진행하다   go around   돌아다니다
go away   떠나다   go back   돌아가다
go by   지나가다   go down   내려가다 해나 달이 지다, 나빠지다

2.
go off   자리를 뜨다 발사되다 울리다   go on   계속하다 일어나다
go out   ~하라 나가다 연인관계를 갖다   go over   거듭 살피다

go through   힘든 일을 거치다   go up   올라가다

3.
9. appear **무엇이 모습을 보이다 (객관적)** 라는 의미에서 seem은 주관적
나타나다, 인 듯하다, 보이게 되다, 출두하다, 출간되다 로 나타남.

She appeared (to be) healthy.   ~처럼 보이다
She appeared to be alone.   ~처럼 보이다
New book appeared.   출간되다
Old man appears as main chacter in the movie.   등장하다
The story appeared in the journal.   실리다
Appear on cnn tv.   출연하다

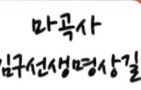

4. 10. mean 무엇 하나만을 의도하다
  (돈 하나만 아니까) 인색한, 비열한, 속이 좁은 거친, 행위만을 하는

mean birth 천한 a mean horse 사나운 말
mean street 비열한 거리 a mean game of 369 369 만 하는 게임
Greenwich mean time 표준시간(하나만을 의도한 시간이니까)
arithmetic mean 산술평균 a person of means 부자
means of transportation 교통수단 (방법)

5. 11. seem 머릿속에 계속 남아 있게 될 평소와는 좀 다른 특별한 상태를 의미
(To give the impression of being or doing something)
  ~인 거 같다, ~같아 보인다.
 2형식의 문형으로 사용됨. be 동사는 상태 그대로를 객관적으로 표현하지만
   seem은 강하지 않은 주관적 표현.
He seems a teacher.(×) 뒤에 개관적인 사실이 오니까 사용안함 그러나
   She seems a boy.(○) 는 가능(주관적인 판단이니까)
When I recall those days, It seems like a dream.(×)
   여기에 all, sweet, to me 같은 주관적 표현을 사용하면 가능
He seems (**to be**) a smart boy.는 가능(판단이 들어갔으니까)/ 생략가능

6.
He seems to be a teacher.(○)는 가능 [~하기로 되어 있다] 의미로 특별한
                상태가 됨
 (* be to 용법 / 의도, 예정, 의무, 운명. 가능)/ 모두 미래의 표현
She seems to live in New York. 처럼 seem 에는 상태동사가 일반적으로 옴
She seems to be doing her homework 처럼 동작을 표현할 때는 진행형으로
He seems to go about with bullies(burglar).
     동작동사일 경우 미래에 대한 계획 등의 상태를 의미하는 것으로 이해하면 됨.

The baby seemed **as if** she were happy. (as if ,as though 같은 주관적 표현이
기에)
The aircon **doesn't seem** to be working right. 부정문 만들기
He seemed **not** to recognized ' keep off the grass' 고의성· 부주의의 느낌
He **didn't** seem to recognized ' keep off the grass' 고의성은 느껴지지 않음

They simply **can't (couldn't)** seem to keep in touch with one another.
　　　　　never 등을 사용하여 상태의 부정을 강하게 표현

7.
12. blow   불다, 바람에 날리다 내뿜다. (기회 일 등을) 날려 버리다 (위장이) 탄로 나다

blow away   멀리 날려버리다   바람에 날리다 불어서 날리다
　　　　　　　　놀라게 하다, 깊은 인상을 주다
blow off   불어서 떨어뜨리다   날아가다 벗겨지다 화를 식히다
　　　　　　　(약속,참석 등을) 취소하다   무시하다
blow out   불어서 밖으로 날리다 (촛불 등을)끄다 (타이어가)터지다   떠나가다

8.
blow over   불어서 넘어가다 (상황이 지나가는 이미지)
　　　　　　(폭풍, 소문이)가라앉다   위로 날리다
blow up   불어 올리다 (부풀어 지는 풍선모습), 확대하다 부풀리다
　　　　　강도가 세지다   (폭탄이) 터지다   ~에게 화내다
blowdown   넘어짐,   갑작스런 파열
blow away   압도적으로 이기다   완전히 감동하다

9.
13. boil   끓다 끓이다 삶다

boil down 끓여서 줄이다   요약하다   ~로 귀결되다
boil over 끓어서 넘치다   노발대발하다
boil up   끓어 오르다 (물 ,감정 등이) 끓어오르다

10.
14. break 부수다 끊다, 고정나다, 부서지다 (관계, 규칙 습관, 기록 한계 등을)깨다
나누다 분할하다, 갑자기 시작하다, 발생하다

break apart   부수어 갈라놓다 흩어지다
break in   부수고 안으로 들어가다 침입하다 방해하다
                     (신발, 자동차 등을) 길들이다
break into   부수고 들어가다 억지로 열다 침입하다
                     방해하다 갑자기 ~하기 시작하다

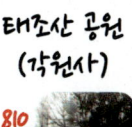

1.
break up (split up) 완전히 깨지다 분리되다 분할하다, 헤어지다 (통화가)끊기다
break away   부수고 달아 가다, 벗어나다, 이탈하다, 탈퇴하다

2.
break off   부서져서 떨어져 나가다, (관계, 연락 등을)끊다 중단하다
break out   부수고 밖으로 나가다 탈출하다 도중에 나오다
               (여드름 등이) 나다 (전쟁 화재 등이) 발생하다
break down   부서져서 down 되다 / 고장나다 (기능이/ 큰 기계) 실패(하다)
             (사람이)쓰러지다 건강이 나빠지다, 이해하거나 분석하기 쉽게 분류하다,
             /명세 붕괴 결렬
on the verge of breakdown   멘붕 일보 직전

12.12쿠테타

3.
break through   (물리, 추상) 부수고 통과하다, 돌파하다, 진입하다, (이가) 나오다
                난관을 뚫고 성공하다

break in   침입하다 끼어들다   break out   발생하다
break up   부서지다 끝이 나다

인류 / 일류(명품)

4.
15. bring   사람이나 사물을 가지고 오다 (take의 반대) 데려오다
                  상황을 가져오다 (감정, 변화 등)
bring around   ~을 근처로 가지고 오다 (설득해서) 찬성하게 하다
bring back   원래장소로 다시 데려오다 회상하다 다시 살려내다
bring down   가져다 내리다, 우울하게 하다, 수치를 낮추다 부기를 가라앉히다

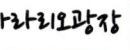

5.
bring in 안으로 가지고 들어오다, 돈을 벌어들이다
            사람을 데리고 들어오다, 새로운 제도를 도입하다
bring into   개입시키다
bring on   가지고와서 붙여 놓다/ 등장시키다 (사건, 상황을) 일으키다

6.
bring out   가지고 나오다 신제품을 선보이다   돋보이게 하다
bring to   ~로 데리고 오다, ~하게 하다, ~에 이르게 하다
bring up   가져다 올리다, 화제를 꺼내다, 양육하다 증가시키다

16살의 꿈(디 원)

7.
16. call   불러서 오게 하다, 부르다
call back   답신전화하다
call for   요구하다
call in   ~을 해달라고 부르다

C-17미군수송기

8.
call off   취소하다
call on   계속 붙어서 오게 하겠다 / 찾아가다(꼭 만나겠다)

5.18광주민주화

9.
call to   (to 는 한 사람에게 만을 강조) 말을 걸다
call up   전화를 걸다

코로나 19 / 19금

20. 17. carry   ~을 들고 이동하다, 임신하고 있다, (책임이나 부담을) 감당하다, 운반하다 (엘리베이터 버스 등이) 실어 나르다, 물건을 취급하다, ~속성이 있다

carry around	여기저기로 가지고 다니다 지니고 다니다
carry away	멀리 데려가다 운반하다 자제력을 잃고 오버하다
carry off	날라서 떨어뜨리다 / 빼앗아가다 (상을)획득하다

1.

carry off	어려운 일을 잘 해내다, 목숨 상 어려운 일
carry on	계속 나르다 / (하던 일을) 계속하다, (전통 등을)이어가다
carry out	들고 밖으로 나가다 / ~을 실행하다, 과업 등을 완수하다
carry over	~넘어서 나르다 (일 등이) 이어지다 (금액 등을) 이월하다

2.
18. catch   (움직이는 물체를) 잡다[받다] (떨어지는 액체를) 받다
                (기회 등을) 붙잡다 잡기

두리랜드(임채무)

catch up with	따라잡다
get caught up with	밀린 이야기를 하다
catch on	눈치 채다, 손에 익히다

3.
19. check 확인하다

아르헨티나
2월 3일공원

check on	~에 딱 붙어서 확인하다/ 살펴보다, (이상이 없는지) 확인하다
check in(to)	절차를 밟고 들어가다 (공항 호텔 등) (비행기 등에서)짐을 부치다
check out	확인하고 밖으로 나오다 / (호텔에서) 체크아웃하다
	확인하다 (맞는지 틀리는 지) 책을 대출하다.
check over	전체적으로 확인하다 검사하다 검토하다 자세히 알아보다

4. 20. cut   자르다 (관계 공급 연락 등을)중단하다 값을 깎다
                  소비를 줄이다, 예산 등을 삭감하다

cut away   잘라서 멀리 버리다/ 쓸모없는 부분을 잘라 버리다
cut back   잘라서 원래로 돌리다 / (비용 ,인력 등) 삭감하다,
                (건강을 위해 음식 일 등을) 줄이다
cut down   잘라서 넘어뜨리다, 베어서 넘어뜨리다 (가격을)내리다
                (소비를)줄이다

5. cut in   자르고 들어가다 / 새치기 하다, 차가 바짝 끼어들다,
                  참견하다, 간섭하다
cut out   잘라서 밖으로 내다/ 제거하다 잘라내다
  cut it out   그만해
                ~할 자질이 있다(딱맞게 잘라서 나오니까)
cut up   완전히 자르다 토막내다 분할하다

6. cut back   축소하다
cut down   줄이다
cut off   잘라내다 중단하다 멈추다
  cut – off   중단, 차단 (청바지 같은 것을 잘라 끝 부분을 박지 않고 만든) 반바지

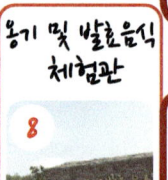 

7. 21. drink   (물 음료 술 등을) 마시다
drink away   마셔서 멀리 보내다 / 술로 ~을 달래다,
                       술을 마시면서 시간을 보내다 술로 ~을 탕진하다
drink down   다 마셔
drink to   ~에 건배하다
drink up   끝까지 마시다 다 마셔서 비우다

악어이빨(28)

8.

22. drop   떨어뜨리다   물방울이 떨어지다 온도 등이 내려가다
사람이 쓰러지다, 실수하다 (drop the ball) 연락하다, 몸무게를 빼다
그만하다 (drop it)   잠시 들르다

drop around   주위로 떨어지다, 근처에 잠시 들르다, 배달하다, (유인물을) 돌리다
drop in   안으로 떨어지다, 떨어뜨리다, 잠깐 들르다 (drop by)
drop off   떨어뜨려서 분리하다, (차에서 사람이나 물건을) 내리다,
             세탁물을 맡기다, 깜빡 졸다

drop out   밖으로 떨어져 나가다 중도탈락 (drop-out)
drop out of   중도에 그만두다

9.

23. eat   먹다, 괴롭히다, 병이 장기들을 갈아먹다,
              차가 기름을 먹다, 돈 등을 다 써버리다
eat away   먹어서 멀리 보내다 먹어치우다 서서히 손상시켜서 파괴하다 괴롭히다
eat into   (안으로) 먹어 들어가다, 파먹다 (돈 ,시간을) 쓰다
eat up   **완전히 먹다** , 다 먹어버리다, (자원이나 돈 등을)많이 잡아 먹다
       Don't eat up (먹어도 되는데 다 먹지는 마)

30.

24. fall	떨어지는 / (기온 이익 등의 수치가) 내려가다 무너지다 붕괴하다	
	어떤 상태에 빠지다	
fall apart	떨어져서 산산이 부서지다 정신적으로 엉망이 되다	
	몸이 안 좋아 지다	
fall behind	뒤로 떨어지다 뒤쳐지다 밀리다 (숙제 등이) 밀리다	
fall down	아래로 떨어지다 쓰러지다 넘어지다 (집 등이)무너지다	

1

fall for	~을 향해서 떨어지다 홀딱 반하다 (거짓말 광고 등에) 속아 넘어가다
fall in(to)	~안으로 떨어지다 사랑에 빠지다 실수를 저지르다
fall off	떨어져서 분리되어 나가다 (사다리·절벽 등에서)떨어지다
	(신발 단추 귀걸이 등이) 벗겨지다

2.

fall on	떨어져서 붙다/ 위로 넘어지다 (생일 등이) 어떤 날에 해당하다
	(충고가 듣지 못하는 데로 떨어져서)) 무시되다
fall out	떨어져 밖으로 나오다 (머리카락 이 등이)빠지다 사이가 안좋아 지다
fall through	~을 통과해서 떨어지다 (계획 등이)무산되다 실패로 끝나다

3.

25. fill	채우다 조건을 만족하게 하다 서류나 양식을 작성하다
fill in	~안에 채우다 공백을 채우다 ~대신해서 일하다
	놓친 정보를 ~에게 알리다
fill out	서류 등에 기입하다 살이 붙다
fill (it) up	위로 완전히 채우다 가득 채우다
fill with	~로 채우다 ~에 차있다 (물질 ,정 향기 활동 등)

4. **26. give** (줄 수 있는 것은)무엇이든 주다 / 어떤 행위를 해주다
내가 가진 범위, 능력 안에서 주는 행위는 모두 ok!

She gave me a bunch of flowers.   대표적인 4형식동사(나에게 꽃을 주다)
She gave a bunch of flowers **to** me.   3형식으로의 전환
Cows give milk.
4 into 20 **gives** 5   4를 20으로 나누면 5
She gave a scream seeing a ghost.   ~ 고스트를 보면서

* 현재 가지고 있지 않은 것을 표현하는 준동사 (to v, ving, pp) 와는 결합할 수 없으나 미래행위를 하기로 약속하는 표현은 가능

 Jane gave me to believe that she would study hard.
        Jane 의 말에서 나는 그녀가 공부를 열심히 하려는 것을 알았다
I was given to understand that he was abroad.
   내가 받은(들은) 것은 해외에 있다는 말을 /수동표현(말한 사람은 중요하지
    않기에 생략)
We have been given to understand that the story is true. /현재완료 수동
        우리가 받은(들은) 것은 그 이야기가 실화라는 것

5. give away 멀리 줘버리다 / 거저주다 비밀을 누설하다 신부를 신랑에게
                넘겨주다
give back (받았던 것을) 되돌려 주다   사회 환원하다 회복시키다
give off   떼어서 줘버리다   냄새가 나다 **(빛, 열 등을) 방출하다** (분위기를) 풍기다

6. give in   안으로 주는(순응하는) /   제출하다 항복하다 굴복하다
give out   밖으로 주다 나눠주다   배포하다   고장나다 ~이 닿다
              바닥나다 지치다(나눠주는 일을 오래하니 물건은 바닥나고 사람은 지침)
give under   모든 것을 다주고 아래로 순응하다
  give under the weight of the snow(the rock, the bear) 내려앉다.

215
세계에서 가장 쉬운 영어원리

7. give up 완전히 줘 버리는 / 포기하다 양보하다 (담배 술 등을) 끊다 자수하다
(up 충분하다고 느끼는 끝까지 닿는)

give away   거저주다 누설하다
give in   굴복하다
give out 나누어 주다 give up 포기하다

8.
27. grow 점점커지다 성장하다 농작물 등을 키우다(재배하다) 점점 어떤 상태로 변해가다

grow into   자라서 ~ 안으로 들어가다   자라서 ~이 되다, 옷 등이 맞게 되다 변화나 역할에 적응하다
grow on   점점 커서 ~에 붙다 / ~에게 점점 끌리다 ~이 점점 좋아지다
grow out   자라서 밖으로 나가다 / (수염 머리카락 등이) 자라다 자라서 ~하지 않게 되다
              자라서 옷이 맞지 않게 되다
grow up   다 자라다 성숙해지다
grow into   성장하다

9.
28. hang 걸다 매달(리)다 목을 매다 버티다 견디다 (뱃살이) 늘어지다
(그림이 벽에, 하늘에 구름이나 무지개가) 걸려 있거나 매달려 있다

hang around   주위에 매달려 있다 어슬렁 거리며 기다리다 시간을 보내다
hang back   뒤에 매달려 있다 주저하다 뒤에 남다
hang on   ~에 붙어서 매달려 있다 ~을 꽉 잡고 있다 기다리다 그만두지 않다

hang onto   꽉 잡다 간직하다
hang out   밖에 매달려 있다 (빨래 등을)밖에 널다 ~에서 시간을 많이 보내다
               데이트하다 ~와 어울리다
hang over 위로 매달다   ~을 달다 (걱정 등이) 뇌리를 떠나지 않다
hang up   전화를 끊다 걸어 놓다

40.

29. have / 영어는 소유 중심의 언어의 특징

영어를 모국어로 하는 사람들의 가치관 중 가장 중요한 개념
사물 사람을 가리지 않고 포함하고 있으면 a has b 로 표현.
반면에 우리말은 존재 중심의 언어임

(1) 사물이 소유대상인 경우

　I had an accident the other day
　　사고를 **가졌어** / 사고가 **있었어**
　Do you have change ?
　　거스럼 돈을 **가지다** / 거스럼 돈이 **있다**

(2) 사물과 사물의 관계도 소유동사로 표현

　The desk has four legs. 가지다(영어) / 있다(우리말)
　Can you tell me why two pants **have** different prices.
　The hotel has a good reputation. 평판을 가지다 /평판이 좋다

(3) 사람도 소유대상

　She **has** 3 children
　How many brothers do you **have** ?
　He **had** a great professor.

217
세계에서 가장 쉬운 영어원리

1.

30. help 돕다 (통증이나 고통을) 완화하다
  (부정문에서) 피하다 삼가다 can't help (피할 수 없다 / 할 수밖에 없다)

help with ~을 도와주다
help off 도와서 떨어뜨리다 부축해서 차에서 내리게 하다, 벗는 것을 도와주다
help on 도와서 붙이다 타는 것을 도와주다
help out 도와서 밖으로 나가게 하다 구출하다 (어려움을 해결하도록) 도와주다

2.

help through 도와서 통과하게 해주다 이겨내게 도와주다
help to 도와서 ~로 가게 하다 마음껏 먹다 마음대로 가지다
help up 도와서 일어 나거나 올라가게 하다
help into 도와서 안으로 들어가도록 하다 (차 ,잠자리 ,집등에 들도록)도와주다

3.

31. hold ~한 상태를 유지하다, (행사 파티 등을) 열다
  뭔가를 꼭 붙잡고 있는 (지속/ take는 순간적) / 아기를 안다
  가방이나 물병이 ~가를 넣고 있다, (화, 분노 좋은 생각 등을) 가지고 있다

hold back 앞으로 가려는 것을 뒤로 붙잡고 있는 /
  저지(자제)하다, 방해하다 (눈물이나 감정을)참다, 비밀로 하다
hold up 받치다, 수용하다 (역경 속에서)견디다, 정지, 중지, 노상강도
hold down 아래로 붙잡고 있다/ 사람을 제지하다 물가를 억제하다
  고정하다 안심시키다

4.

hold in 안으로 붙잡다 집어넣다 참다(안에 넣고)
hold off 떨어뜨려서 붙잡고 있는 보류하다 미루다 연기하다
hold on ~떨어지지 않게 붙잡고 있는 고정하다 꼭 잡고 있다 지속하다
  기다리다(hang on 보다 약간 더 정중) 잠깐만

5.

hold onto　　　　　　　　꽉 잡다
hold out　　　　　　밖으로 내민 상태를 유지하다　끝까지 유지하다 견디다
hold up　　　　위로 올린 상태를 유지하다　들고 있다 굳굳이 버티다 정체(지연)시키다

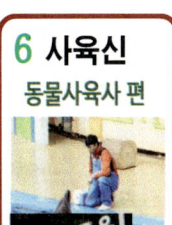

6.

32. keep　　　어떤 상태를 계속 유지하는　보관하다 (약속, 비밀을) 지키다
　　　　　　사람을 붙잡아놓다 새로운 행동을 못하게 하다(방해하다)

keep away　　　　계속 멀리 두다　가까이 오지 못하게 하다, ~을 멀리하다
keep down　　낮은 상태를 유지하는　음식을 삼키다　소리를 낮추다　요금을 줄이다
keep from　　　~로부터 멀리 붙들어 놓다　~하지 못하게 하다

사육사

7.

keep in　계속 안에 넣어 놓고 있는, 안에 보관하다 화를 참다(억제하다)
　keep in mind 명심하다　　　* 술집에서 양주 보관 화를 참는 것을 명심
keep off　　떨어진 상태를 유지하다　가까이 못 오게 하다　특정 화제를 피하다
　　　　　　　　　　음식을 먹지 않다
keep on　　　계속 붙여 놓고 있는,　계속 ~ 하다

8.

keep out　　계속 밖에 두다　들어오지 못하게 하다　어려움에 빠지지 않게 해주다
keep to　　계속 ~을 향해 있는　~에 계속해 있다 (본론에서) 이탈하지 않다
　　　　　　고수하다　(비밀, 약속을) 지키다
keep together　　　　　한데 모아놓다　유지하다

9.

keep up　　높은 상태를 유지하는　유지하다　밤잠을 못 자게 하다 계속해서 하다
keep up with　　　　　관심을 기울이다　따라가다
　* keep up with Joneses　　　남에게 뒤처지지 않게 노력하는 현상

50.

33. kick	발로 차다 , 습관이나 버릇을 없애다	
kick around	~을 이리저리 차고 다니다, 토의하다 사람을 마구 대하다	
kick down	발로 차서 아래로 넘어뜨리다 부수다	
kick in	안으로 차서 넣다/ (약 먹은 것 등이) 효력을 나타내다(느끼다)	

1.

kick off   차서 떨어뜨리다 / (신발을)벗다 걷어차다 **(미국식 축구에서)시작하다**

kick out   밖으로 차내다 쫓아내다 해고하다
kick up   위로 걷어차다 아프기 시작하다 (소동, 혼란 등을)일으키다

OIL

2.

34. live   살아가다 (존재 상태 등이) 계속되다, 남아 있다
live by   ~의 곁에 살다 (장소 정신 등의) ~를 가까이 두고 살다
              규칙을 다르다
live for ~을 위해 살다 ~을 가장 중요하게 생각하며 살다 ~에게 헌신하다
live off ~로 부터 자원을 떼어내어 살다 얹혀살다 ~로 생계를 잇다

3.

live on   ~을 기반으로 살다 ~를 주식으로 살다 ~만큼의 돈으로 생활하다
live through   ~를 통과해서 살다 (힘든 일을) 겪다 살아남다
live up   어떤 기준의 넘어 위로 살다 돈을 많이 쓰며 즐기며 살다
              기대 기준 등에 충족시키다 (~ to)

live with   ~와 같이 살다 견뎌내다 참을 만하다   ~ without ~없이 살다

4.

35. look   적극적으로 주의 깊게 쳐다보다 (see 보다 적극적) ~와 닮다 (~ like)
            돌보다(~ after)   찾다 조사하다

look around   주위를 보다   둘러보다 ~을 돌아보며 다니다
look after   돌보다
look back   뒤돌아 보다   과거를 돌아보다

5.
look down 아래로 보다 무시하다 look down on 얕보다
look for ~을 향해 바라보다 찾다
look forward to Ving 고대하다
look into 안을 들여다 보다 ~을 조사하다

6.
look out 바깥쪽을 보다 살피다 경계하다
look over ~너머로 보다 빠르게 훑어 보다 검사하다
look through ~을 통해서 보다 ~을 충분히 검토하다
보고도 못 본체 하거나 무시하다, ~을 뒤져보다
look up 위를 올려다 보다 (사전 등으로) 찾아보다 (상황이) 호전되다
  look up tp ~를 존경하다

7.
35. pass 지나가다 넘겨주다 통과하다 사라지다 죽다 ~을 하지 않고 넘어가다

pass by ~옆을 지나가다 (시간, 기회가)지나가다 그냥 지나치다
pass for ~로 통과하다 ~로 통하다, ~로 여겨지다
pass on 전달해서 접촉하다 전달하다 ~을 하지 않고 거르다

8.
pass out 밖으로 건네주다 나눠주다 의식을 잃다 의식을 잃은 상황
pass up 완전히 줘버리다 (기회를) 놓치다 거절하다 포기하다
pass off 통과해서 떨어져 나가다 행사등이 잘 끝나다 통과되다 ~인 척하다

9.
36. pay 어떤 일의 대가를 지급하다(좋은 일 ,나쁜 일 포함) (돈, 마음을) 지급하다

She found the business pay. 수지가 맞다.
Violence doesn't pay. 폭력은 이익이 되지 않다.
She should pay for what she do. 대가를 치르다.

60.

pay attention to 관심을 가지다
pay back 돈을 갚다, 은혜나 원수를 갚다
pay for ~의 대가로 지급하다, 실수 등의 대가를 치르다

60 환갑

삼천갑자 동방삭

1.

pay into ~안으로 지급하다, 입금하다, 돈을 보태다
pay off 지급해서 없애다 / 청산하다 매수하다, 급료를 주고 해고하다
힘든 일이 값어치가 있다 (성과를 가져오다)

61. 육일돌

2.

37. pick 뭔가를 집거나 쑤시는 ~를 괴롭히다 비난하다 열매를 따다 꽃을 꺾다
떼어내다 고르다 가려내다
pick out 집어서 밖으로 꺼내들다 고르다 식별하다 찾아내다

2 유기동물

3.

pick up (외국어를)익히다 매출이 늘다 (병세가)나아지다 전화를 받다
(이성을)꼬시다, (채널을)수신하다
집어 올리다 (물건을) 사다 (차를)태워주다 (어질러 진 것을) 치우다

유기제품

4.

piss off (오줌이 나오니까) 화나다, 빡친다 (angry)

3 6.3 빌딩

5.

38. pull 무엇이든 끌어당기는, 차를 몰다 (결과 승리 성과 등을) 이끌어내다

pull apart 잡아서 뜯다 분해하다 싸움을 말리다
(사람을 잡아 뜯으니)괴롭히다
pull away 멀리 당기다 멀어지다 떠나다
pull back 뒤로 당기다 후퇴하다

육군사관학교
4 이육사

6.

pull down	끌어내리다 (옷을)내리다 (돈을) 벌어들이다 (건물을)헐다
pull in	안으로 끌어들이다(도착하다) 차를 세우다 (사람을) 유치하다 (경찰이 용의자를)연행하다
pull off	잡아당겨서 떼어내다 차를 길가에 대다 (옷 장갑 등을) 벗다 의상이나 스타일에 성공해 내다 (잘 소화해 내다)

7.

pull out	잡아당겨서 뽑아버리다 , (치아 머리카락 책 사람 등을) 빼내다 (계약 등을) 철회하다 (차, 기차가) 출발하다
pull together	당겨서 모으다 힘을 합치다 냉정함을 되찾고 기운을 내다
pull up	위로 끌어올리다 (소매를)걷어 올리다 (차가)서다 (몸을) 일으키다

 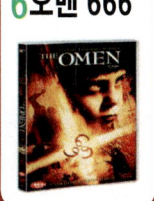

8.

39. put ~을 ….로 옮기다 (어디든 놓을 수 있는) (감정· 상태· 입장에)놓다, 생각을 밖에 놓다 (말하다 쓰다)

put around	(~주위로 놓다) 매다 두르다 (로션 등을)바르다
put aside	(한쪽으로 제쳐 놓다) 저축하다 (일을)그만두다 (차이점을)접어두다
put away	(멀리 놓다) 치우다 저축하다 (감옥이나 시설 등에)감금하다

9.

put back	(뒤로 놓다) 제자리에 도로 가져다 놓다
put before	(앞에 놓다) 더 중요하게 여기다
	Don't put the cart before the horse 일의 선후를 바꾸지 마라
put behind	(뒤로 놓다) (안 좋은 일이나 감정을)잊다 없던 일로 하자
	Let's put it behind us 없던 일로 하자

6과9 물구나무

70.
put down   (아래로 내려놓다) 깎아 내리다 기록하다 (계약금 등을) 지불하다, 죽이다

put in   (안에 놓다) 설치하다 쏟아 넣다 들여보내다 맡기다 끼어들다, 좋게 말해주다

put into   (~안에 놓다) ~을 집어넣다 정성을 쏟다 돈을 투자하다 시간을 할애하다 번역하다 ~에 빠뜨리다

1.
put off (떨어뜨려 놓다) (일 등을) 미루다 옷을 벗다(잘 안씀) , 싫어하게 되다
Can you put off the meeting u**ntil** next month. (until 이후에 그 반대행위)
Never put off until tomorrow what you can do today.

put on   (붙여 놓다) **옷을 입다** (take off 반대) 반지를 끼워주다, 화장하다 전화를 받다, 명단에 올리다, 살이 찌다, 자물쇠를 달다

2.
put out   물건을 꺼내다 생산하다(출시하다) 불을 끄다
                (밖에서 /안에서는 turn off)
     put it out   불을 꺼!

put over   (~위로 놓다) 덮다 얹다 (가면을)쓰다
put through   (~을 통과시키다) ~을 경험하게 하다, 전화 등을 연결하다 고생시키다 스트레스 주다

                             칠리소스

3.
put to   (~ 쪽으로 놓다) (침대쪽으로) 재우다, 일을 시키다 투표를 하다 끝내다 멈추다

put together   (함께 놓다) 모으다 조립하다 (옷을)맞춰 입다 의논하다
put under (아래로 놓다) 영향을 받게 하다 (스트레스를) 받게 하다 (마취를) 시키다

4.
put up   (위로 놓다) 올리다 달다 재워주다
put up with   참다 견디다

80.

40. run 달리다, 달리게 하다, 회의가 진행되다 회사를 경영하다
TV 등을 방영하다 신문 등에 기사를 싣다 액체가 흐르다
(길 선 파이프 등이) 이어져 있다, 유전형질이 가족 안에 흐르다

run around 달려서 주변을 돌아다니다, 원을 그리며 돌다 바쁘게 돌아다니다
run away 멀리 달려가다 도망치다
run into 안으로 들어가다 ~에 부딪히다 우연히 ~을 마주치다 (어려움에)빠지다

1.

run down 달려서 내려오다 / 흘러 내려오다 건전지 등이 닳다
사람이 녹초가 되다 (야구) 런다운 (협살)
run off 빨리 움직여 떨어지다 / 탈선하다, 액체 등이 흘러서 떨어지다
run out 달려서 밖으로 나가다 / 바닥나다(소진되다) (사람을) 떠나다
  run out of my patience 인내심이 바닥 / ~ time 시간이 바닥

2.

run over 달려서 넘어가다 액체가 위로 넘치다, (차로) 치다,
~을 빠르게 훑어 보다
run through 달려서 통과하다, 대충 훑어보다
~을 무시하고 달리다, (머리를 손가락으로) 쓸어 넘기다
run to ~쪽으로 달려가다, 수량이나 금액이 ~에 달하다, 길 등이 ~까지 이어지다

3.

run up 달려서 올라가다 뛰어 올라가다 (지출 빚 등을) 늘리다
run across 우연히 만나다 run into 맞닥뜨리다

4.

run away 도망치다   run out 다 떨어지다
run over 차 등으로 치다

5.

41. show 보이다 보여주다 (길, 작동방법 등을) 알려주다 전시하다 공연하다
(손님을) 맞이하다(in) 배웅하다(out) 본성이나 성질을 드러내다
서명하다 눈짓 손짓 등의 신호를 보내서 확인하다 계약하다 고용하다

show off   분리되어 보여주다 / 나타나다   과시하다 자랑하다(brag) /자랑쟁이
show through   ~을 통해서 보이다 비치다 (안에 잇는 감정이나 기질이) 드러나다
show up   위로 보이다 / 두드러지다, (약속장소에) 나타나다, 약속을 지키다
(곤란한 행동 등으로)당황하게 하다

6.
sign away   서명해서 멀리 보내다 (재산 ,권리 등을) 남에게 넘기다
sign in   사인하고 안으로 들어가다   접수하다 ~에 접속하다
sign off   사인해서 떨어뜨리다 ~을 마치다 접속을 끊다

86아시안게임

7.
sign on   사인해서 붙(히)다 고용하다 가입하다 접속하다
sign out   사인하고 나가다 대출하다 접속을 끊고 나가다
sign up   사인을 해서 위로 올리다   가입하다 등록하다

8.
sleep   잠자다 감각이 없어지다 (다리에 쥐가 나는 등)
sleep away   자면서 고민거리를 멀리 보내다 잠으로 시간을 보내다
sleep in   안에서 자다 작정하고 늦잠자다

88고속도로

9.
sleep off   자면서 떨어뜨리다 잠을 자서 고통 등을 없애다
sleep on   ~에 붙어서 자다 신체부분을 바닥에 접촉시키고 자다,
하루밤 자면서 생각해보다
sleep through   중간에 깨지 않고 자다

90.

42. stand 위로 세우다 ~한 상태로 있다 (단위, 눈금이) 나타내다 참다 견디다
stand aside   어떤 일에서 비켜서 있다   상관하지 않다
stand for   ~을 향해 서 있다 ~을 나타내다   참다 (부정문에서)
stand in for   남의 자리에 대신 서주다

1.

stand up   위로 세우다   일어서다 세워놓다(바람맞히다)
stand up for   지지하다,
stand up to   ~에 맞서다

91DAYS
(일본애니)

2.

stand back   뒤에 서 있다 (어떤 상황에서)뒤로 물러서다   뒤로 물러나 생각하다
stand by   곁에 서 있다   ~곁에서 지켜주다 선택·결정 등을 고수하다
stand out   밖에 서 있다   눈에 띄다 두드러지다 돋보이다 outstanding 눈에 띄는

3.

43. step   걸음을 내딛다
step down   걸어 내려가다   자리에서 물러나다
step in(to)   ~안에 발을 들여놓다 옷등을 입다 (웅덩이 등에)빠지다
                 ~을 해결하기위해 개입하다
step off   ~에서 걸어서 떨어지다 (탈 것에서)내리다

4.

step on   ~걸어서 붙은   ~을 밟다 속도를 내다 ~에 오르다
step out   ~밖으로 조금 걷다, 잠깐 외출하다, ~에서 벗어나다
step up 위로 걸어 올라가다 분발하다 강도를 높이다

구사 (화투)

5.

44. stick   찌르다 딱 붙이다 (찔러서 고정시키다)   가까이 있다(기다리다)
                ~에 끼어서 옴짝달싹 못하게 되다(주로 수동)
stick around   (자리를 뜨지 않고)계속 남아있다, 남다
stick at   어떤 지점에 꼭붙어 있다 ~을 꾸준히 하다
stick in   안으로 찔러 넣다 찌르다

6.
stick out　　　　　밖으로 돌출되어 있다 밖으로 내밀다　삐져나오다
stick to　　　　　~에 붙이다 (계획 결심 약속 등을) 고수하다　달라붙다
stick together　　　서로 달라붙어 있다　붙어 다니다, 힘을 합치다

7.
stick up　　위로 솟아 있다 /　(머리가)뻗치다, 게시하다 , ~편을 들어주다(for)
stick with　　　~와 함께　꼭붙어 있다 (결심 선택을) 바꾸지 않다
suck up　　　　아첨하고 아부하다 (빨아 주다라는 속어느낌)

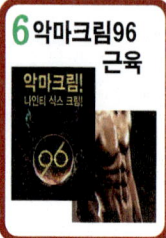

* talk, speak / 말을 하는 행동(talk는 speak 대신 대부분 사용가능)

8. 45. ❶ talk
　　　　말하다, 이야기하다, 수다를 떨다/일상의 대화
　　　　(보통 심각하거나 중요한 문제에 대해) 대화[논의/상의]하다
　　　　이야기, 대화, 논의
talk to　　　　~에게 말하다　(tell me ~)/ 전치사 to 있어야 함
　　　　　　　　talking-to　　혼냄
talk into　　　(하라고) 설득하다
talk out of　　(하지 말라고) 설득하다
talk over　　　(말을 통해 문제를) 해결하다, 이야기 하다

9.
talk someone up　(누군가에 대해서 다른 사람에게) 좋게 말하다
talk down　　　　진정시키다, 하지 말라고 설득하다(talk out of)
talk down to　　　무시하다, 얕잡아 보다

98인치 TV

구구단

900.

❷ **speak** 음성을 사용해서 말을 함/정중한 상황
    언어능력 포함/ 공식적

(정의 /When you speak, you use your voice in order to say something.)
   speak to me

* **tell, say** / 말의 내용

1. ❸ **tell** 듣는 사람과 정보가 있어야 함 / 전달하는 사람이 포인트 /특정인
      구분하다

   (정의/ If you tell **someone** something, you give them **information**.)
       Tell me all about it. (4형식)
   I told him that ~

2. ❹ **say** /사람이 없음 (사람은 to를 사용 / 말한 내용이 중요),불특정 다수
    (다른 사람의 말을 전달, 입을 사용해서 말을 함(전달기능은 없음)
    (When you say something, you speak **words**)
   They say that time heals all wounds.
   She **said to** me that 내용   /   I said hi to her. (3형식)

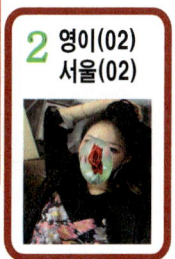

3.
46. **turn**   돌다 방향을 바꾸다   ~하게 변하다 바뀌다

turn around   돌아서 방향을 바꾸다/ 회전하다 좋아지다
turn away   돌려서 멀리 보내다/   쫓아 버리다 외면하다 돌려보내다
turn down   돌려서 내리다 / 거절하다 (소리 ,열 빛등을) 낮추다 좋았던 것이
                     나빠지다

4.
turn in   돌려서 안으로 / 과제를 제출하다 잠자리에 들다 신고하다 (자수하다)
turn into   돌려서 ~로 바꾸다 / 친구가 연인으로 바뀌다, 새로운 것으로 바꾸다,
                      판명되다
turn off   돌려서 끊다 (전기, 가스, 불, 자동차, 전자제품 등을)끄다
                    흥미를 잃게 하다

5.

turn on   돌려서 붙이다 / 작동시키다 **(전원을)켜다** 공격하다 흥미를 갖게 하다
                    등 돌리다, 배신하다
turn against 방향을 돌려서 대립하다/ 등을 돌리다, 반감을 품다, 이간질하다
turn out   돌아서 나오다 / 결과가 밝혀지다, 잘되다 **(불, 가스 등을)끄다**

6.

turn over   돌려서 뒤집다 (생선, 몸 등을) 뒤집다,   넘겨주다
turn to   돌려서 ~로 가다, 바꾸다 의존하다 요청하다
turn up   돌아서 위로 향하다 / 돌려서 (소리 ,빛 열 등을 크게, 세게, 밝게) 하다
           사람이 나타나다 없어졌던 물건이 나타나다

7. 47. walk 걷다 ~을 걸어서 데려다 주다

walk away   걸어서 멀리 가버리다 / (힘든 상황을 외면하고) 가버리다
              (상 등을) 휩쓸어 버리다, 수월하게 차지하다
walk into   걸어서 안으로 들어가다 / ~에 부딪히다 일자리를 쉽게 얻다
walk off   걸어서 떨어지다 / ~을 가지고 가버리다

8.

walk through   걸어서 통과하다/ ~에게 안내해주다 설명해주다
walk out   걸어서 밖으로 나가다/ 파업하다 (사람이) 떠나다
walkout   (갑작스러운) 작업 중단[파업] (회의장에서의) 항의 퇴장
              채무조정

9.

48. work 어떤 기능을 하다 일하다 운동하다 작동하다 ~에 효과(효력)가 있다
work around   ~주변에서 일하다, 열심히 일하다 (~ the clock) ~에 따라서 일하다
              (상대방 일정에)맞추다
work for   ~을 위해 일하다, (시간, 계획 따위가)가능하다
           약, 일 등이)효과가 있다
work off   일해서 떼어내다 (근심 걱정 분노 등을) 없애다 살을 빼다
            빚을 갚다.

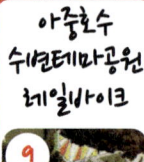  

10.

work on　　~에 붙어서 일하다 일을 계속하다 (해결하기위해서) 노력을 기울이다
work out　　　운동하다, 문제 등을 해결하다, 화해하다
　　　　　　　알아내다 잘 풀리다 운동하다
work through　　　　문제 풀다
work under　　~밑에서 일하다　~상황 하에서 일하다

1. work up　　열 받다, 흥분하다　work (a person) up 흥분시키다
work something up (약간의 노력을 들여) ~을 불러일으키다[북돋우다]
work-up 인쇄 (인쇄면의) 오점, 얼룩
workup 의학 (정확한 진단을 내리기 위한) 일련의 정밀 검사, 잠정안, 시안
work up enthusiasm　열의/열정을 불러 일으키다.
work up an appetite　식욕/입맛을 돋우다

2. work up to　　서서히 늘려가다, 쌓아가다　…하게 흥분시키다.
　work up to something　　~한 상태로까지 발전되다[고조되다]
　work up to the collar　　(꾀 안 부리고) 열심히 일하다
　work up to capacity　　힘껏 일하다.
　work up to a climax　　차츰 절정에 이르다.

49. 기타동사의 구동사

3. account for　　설명하다　add up 계산하다
　　　　　　　　　not add up　설명이 안 되다
ask for something　무엇을 청하다　ask for someone 누구를 찾아오다
ask out　　데이트 신청하다　back away　뒤로 물러서다

4. back off　뒤로 물러서다, 비난 등을 멈추다　back up 지지하다
　　　　　　　복사본을 만들다
believe god　신을 믿는다. believe in god 신의 존재를 믿다
bump into　　우연히 만나다　burn out　다 타버리다, 지쳐 버리다.

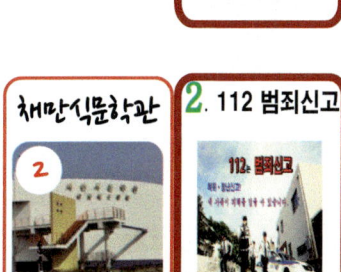

인류 / 일류(명품)

5.

catch up	따라잡다 밀린 얘기를 하다	cheer up	기운을 내다
clean out	깨끗이 치우다, 깨끗하게 하다		
count in	포함시키다	count on	믿는다, 의지하다

5.보름달

6.

crush on	짝사랑하다, 반하다	deal with	다루다
dress up	옷을 갖춰 입다	end up	결국 어떤 상황이 되다
fall apart	결단 나다, 다 허물어질[부서질] 정도이다	fill out	기재하다

6. 인류

16살의 꿈(디 원)

7.

figure out   알아내다 이해하다 (고민해서) ~ why/how   (판단, 감정 등을 알아내다)

find out   발견하다 찾다   ~ what (개관적 사실)

<u>freak</u> out   당황해서 놀라다

　　*(…에) 광적으로 관심이 많은 사람 (→control freak) 못마땅함 괴짜, 괴물(같은 사람)

　　형용사 아주 기이한[희한한/별난] [보통 과거분사로] 얼룩지게 하다

　　　　(색의) 반점, 얼룩

C-17미군수송기

8.

hand in	제출하다	hand out	나눠주다
hit on	작업 걸다	hit it off	금방 친해지다
hit the road	먼 길을 나서다, 여행길에 오르다, 당장 나가시오		

5.18광주민주화

9.

lay down	규정하다 내려놓다	leave out	빠뜨리다
knock off	stop 하지 마, 그만 좀 해		

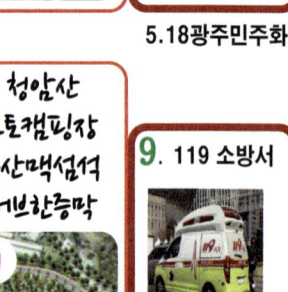

코로나 19 / 19금

20.

let me down	나를 실망시키다	letdown 실망		
let up	(비 등이) 그치다, 완화되다			
	The stress never let up			
let it go	기분 풀다, 잊다	let's go	가자	
let us go	가게 해 주세요			

1.

mess up	실수하다, 헝클어뜨리다.	mess around	장난치다, 게으름 피우다	
	mess with	장난치다		
move in	이사 들어오다	move out	이사 나가다	
move on	잊고 살다, 잊고 나아가다	move up	앞당기다, 잘 나가다	

2.

open up	완전히 열다 (여는데 끝까지)	mix up	혼동하다 뒤죽박죽 만들다	
narrow down	좁히다	own up	자백하다	
pass away	사망하다	pass out 의식을 잃다		

두리랜드(임채무)

3.

pass up	기회를 포기하다	point out 지적하다		
pick out	선택하다, 골라내다	pick up	집어 들다 차에 태우다	
piss off	열 받게 하다	pull off	잘해내다	

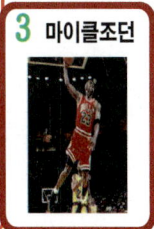

아르헨티나
2월 3일공원

4.

set up	설치하다 조립하다	set down	놓다 두다	
set to	조절하다 맞추다	rule out	제외하다	
screw up	망치다	sleep over	자고가다	
set off	출발하다	set up	준비하다	

5.
sort out   정리하다 해결하다 stay out of   간섭하지 않다 물러서 있다
stay up   깨어 있다   (평상시보다 더 늦게까지) 안 자다
stress out   스트레스 받다

6.
throw away   버리다
 try on   입어보다   try out   한 번 해보다
tear down   철거하다 부서뜨리다
be torn between   중간에 끼어 있다 양쪽에 다 끌리다

7.
tell off   한마디 하다 야단치다   tell on 고자질하다 이르다
tell apart   구별하다

8.
think of   생각나다, 생각나게 하다   think up   생각해 내다
think over   심사숙고하다   think through 충분히 생각하다
use up   다 쓰다   wake up   깨어나다

watch out   조심하다   wear out   헐다, 헤지다
write down   (단순히) 기록 하다 (write 는 창의적인 의미 포함)

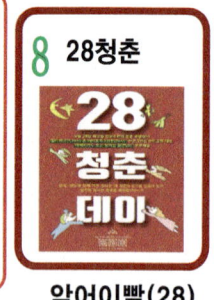

악어이빨(28)

8.2 시제

동사의 시제(12시제)

가로 3개 * 세로 4개 = 12개

구분	현재	과거	미래
❶기본시제	현재 be 동사 (am,,are,is) 일반동사: 현재형	과거 was,were 과거형	미래 (will,shall)+동사원형
❷ 진행 (~ing)	현재진행 be 현재형 (am,are,is)+Ving	과거진행 be과거형 (was,were)+Ving	미래진행 (will,shall)+be+Ving
❸완료시제	현재완료 have(has) pp	과거완료 had pp	미래완료 (will,shall) have pp
❹완료진행 (~ing)	현재완료진행 have(has)been Ving	과거완료진행 had been Ving	미래완료 진행 (will,shall) have been Ving

*진행형은 계속의 의미를 강조할 때 사용

이 시제를 분류하는 방법으로 2시제와 3시제 법이라고 분류하기도 하는데 2시제는 현재와 과거만을 시제로 인정하고 미래는 현재에 포함시키는 것이고, 나머지는 양상(aspect)라고 처리하는 방식입니다.

3시제 법은 현재· 과거· 미래 3개만을 시제로 인정하고 나머지는 역시 양상(aspect) 라고 설명하는 방식입니다. 그러나 이 분류에서도 3개의 시제와 9개의 양상을 서술하고 있으니 결국 합하면 12개로 분류상의 실익은 없어 보입니다.

이 책에서는 기본시제를 12시제로 정리하기로 하였습니다. 굳이 학술적으로 논쟁이 그리 실익이 있어
보이지 않다고 판단했기 때문입니다.
12시제의 기억은 ❶기본시제 3개에 대해서 ❷진행형이 있고
　　　　　❸완료형에 ❹ 완료진행이 파생된 것임을 이해하면 기억하기 어렵지 않을 것입니다.

(기본시제 3개 × 형태 4개 = 12)

8.2.1. 기본시제

1. 현재시제 / 현재상태와 늘 그러한 일이 계속되는 의미를 포함

1) 현재사실 / 동작, 상태 동사의 현재형 (3인칭 단수는 V+ (e)s)
  말을 하고 있는 현재 일어나고 있는 일이나 상태를 나타냄

질문 (S+V)	답	수식어
I feel	good	
She has	brown eyes	
I see	a hawk	in the blue sky
My father works		in a bank.
Are you	happy(lost)?	
Do you study	English?	

* **행복하다** 같이 우리말의 형용사는 [~ 하다]로 마치고, 동사도 [~하다]로 마치기 때문에 그 차이를 영어로 표현할 때 주의할 필요가 있음.
  영어로 [행복하다[는 be happy 이고, 이는 서술이 완료된 상태이고 단순히 happy는 형용사로써 [행복한]을 의미함

2) 현재의 습관
  현재의 습관적 행위를 나타내며 습관적인 행동을 강조하기 위해서
  always, usually 등의 빈도부사나 every day 등의 부사의 표현이 사용되기도 한다.

질문 (S+V)	답	수식어
I get up		/ at 6 / in the morning
Bill smokes		/ a lot
John drinks		/ heavily
I (sometimes) stay up		/ till midnight
She travels		/ abroad / every year
He (always) goes		/ to work by bus

3) 불변의 진리

시간과 관계없는 일반적인 사실, 진리는 현재시제로 표현한다.

질문 (S + V)	대답	수식어
Summer follows	spring	
The sun sets		in the west
The sun rises		in the East
Honesty is	the best policy	
Water boils		at 100 degrees Celsius

4) 미래의 대용

* **왕래발착을 나타내는 동사**의 경우, 미래를 나타내는 부사구와 함께 현재시제를 사용해서 미래를 나타냄

*왕래 발착동사(현재형) +부사(구) = 미래표시

I **start** / for America   tomorrow.
I **leave** / tomorrow   at 10:00
and **arrive** / at 18:30

* **시간이나 조건을 나타내는 [부사절]** 에서는 미래를 나타내는 조동사대신 현재시제가 쓰여 미래를 나타냄.

It will not be long **before he gets well**
By the time **he gets** back, it will be all ready.
What will you say **if he marries** his boss?
Will you come over here in the afternoon **if it does not rain?**

**[명사절[에서의 미래사실은 당연히 미래시제로 해야 함.

I don't know **if he will** come.(목적어)

** 확실한 시간표나 프로그램상의 미래의 계획이나 달력상의 일 등도 현재시제로 표현

The exhibition **opens** / on March 2nd and closes / on March 13th
The concert **begins**   at 9:00   and ends   at 11:00
Thursday, June 20th **marks** /our 20th wedding anniversary

5) 역사적 사실의 극적표현
소설이나 연극, 방송중계 등에서 과거의 일을 마치 눈앞에 일어나는 일처럼 묘사하기 위해 현재형을 쓰기도 함

Now Carsar **leaves** Gaul, / **crosses** the Rubicon / and **enters** Italy with 3,000 men.

Napoleon's army now **advances** and the great battle **begins**

It **is not** the close of the old English period that scandinavian words appear

Pele passes the ball to Maradona ; He heads it into the goal.

6) 옛사람, 옛책에 쓰인 말을 인용할 때

Byron **says** that **none but** the brave deserve(s) / the fair (only)

The Bible **says** that we should bear / one another's burden

7) 신문의 제목(Headline)에서 과거의 사건을 현재시제로 표현하기도 함

24시간 간격으로 매일 발간되고 있는 일간신문의 특성상 전일자 신문발행 이후 금일자 신문발행 사이에 발생되거나 인지된 사실은 현재시제로 나타냄(이것을 24시간과거라고 함)

따라서 제목 상에 현재로 표시된 동사는 실제의 경우 이미 발생된 과거
(대개 24시간 과거)로 해석해야 함.

Moon **Orders** Armed Forces to Be Fully Prepared to Counter NK Provocations
  문 대통령 각 군에 북한도발에 대처할 수 있도록 만전을 기하도록 지시(이미 지시했음)

Libya **Threatens** Economic Reprisals Against Korean Firms
  리비아, 한국회사들에 대한 경제보복 위협(이미 위협했음)

Liquor Smuggling Remarkably Increases 술 밀수 눈에 띄게 늘어나고 있다.

Police Intensify Inspection on FX Diversion 경찰 외환유출 검색 강화 * Intensity, 강화시키다.

Drunk Driver Collides With Patrol Car 술 취한 운전자 순찰차와 충돌 * Collide; 충돌하다.

Taiwan, Senegal Set Up Diplomatic Ties 대만과 세네갈 외교관계 수립

2. 과거시제
동사의 과거형으로 시제를 표현한다.

1) 과거의 사실, 동작, 상태
   Bill visited   my country.
   Hyden was   burn   in 1732

2) 과거의 습관적인 동작, 반복
   would나 used to 와 마찬가지로 과거의 습관을 나타낸다

   He **smoked**   thirty cigerettes   a day   **in his twenties.**
   She **usually got up**   at 5:00   in her teens
   He **always wrote**   with a pencil.
   They **met**   at the restaurant   **every Friday morning.**
   The first plane **took off**   at six every morning   **last year**.

   I **used to go**   swimming   in the lake   **in my teens.**
   She **would visit**   him   **every day**   except when it rained

3) 과거완료의 대용
   시간의 순서를 나타내는 접속사와 함께 올 경우 과거완료를 대용하는 과거형의
   사용이 가능
   The thieves got away   **before the police arrived.**

4) 시간을 초월하여 과거, 현재, 미래에도 변하지 않는 진리를 과거시제로 표현.
   이는 속담이나 격언 등에 많다.
   Curiosity killed   the cat.(속담) 호기심이 죽인다   고양이를 / 너무 많이 알면(호기심) 다친다.
   Faint heart never won   a fair lady.(속담)   겁쟁이는 얻을 수 없다   미인을
   Men were   deceivers ever.(속담) 남자들은   기만자들이다 늘 /사내들은 믿을 수 없는 존재

5) 정중한 표현의 경우 현재시간대 임에도 과거형을 사용한다.
  (영어에서는 시제를 하나 뒤로 후퇴시켜서 정중함이나 추측의 불확실성을 표현)
    hope, think, wonder 등의 동사에서 나타남

I wonder if you **could** give me a lift(영국식/ ride 미국식). 차를 태워주다
Could you give me a ride ? /Can ~ ? 보다 정중한 표현

6) 시제의 일치
  주절의 동사가 과거인 경우, 정상적인 경우 종속절의 시제는 과거로 시제가 일치. 그러나 이 경우
  의미상으로 시제가 다를 경우 혼합시제도 가능.
  I knew   that he was ill.
  She said that she would start working out for her health.

  그러나 종속절의 시제가 과거완료일 경우, 주절의 시제보다 앞선 것이 확실한 경우에는
  과거시제를 사용하기도 한다.
  I heard that she (had) finished her homework.

7) 현재사실의 반대를 의미하는 가정법과거의 종속절에 과거시제가 쓰인다.
   (시제의 일보 후퇴로 겸손이나 가정의 의미 표현하는 영어만의 특징)

If you **loved** me, you wouldn't do such a thing
If I **had**   enough time,   I could help   you.

 * I wish / It's time / as if + 가정법과거
I **wish**   she **were**   here   with me   tonight.
It's   time   you **went**   to bed.
She talks   **as if** she **knew** it.

3. 미래시제

1) 미래의 어떤 상황이 일어나는 중간에 일어난 일

   When you enter his room, he will be waiting for you.

2) 의지와 무관한 당연한 미래를 나타내어

   will, be going to 등이 가지는 의지, 의도, 약속의 의미를 희석시킨다.

   We'll be flying at 25,000 feet.
   *비행기 기장이 이야기하면 '정상적으로 날고 있으니까 사고가 나지 않는 한 고도가 그렇게 되기 마련' 이라는 의미가 내포되고 있다.

3) 미래진행형은 정해진 시점이 아니라 어느 정도 융통성 있는 표현이 될 수 있다.

   When will you be paying back the money?/ 되돌려주는 시점의 융통성
   When will you be visiting us? / 방문하는 시점의 융통성

* Will / Shall 의 사용I

구분 \ 인칭		1인칭	1인칭	2인칭	3인칭
단순미래	평서문	I **shall**(will)	You will	He will
	의문문	**shall**(will) I?	**shall**/will you?	Will he?
의지미래	주어의의지	I will	You will	He will
	말하는 사람의 의지	I will	You shall	He shall
	상대방의지	Shall I ?	Will you?	Shall he?

*기억법 / 단순미래 / (평서문 **서울이**) (의문문 **살살이**) 서, 살(shall), 울, 이(Will)

　　　　　의지미래 / 주어의 의지는 모두 will

　　　　　　(말하는 사람의지 / **이살살**)

　　　　　　(상대방 의지 / **살이살**)

* 현대영어에서는 단순미래의 경우 shall(서/ 살) 을 will (울, 이) 로 대체하는 경향이 있다.

1) 단순미래

말하는 사람, 주어, 상대편의 의지가 전혀 없고 시간이 흐르면 자연적으로 생기게 될 일이나 상태를 말한다.

[평서문] / 서울이

1인칭   I **shall (will)** be ten years old next year.

2인칭   You **will** be a second gader next year
          If you don't hurry, you **won't** be in time for the train. (will not)

3인칭   It will rain tomorrow

[의문문] /살살이

1인칭   **Shall(will)** we get there in time?

2인칭   **Shall(will)** you be free tomorrow ?
          Yes, I will / No, I won't

3인칭   **Will** Jane be back soon?
          Yes, she will / No, she won't

2) 의지미래

(1) 주어의 의지 / 모두 의지를 나타내는 will 만 사용

1인칭 : I will fight to the last

2인칭 : If you will do so ,do it for yourself

3인칭 : Mary won't listen to my advice

   This door won't open 이 문은 좀처럼 열리지 않는다.

   He was so obstinate that he would not listen to my advice.

(2) 말하는 사람의 의지 / 이살살

1인칭 : I will give you the money

   I will do it, no matter what others say.

2인칭 : You shall have the money (I will give you the money)

3인칭 : They shall go at once(I will let him go at once)

(3) 상대방의 의지 / 살이살

1인칭   Shall I open the the window ?(상대방 의향)

   Shall I speak more slowly?

   Shall we stop here? (제안) / Shall we go to the movies?

   Shall we dance?

2인칭   Will you wait for a moment? (상대방의 의향)

   Will you pass me the salt? (부탁)

   Will you have some more coffee ? (권유)

   Won't you go to the concert? (권유)

   Will you please help me with my homework?

3인칭   Shall he come here? (Do you want him to come here?)

3) 미래시제의 대용

(1) be going to +동사원형

❶ will 과 같은 미래의 의미를 나타내지만 주로 **계획되거나 결정된 미래의 일**을 나타냄.

The girl is(not) going to be a doctor when she grows up.
  She is (not) going to have a baby

❷ 주어가 무생물일 때는 **현재에 원인이나 징후가 있어야** 한다.

There is going to be a storm.
The vase is going to fall.

❸ 또한 **주어가 의도하고 있는 심정**을 나타낸다

What are you going to do after graduation?
→ I am going to school

(2) be about to + 동사원형 / 근접미래의 표현에 가장 가까운 표현
  [be on the point (verge 가장자리 경계 변두리) of 와 같은 의미

The train is about to leave.
The child is on the verge of crying.

(3) be to +V(동사원형) / ~할 예정이다(부정사의 서술용법) / be to 용법
  미래의 예정이나 약속, 의무, 의도, 조건 등을 나타낸다.
  특히 공식적인 예정이나 계획에 관련된 미래에 자주 쓰인다.

Her son is to be married soon.
There is to be a general election
You are to be back by noon.
Who is to question her?
If he's to succeed in his new profession, he must try harder.

(4) 현재진행형의 미래시제 대용

현재진행형이 미래를 나타내는 경우가 있는데 이것은 미리 정해진 약속이나 계획, 프로그램 등에 의해 진행되는 미래로 현재에 그 준비가 마련되었음을 말한다.

*come, move, stay, leave 등의 동사

I am moving to Taegu.
When are you going for America?
I am leaving Korea for London tomorrow afternoon
How come We're having chicken tonight?

(5) 프로그램이 준비된 공연이나 경기에도 진행형이 사용됨

Next, the orchestra is playing a Moxart sonata.
The match is starting at 3:00.

4) 단순 현재시제의 미래대용

현재시제가 미래시간에 쓰이는 경우에는
  - 부사절이 미래를 대신할 때
  - 미래의 일을 변경되지 않는 확실한 사실로간주할 때
  - 계획이나 프로그램 등의 확실한 경우에

단순 현제시제를 사용해서 미래를 나타낸다.

5) 과거에서의 미래 표현법

(1) 미래표현이 과거시제로 쓰이면 실제로는 그 행위가 이루어지지 않았음을 나타낸다.

He was going to give me his address.   * 실제로는 주지 않았음.
He was about to hit me.   *실제로는 때리지 않았음

(2) 과거진행은 과거에 정해진 약속을 나타냄

I was meeting him in Washington the next day.

(3) be to 는 운명이나 정해진 약속을 나타냄

He was to end up in the bankruptcy court
The meeting was to be held the following day

2. 기본 진행형 / 순간적인 동작의 계속

1) 현재진행
❶ 일시적 현재
시간의 제약이 없는 단순 현재시제와 달리, 한정된 기간에 일어나는 현재의 일을 나타낸다.

She is   living   in Seoul   잠시 살고 있다
He is   teaching English   당분간 가르치고 있다
He is   writing some short stories. 현재 작업중이다

*단순시제와의 비교
She lives   in Seoul   거주지가 서울
He   teaches   English   영어교사이다
He   writes   some short stories. 단편소설 작가이다

*진행형은 현재의 사건을 말할 때 단순 현재시제보다 흔히 사용되기도 하는데
이는 현재의 사건이 대게 한정된 시간의 지속에서 일어나기 때문이다.

❷ 일시적 습관
한시적으로 습관적 행위가 일어나는 것을 표현할 때도 진행형이 쓰이는데, 이 경우 대부분 ,
일시적임을 증명할 수 있는 문구가 들어있음

This year   she is   having singing lessons.
            I am   walking   to school   while my car is   being repaired.
In those days,   we were   going   to school   on foot.

*그러나 습관이 아닌 산발적으로 일어나는 경우에는 진행형을 쓰지 않는다.

❸ 습관/반복
습관, 또는 습관처럼 반복되는 동작을 나타내는데, 흔히 always, for ever, continually 등의
부사와 함께 쓰여 짜증, 불만 등의 감정적 색채를 나타냄

I am   getting   at 5 this week
I am   taking swimming lessons   this summer
He 's always   writing   with a special pen   just because he likes to be differrent
He is always   grumbling.
You're continually   making poor excuses

❹ 점차 변화하는 상태에 대한 표현
The number of employed people is increasing.
Japan is gradually sinking into the sea.

❺ 미래를 나타냄
현재 진행형은 현재시제와 마찬가지로 미래를 나타낼 수 있다. 특히 왕래 발착을 나타내는 동사의 경우에 이러한 용법이 흔히 쓰인다.

We are going to Paris on Sunday
We are leaving from Kimpo Airport
Bill is coming here next week and is staying here until August
What are you doing next Sunday?

❻ 상태동사에서 지각이나 인식을 나타내는 동사와 관계동사 등은 진행형을 취하지 못하므로 단순시제가 진행형을 대신한다.
*지각, 소유, 감정, 상태를 나타내는 동사는 진행형이 안 됨.
(know, love, see, have, resemble 등)

I don't see anything there
Do you hear that noise?
I smell something burning
I feel a sharp pain in my chest

Do you taste the sherry in this pudding?
Betty loves swimming, but hates diving
Jhon knows your brother
I remember what you told me
I believe you are telling the truth

The poor dog seems ill
That house belongs to me
What you are saying matters a lot to me

*그러나 일시적인 동작과 동사의 뜻이 바뀔 때는 가능.
He is having(eating) his breakfast.
He is seeing the sights of Seoul.

❼ 친근감이나 가벼운 명령

Bill, you're going to bed early tonight /가벼운 명령
Are you feeling better today?//친근감

2) 과거진행

과거를 시점으로 하며 그 쓰임은 현재진행형과 비슷하게 과거의 진행 중인 동작이나 습관적 또는 반복적인 행동 등을 나타낸다.

I was living abroad in 1987, so I missed the general election
Mary was working on her essay last night.
It was raining all the afternoon.
When he worked here, Jimme was alwaays making mistakes
He was coughing all night

과거진행형이 과거형과 함께 쓰이면 과거진행형은 과거진행중인 상태나 행동을 나타내고 과거형은 더 짧은 시간동안의 행동이나 사건을 나타낸다. 또한 두 가지 이상의 행동이 동시에 진행되는 것을 강조하기 위해서 과거형을 쓰기도 한다.

Just as I was leaving the house, the phone rang.
Bill met Jack when he was living in Hollywood
While I was working in the garden, my wife was cooking dinner

3) 미래진행 / will / shall + 진행형(be +Ving)

미래시점에 진행되고 있을 동작이나 상태를 나타낸다.
(상대방의 계획을 정중하게 물으며 화자의 의도가 들어가지 않음)

Father will be watching a soccer game on TV when I go to bed.
I will be waiting for you there.
When will you be sending the letter? (상대방의견 존중)
When will you send the letter? (상대방에게 재촉하는 느낌일 수 있음)

* 지각동사, 상태동사의 진행형
원칙적으로는 진행형을 쓸 수 없으나 변화의 발달과정이나 일시적인 상태 등을 나타낼 때는 사용가능

I'm understanding the matter, since I heard the matter from you.
The baby **is resembling** her mother
She is being very polite today.
I **am feeling** good now.

8.2.2. 완료시제

완료시제는 동사의 시점에서의 상태가 동사 이전의 시점에 발생한 사실이 영향을 받고 있다는 의미로써, **have (has)/had pp** 의 형태로 표현한다. 일반적으로 이 형식을 공식처럼 기억하기도 하나, 이것을 관점을 바꾸어

    have/ has(had) 는 동사이고 PP(+목적어/ quiz의 답) 이하를 have 동사의 **[quiz에 대한 답]**이라고 하면 훨씬 간편하게 이해할 수 있을 것임.

    (과거에 완료된 사실을 현재 가지고 있는 것으로 이해)

    He **has(had)** already   finished his lunch. 라는 문장에서 / 현재(과거)완료
    그가 **현재(과거) 가지고 있는(있었던) 것은** / 그 시점 이전에 완료된 점심식사

결국 **동사 이전의 사실이 동사시점까지** 영향을 미치고 있는 상황이 완료시제인 것임.

완료시제가 나타내는 표현을 굳이 구별하면 경험, 완료, 결과, 계속 등 4가지용법으로 분류를 하고는 있으나 완료라는 의미가 동사시점에 이전에 발생한 사실이 동사시점까지 영향을 미치는 동작이나 상태를 의미한다고 이해하면 될 것이고 그 판단하는 핵심은 문맥에 의해서 하면 되는 것임.

    (지극히 상식적인 판단)
    /언어는 역사와 문화를 담고 있는 생활양식임을 숙지하면 자연스럽게 이해가능

    그리고 굳이 그 용법을 **기억하자면**

[과거에 일을 해서 **완료**한 **경험**으로 노력하여 좋은 결과가 발생하여.
신뢰를 얻어서 일을 **계속**했다는 story로]로 기억하면 편하게 기억할 수 있음.

완료시제 역시 **현재· 과거· 미래에 대응하는 완료시제가 하나씩 있는 것으로 이해**하면 됨

1. 완료 기본시제

1) 현재완료(have/has + pp)

현재완료는 **사실이 과거에 발생했고(pp) 그 영향이 현재까지(have/has)** 나타낸다는 사실이 전부임을 기억하면 깔끔하게 이해가능. 현재완료형으로 표시된 사건이 일어나는 시간은 과거이다. 현재완료라고 부르는 이유는 **과거의 발생한 사건이 현재에 영향을 준다는 점임**.

(기준시점이 현재이고 사건발생은 과거)

Her doll **has** **been** broken. / I **have** **lost** my watch. 현재로 [고장났다/없다[는 의미

현재완료 / 과거의 상태가 현재까지 유지

주어가 현재 가지고 있는 것은 과거에 broken 된 상태 / watch를 잃어버린 상태

반면 과거시제로 표시된 것은

*Her doll **was** broken. I **lost** my watch. 과거의 사실만 서술, 지금 상태는 모른다는 의미임.

*그러기에 과거의 사건은 의식하되 '**현재의 사실**'에 중점을 두고 말하므로 '**명백한 과거**'를 나타내는 **시간부사, 의문사 when 등과는 어울리면 안되는 것임.**

(yesterday, when, just now. ago, last month 등)

I <u>have   finished</u> reading this book   **yesterday** (x).
   (finished)

When have you **come** to Seoul ? (x) / **의문사일 경우 (when이 접속사일 경우는 가능)**
       (did)   /   외울 것이 아니라 한번만 생각해 보면 상식임.

I <u>have   finished</u> it   **just now.**(x) 지금 마친 일을 말하면서 과거부터 지금까지 마친 표현은 불가
   (finished)

현재완료의 용법 역시 크게 4개로 구분된다고 할 수 있으나 이는 상식과 문맥으로 판단하는 것이지 공식으로 암기할 것은 아니고 시간을 나타내는 부사표현들에 의해서 명확하게 뜻이 나타나게 되기에 상식으로 판단하면 되는 것임.

❶ 완료 (just, already, now, recently, lately 등의 부사)

과거에 해 오던 일이 바로 현재(순간아니 바로 직전) 마무리된 일 표현.

He **has** already   finished his lunch. / 마침

My father **has just**   <u>returned home</u>   from his office. /돌아 옴

❷ **경험** (never, ever, once, twice, often, before 등의 부사와 결합)
　과거시제를 사용하면 현재와는 전혀 연관성이 없는 경험을 표현하는 것임.
　　　Have you ever　　　been to America ?　/다녀온 적
　　　Have you　　　met her　　　before. /만난 적
　　　Have you ever　　　seen my glasses? / 본 적
　　　She **has**　　**given** an interview　　only once　　in her life./ 준 적
　　　*이 문장은 그녀가 다시 인터뷰를 할 수 있다는 점을 내포하며,
　　　과거형을 사용할 경우는 과거 사실만 전달하여 추가 인터뷰 여부는 모름.

❸ **결과**: 과거의 일이 현재까지 영향을 미쳐서 그 결과로 [지금은 ~ 하다]라는 의미를 보유
　　특별히 함께 쓰이는 표현어구가 없음.
　　The train has　　arrived　　on Platform 3. /도착한 결과
　　(The train is now on Platform 3.)
　　He's　broken his arm　(= His arm is broken) /He's (He has) /부러진 결과
　　She **has gone** to Japan. /일본으로 가서 여기 없다. **(결과)**

　　* She **has been** to Japan ./ 일본에 다녀온 적이 있다. **(경험)**
　　I have beeen to the station to pick up my mother. /
　　엄마 pick up 하러 다녀 온 결과/ 엄마를 pick up 한 경험을 표현하는 것은 어색)
　　(이 경우에는 역에 다녀왔다는 **완료**의 의미가 더 타당)
　　* 결국 문맥에 따라서 파악하는 것이 중요
　　* 완료와 결과는 구별하기가 딱 떨어지지 않는 경우도 있기 때문에 완료를
　　　표현할 경우에는 <u>just, already, recently</u> 같은 부사를 통해서 확인해 주는
　　　경우가 대부분.

❹ **계속** : long time, since, for 등의 시간표시 부사가 나타남
　　　(과거의 동작이나 상태가 현재까지 계속되고 있는 경우)
　특히 이 용법의 경우 현재완료 진행을 사용할 경우 훨씬 명확하고 강조의 의미가 있음

　　They have　　been unhappy　　for a long time
　　She has　　owned her house　　since her father died
　　We have　　studied English　　　for six years.

2) 과거완료 (had+pp) (경험, 완료, 결과, 계속)

과거완료는 현재완료의 시점을 과거로 한 단계 옮겨 놓은 것으로 과거 이전부터의 발생한 사실이 과거시점에 영향을 미치는 사실을 표현할 때 사용하는 표현으로 기준시점이 과거임.

I had injured my leg, so I couldn't go there.
　내가 (과거에)가지고 있었던 것은 (그전에) 상처난 다리
They had moved into the house before the baby was born.
Bill was ten when the story begins. His father had died two years before.

그러므로 완료시제는 두 행위의 시간차가 분명히 드러날 때 이용된다.

No sooner had he arrived **than** we **had** to leave again
　*than 으로 시간의 차이가 분명하나 그 차이가 크지는 않음 (결국 [하자마자 바로[의 의미)
*유사한 의미의 구문이지만 as soon as 는 동일한 시제를 쓴다.
As soon as he **arrived**, we **had** to leave again
　*두 사건이 거의 동시에 일어남

* 대과거 / 과거보다 앞선 일을 나타냄
I lost the purse that my sister **had bought** for me on my birthday
　기준과거　　　　　　　　　대과거

과거완료 용법
현재완료와 같은 개념의 용법으로 단지 시점만 한 단계 뒤로 후퇴시킨 개념으로
보다 명확한 의미는 부사표현에서 나타나게 됨

❶ 완료
When she **had read** the letter, she burst into tears.
He **had already** left when I arrived at his home
Spring had come again by the time she was well

❷ 경험 (never, once, often, before 등의 부사와 결합)
I knew him at once, because I **had seen** him several times before.
She knew the man since she **had seen** him before
Juliet was excited / because she **had never** been to a dance before.

❸ 결과
They found that the man **had gone** to a foreign country
I had lost my notebook / when I was in Paris.

❹ 계속
She **had been** in Seoul for 3 years when I met her on the street.
When I met him, John **had lived** / in Paris for ten years.

* 과거완료는 과거보다 이전의 행위를 나타낸다.
The patient had died when the doctor arrived
When I reached the station, the train had already started.
I gave him the book that I had bought the other day

* 이루어 지지 못한 희망이나 바램을 과거완료로 표현하기도 한다.
hope, intend, meaan ,want ,desire 등의 동사의 과거완료는 과거의 희망이나 바램이
실현되지 않았음을 나타낸다.
I had hoped to send him a telegram to congraturate him on his marriage,
but I didn't manage it.
I had expected that he would succeed.

* 과거완료는 또한 [과거사실의 반대를]나타내는 가정법 과거완료에 사용되며
no soonr A, than B .
hardly(scarcely) A when(before) B 의 구문에 사용된다. (A 가 먼저 발생 후 B발생/ A 한 후에 바로 B)

If I h**ad had** enough time , I **would have helped** him./ 가정법 과거완료
I wish I **had been** rich at that time / I wish 용법
No sooner **had they seen** a policeman come
than they **ran** away. 보자마자 달아났다
Scarcely(Hardly) **had he opened** the door 문을 열자마자
before(when) he **saw** so terrible a sight. 보았다

3) 미래완료 / will +have +pp

미래의 한 시점을 기점으로 해서 그때까지의 어떤 동작의 경험,완료, 결과, 계속의 의미를 나타낼 때 사용. 통상 미래의 어떤 때를 나타내는 어구를 동반함. 그 분류는 동사에 따라서 결정된다고 보면 될 것임.
말하가 보다는 글쓰기에 주로 사용됨.

❶ 완료

You **will have arrived** in Rome by this time **tomorrow**
I **will have read** this book **by tomorrow**
By next week, they will have completed their contract.

❷ 경험

He **will have seen** much of the world **by that time.**
If I climb Mt. Seorak once more, I shall have climbed it **ten times.**

❸ 결과

He **will have bought** a house **by that time**

4 계속

He **will have seen** in hospital for a month by next Sunday
You **will have lived** here for five years by next July

2. 완료진행 시제

1) 현재 완료 진행   have(has) been Ving

❶ 과거의 행위가 현재까지 진행되고 있어 진행의 의미를 강조할 때 사용.

We have been studying English for the past six years.
My sister has been writing letters in her room all morning. (동작의 계속)
He has been cleaning the room.(*치우고 있었는데 아직 다 치우지지 않았다.)

❷ 과거의 행동이나 상태가 막 끝났을 때.

Have you been crying? / 막 울음을 그친 상태 표현 할 때(눈이 빨개 것을 보고)
I've been waiting for him for an hour.
　　기다리던 사람이 오자 / 1시간을 기다려 왔다는 표현

2) 과거완료진행 / had been Ving
과거 이전에 일어난 행위를 나타냄

I had been listening to the radio until I had a telephone call from you.
I had been sleeping when she came into my room
She had been playing the piano when I came home.

3) 미래완료진행 / will have been Ving
현재의 행위가 미래 어느 시점까지의 동작의 계속을 나타냄.
미래시점을 표시하는 어구를 동반

It will have been raining for a week **by tomorrow**
I will have been learning English for five years **next March**
I will have been teaching English for more than ten years
by the end of this year.
By Monday, We will have been living here for three years

8.3 조동사 (Auxiliary Verb)

조동사는 동사가 나타내는 의미를 추가적으로 나타냄으로써 동사의 도우미 역할을 하며 그 위치는 동사의 앞에 위치합니다. 이 때 조동사는 본동사의 내면의 의미를 보충시켜 주기에 영어는 주어와 가까운 데서 부터 먼 곳으로 나열하는 영어의 원리에서 보면 조동사는 [심적태도나 심정] 등을 나타내기에 주어의 내면에 있고 본동사는 주어의 외부에 있기에 본동사보다 먼저 나온다고 이해하면 될 것입니다.

또한 조동사는 그 의미가 모두(조동사로 쓰이는 do 제외) 미래의 일에 대한 표현을 하는 것입니다.

그리고 would ,should 역시 기본적으로 는 will ,shall의 과거형이 본질인 것입니다. 여기에 미래의 일을 나타내는 표현에서 단순미래, 의지미래, 말하는 사람의 의지, 듣는 이의 의지, 습관, 운명, 의무 등의 용법들이 발생하는 것입니다. 그러나 이런 표현들은 외울 일이 아니라 자연스러운 미래의 표현이기에 크게 신경을 쓰지 않아도 되는 것입니다. 오직 미래의 표현이고 조동사에 따라서 그 표현 강도가 차이가 있는 점만 기억하면 될 것입니다.

1. 조동사의 특징

❶ 조동사 다음에 오는 동사는 반드시 동사원형이 온다.
   You may go out   and play
   He must be a teacher

❷ 언제나 원형을 사용 / 3인칭 단수 현재시제: -(e)s를 붙이지 않음.
   She can swim   better   than I
   She must do   her homework.

❸ 의문문에는 조동사가 앞으로 부정문에는 조동사 다음에 not 을 사용한다.
   조동사 의문문은 대부분 **묻는 조동사를 사용행서 대답**하나 일부 의미차이가 있는 경우에는
   다른 조동사 사용.

   May I go   out?   / No, you must not.
                           /허락을 구했는데 금지를 하니까 must 를 사용
   Can I look   at the picture   / No you can't
   May I come   in? / Yes you may.

❹ 조동사는 둘 이상을 함께 쓸 수 없다

You **will can** speak   English well   soon(×)
→ You **will be   able to** speak English   well soon. (O)
He **will must** study English hard (×)
→ He will have to ~
He **will not come** back to Korea .
He **will cannot** come back to Korea . (×) /cannot는 붙여서 사용
→ He **will not be able to** come back to Korea

*법조동사(modal auxiliaries)
 서술하는 주어의 내면적인 심적태도나 심정을 나타내는 조동사를 법조동사라고 하면 법조동사는 한문장에 1개만 사용하여야 한다.
또한 could, might, would 등은 can, may, might 의 과거형이기도 하지만 독립적인 조동사로써의 의미를 가진다. 특히 이들은 <u>현재시제보다 한 걸음 시제가 뒤로 후퇴한 과거시제로써</u>
과거를 의미할 뿐만 아니라 **겸손, 정중한 표현과 추측의 의미를 나타내는 기능**을 한다.

* 법조동사의 분류

능력 허가	can, could can, could, may, might
의지,소망 의무,필요	will would shall may should ,ought to v must, have to v , need to
가능성,추측	can, could, may, might, will, would, should ,ought to V must, have to V
가정	could, would, might
과거의 습관	used to v , would

2. 조동사의 종류

1) Do, Does, Did

❶ 일반동사의 부정문, 의문문을 만들 때 사용

He **does** not study hard /3인칭 단수

How much money **do** you need?/ 1.2인칭, 복수

What **did** you do ? / 과거

*He **is not** honest / be 동사뒤에 not

John **has not** finished his work yet. / 완료를 만드는 have 동사뒤

Has John finished his work yet? /완료의 have 동사일 때는 앞으로.

❷ 대동사/ 부가의문문 /의문문에 대한 대답

Who painted the this picture? / John **did**. (painted를 대신함)

Do you know much more than I do?(know를 대신함)

You played the piano yesterday, **didn't** you ? / Yes I **did**.

❸ 동사의 강조

Do be quiet, boys!

I **do** hope he will succeed.

I **did** meet her yesterday

She does study English hard .

❹ 도치구문일 경우

I never saw such a pretty girl

→ Never **did** I see such a pretty girl

2) can, could

❶ 능력/가능성 (~을 할 수 있다. be able to)

* 능력   You could sell him the <u>Brooklyn Bridge</u>. 팥으로 메주를 쑨다 해도 믿는다.
            (뉴욕에 있는 크고 오래된 다리)
         I can play the piano.
* 가능성   Anybody can make mistakes.
         The road can/could be blocked.
         We could go to the concert.
         You can attend an advanced Class.

❷ 허가(허락)(~해도 좋다:may)요청

Can/ Could I smoke in here / could 는 겸손의 표현
   You can have my seat .
   Can I borrow your dictionary?
   Can I have a glass of water?

❸ 강한 의심 (과연..일까?)

Can it be true?
Who can he be?
He can't be a painter / 현재의 부정적인 추측(~일 리가 없다): can't
You can't have seen her. She died young before you were burn.
   / can't have pp (과거의 부정적 추측 / ~했을 리가 없다)

❹ 공손한 부탁

Could you show me the way to the hotel?
Could you lend me your book?

❺ can't (cannot) but + 동사원형 = cannot help ~ing : ..하지 않을 수 없다.
[부정 (not)의 부정(but)은 **긍정의 강조**]
I can't but laugh . /웃는다
I can't but believe him./ 믿는다

3) may
might(좀 더 공손한 요청 또는 시제일치를 위한 것)
*부정문에는 must not 이 더 많이 쓰임

❶ 허가(~해도 좋다)

May I use   your dictionary ? - Yes, you may
　　　　　　　　　　　　　　-No, you may not (불허가) / must not(강한 금지)
You amy borrow   my car   if you want.
She asked   if she might go   to the party.

❷ 불확실한 추측, 과거의 추측(~일지도 모른다)

The romour may be   true.(현재 미래의 추측)
             may have   been true(과거의 추측)
The road may be   blocked
You may lead   a horse   to the water   but you can''t make it drink
What you say   might be   true

❸ 능력/가능(can의 약한 의미)

You amy get   the book   at that store

❹ 기원문(~하소서)

May   all your dreams come   true!
May   you rest   in peace!
May   you God blessed

❺ 양보절

Try   as he may,   he will not pass   the exams.
Try   as he might,   he could not persuade   his friends to go

❻ 관용표현

1. ~that(so that, in order that) S +may(might) (목적절)

    You must work   hard (that/ so that/in order that) you **may** succeed.

     I got up   early   so that I might catch the train.

2. whatever you may say ~(양보:..할지라도)

    Whatever you may say, I will not believe   you.

3. may well + 동사원형: ..당연하다

    She may well be   angry

    You may well be   proud of your success.

4. may as well : had better ..하는 편이 낫다.

    You //may as well : had better // do   the work   at once.

                       give up   the plan.

4) Must

(1) 의무나 강제

You must be back by 11:00

Yesterday you had to be back by 11:00(과거)

You needn't(don't have to) be back by 11:00 (부정)

You must not smoke here

We **have got** to study hard to succeed. (구어체)

You will have to go there (미래형)

(2) 논리적 필연을 나타내며 평서문에서만 쓰이고 부정문 및 의문문에서는

    대신 can이 쓰인다.

There **must be** a mistake.   He **must be** seventy now.

There **can't** be a mistake.   **Can** there be a mistake ?

5) ought to / need / used to / dare

❶ ought to +동사원형(should보다는 강하고 must 보다는 약함)

You ought to start at once

You oughe to support your family

You ought not to(=should not) say so.

❷ need ~ 할 필요가 있다

긍정문에서는 본동사로 부정, 의문에서는 주로 조동사로 쓰인다.

He needs to work hard

I need not (= don't have to) go alone

Need he attend the meeting?

❸ used to + 동사원형

    과거의 규칙적인 습관(상습적 동작)

He **used to** go to church on Sundays

He used to take a walk in the park.

Father **used to** say that money isn't everything

    과거의 상태

There **used to** be a big tree next to my house

He lives here before + He doesn't live here any more

→He **used to** live here

* be used to+명사/동명사 : ~ 에 익숙하다/ 익숙해 있다

John **is used to getting** early in the morning

Mary **is used to** Korean food.

Mary **is used to speaking** in public

❹ dare / 감히 ~하다

He dares to say so.(본동사)

He dare not speak to her(조동사)

How dare you say so?(조동사)

6) will, shall / would, should

(1) will

will 은 미래에 대한 생각을 누군가(말하는 이 ,듣는 이 등)의 판단에 의한 미래의 행위에 대한 표현이라는 것만 느끼면 될 것입니다. 이를 좀 더 세분해 보면 다음과 같이 정리할 수는 있을 것입니다.(미래의 일 중 shall 의 의미인 미리 정해진 일 빼고는 모두 will로 보면 될 것임)

❶ 주어의 의지를 나타낸다.
 I will kill you.   I will marry you

❷ will not = won't 의 형태로 쓰여 무생물의 정해진 기능이 안 됨을
 사람에게는 거부하는 느낌을 표현 /고집
The door won't open (doesn't을 써도 비슷하지만 애를 썼다는 의미가 내포)
The car won't start.

I told him to payback but he won't. 거부하는 느낌
The workers don't work today. 휴가라서, 쉬는 날이라서 일을 안함
The workers won't work today. 일을 거부함(파업 등 안하려는 의미)

❸ 부드러운 명령
 You will leave here tomorrow 내일 여기를 떠나도록 하시오

❹ 상대방에게 의뢰하거나 권유
 Will you lend me some money?
 *Would를 쓰면 더 정중한 표현

❺ 습성, 경향(..하곤 한다/..하기 마련이다/ ..하는 경향이 있다)
 He that will steal a pin steal an ox.(바늘 도둑이 소도둑 된다)
 The man will pray for hours before dinner

❻ 추측(아마도 ~ 겠지)
 She will be your fiance
 That will be your money

(2) Shall   미래에 ~하기로 되어 있다.(미리 정해 짐)

shall 의 의미는 유럽(영어권국가)의 봉건제도시대에는 일반인들이 부담해야하는 일들이 많았기에 그럴 경우 사용하는 미래의 표현이 shall 이었던 것입니다. 그러나 산업혁명 이후 그런 악습이 제거되고 개인의 자유가 존중되는 시대로 접어들면서 제약을 나타내는 shall의 사용은 줄어들고, 대신에 자유의지를 의미하는 will을 사용하는 영역이 그만큼 커진 것입니다. 그러나 시대가 변했더라도 shall의 본래 의미(미래에 하기로 되어 있는 정해진 일)는 변하지 않았기에 이런 표현을 해야 할 경우에는 나타내는 것은 그대로 shall을 사용해야 하는 것입니다.

Korea shall prosper forever. / 예언적 표현
Ask, and it shall be given to you 구하라 그러면 얻을 것이다.

(3) would

❶ 과거의 습관, 경향
 He would sing every night when he was in London
 He would come to Seoul to try some kimchee

❷ 과거의 고집(..하려고만 했다/한사코 ~하지 않으려 했다)
 He would not take the money

❸ 소망(..하고 싶다:wish to)/ would like to
 If you want , I would go with you.
 I'd like to have ice cream.
 I'd like to have a baby
 I'd like to die as soon as possible
       fly as a bird
       date with a beautiful girl
       make a lot of money
       get well

❹ 과거의 추측
 He would be only 15 when he was at college

❺ 공손한 표현(would you~?/ ~ 을 해주시겠습니까?)/ 시제를 하나 뒤로 미루어서 겸손을 표현
Would you please take her to the United States?
Would you please pass me the salt?

* Would (마음, 의향 등에) , Could (조건 ,상황, 부탁, 가능성 등에 대해) 의 비교
Would you marry me ?   마음, 의향을 물어볼 때
Would you lend me some money?
Would you be my wife?
Would you mind closing the door?
Would you mind If I turn off the air-conditioner?

Would I 라는 표현은 쓰는 것이 부적절/자신에게 공손한 표현은 어색

Could you marry me ?   능력있니? /조건 상황 등을 물어볼 때
Could you lend me some money? 상황을 물어봄
Could I have a glass of water?   식당 공항 등에서 사용하기 좋음
Could I have some menu please ?   부탁 등을 할 때
Could I see your Pass port?   (can 도 사용가능/ 무례한 건 아님))
Could you help me please?
Could you get me some coke please?

❻ 과거의 불규칙적인 습관(..하곤했다)
   (often, sometimes/비교적 짧은 기간에 가끔 행해진 불규칙적인 습관)
*used to: 비교적 오랜 기간에 걸친 규칙적인 습관(과거의 일을 개관적으로 현재와의 비교에 쓰임)
He would go fishing those days.

❼ would rather ..... (동사원형) than ~ (동사원형)
       (~ 하기보다는 차라리... 하고 싶다)/결론이 앞에
I would rather go home than stay overnight with you.

❽ 시제의 일치

(4) should

❶ 의무/당연 (..해야 한다 :ought to) must보다 약한 의미

You should do as he says

One should be kind to others

They should be home by now

He should speak English very well

❷ 정중, 완곡한 표현(..하고 싶다)

I should like to do it.(영국식) : would like to (미국식)

I should say you are in the wrong.

❸ 이성적 판단, 감정

curious, essential, (im)possible, important, natural, necessary

obligatory, odd, queer, proper, regrettable, right, surprising, unfortunate, wrong

It is necessary(natural, strainge) ~ that you should ~

I am surprised that he should feel lonely

It's a pity that he should resign

It is odd that toy should say this to me

It is necessary that he (should) work hard

    natural that John (should) get angry

     strange that you (should) fail

❹ 충고, 제안, 주장, 명령, 요구 등의 다음에서

  *미국영어에서는 흔히 생략/생략하면 뒤에 동사원형 (조동사 다음에는 동사원형이니까)

suggest, demand, order, desire, wish, request, propose, insist 등

The doctor advised that I (should) take a vacation.

I suggested that Mary (should) go to school

He suggested that I (should) clean my room.

She proposed that John (should) travel by bus

I insisted that Mary (should) make a speech.

The doctor ordered that the patient (should) not go out.

❺ 순수한 가정

If you should change your mind, please let us know.

If you should see him, give him my regards.

❻ 가정법 미래의 조건절에서 인칭과 관계없이

가정법과거의 주절에서 사용

If he should be diligent, I will employ him

If I knew the truth, I should tell you

❼ Lest 나 for fear가 이끄는 종속절에서

He walked on tiptoe lest he should wake up the sleeping baby

He is working hard for fear that he should fail

❽ should (또는 ought to) + have + pp

마땅히 했어야 하는 할일이 실현되지 않았음을 나타냄

You should have come earlier

You should have submitted your application form by May 20th

❾ 뜻밖의 일 놀라는 일 / 감정의 표현

Who should come but the father himself!

Who are you that you should talk to me like this?

❿ 예상, 기대 : 아마 ~일 것이다

He should be here soon

3. 조동사 + have pp

❶ must +have pp /틀림없이 했을 것이다.
　He must have studied hard.

❷ can't　have pp /틀림없이 안 했을 것이다 / 했을 리가 없다
　He can't not have studied this exam.
　He can't not have done such a foolish action.

❸ would have pp　했을 것이다 /강한 추측
　He would have bought it..

❹ should have pp　했었어야 했다 (못해서 후회된다)
　I should have said sorry to her.

❺ could have pp　할 수 있었다 (그런데 못했다)
If I had stuided harder,　I **could have passed** the exam.
She could have been excited. (may, might와 같은 의미)
If she hadn't cleaned the room, an accident **could(might의미) have happened**.

❻ may (might) have pp　　할 수 있었을 지도 모른다
He may(might) have stuied English hard. /might 이 좀 더 약한 추측
My book　is gone, She might(may) have stolen it. /그녀가 훔쳐 갔을 확률 반반
If she had seen the book, she might(may×) have stolen it. / 그녀가 훔쳐가지 않음

* 참고

be 동사와 **have 동사를 시제나 태를 만들 때 조동사로 구분**하는 경우가 있으나
필자는 이것은 동의하지 않고 원래대로 be동사 일반동사로 구분하는 것이 원리에 맞음.

1. be 동사의 경우 **진행형과 수동태**로 사용될 경우 조동사라고 하는 견해가 있는데
He **was watching** TV when his mother came to see him.
It **is getting** more winter-like day by day.
Wine **is made** from grapes.

 이 경우 was 나 is를 조동사라고 하는데 이는 동의하기 어려움. 만일 이 동사가 조동사라면
뒤에 본동사(동사원형)가 나와야 하는데 watching 이나 getting 이 동사원형이 아니기에
조동사라고 규정짓기는 무리라고 판단됨. 그냥 be동사를 본동사라고 하면 깔끔.

2. have 동사가 완료시제와 완료진행, 완료수동시제로 사용될 경우 쓰이는 have(has, had)
 동사를 조동사라고 하는 견해가 있는데

 I **have   (had) finished** my homework before my mother came home.
         내가 가지고 있는(있었던) 것은   숙제를 마무리한 것
I h**ave never studied** English.
     내가 가지고 있지 않은 것은 영어를 공부한 것. never를 뒤로 놓으면
     내가 가지고 있는 것은 영어공부 하지않은 것으로 이해하면 될 것임.
My car **has been repaired** by them.
     내 차가 가지고 있는 것은   수리된 상태 / 수리한 사람은 그들

 이 경우도 그냥 [have를 가지다] 라는 본동사(일반동사)로 이해하면 될 것임.

8.4 준동사

준동사는 동사가 변형되어 문장에서 명사, 형용사, 부사 등의 기능을 하기 위해서 동사를 변형시킨 것을 말하는 것으로 이는 영어는 한 문장에 동사가 한 개라는 원칙이 있어서 추가로 나오는 동사를 한 문장에서 표현하고자 하는데서 출발한다고 생각하면 이해하기 쉬울 것임.

* to 부정사 / 문장에서 명사· 형용사· 부사역할을 함
* 분사(품사는 형용사) /   현재분사
                        과거분사
* 동명사(품사는 명사) / 명사와 같은 역할로써 문장에서 주어 목적어 보어 역할

8.4.1. to 부정사

to V(동사원형) 형태로 그 자체로는 문장에서 역할이 **정해지지 않은 것을** 의미한다.
to 부정사는 **문장에서의 역할**에 따라 명사, 형용사, 부사인지가 결정된다.

1.부정사의 용법

1) 명사적 용법 ; 명사는 문장에서 주어(S) 목적어(O) 보어(C)의 역할을 하는 품사

* 주어 역할   To tell a lie is wrong -〉 It is wrong to tell a lie.
              It is my wish **to travel** around the world.
              To see is to believe

* 목적어 역할   She wanted **to be a nurse.**
              I sound it difficult to solve the problem.

*의문사+ to부정사 (명사구)   I don't know what to do,
                              where to go

* 보어 역할   My hobby is to collect stamps.
              My job is to look after flowers.
              To see is **to believe**

2) 형용사적 용법

(1) 한정적 용법 / 명사, 대명사를 뒤에서 수식할 때
(원래 한정적 용법은 명사앞에서 수식하는 것을 기본으로 하나 영어의 특징이 한 단어만이 앞에서 수식하고 2 단어 이상은 뒤로 가는 특징이 있어서 명사 뒤로 온 것임)

There are many sights **to see** here

Tom has no house **to live in**

Please give me a pen **to write with**

(2) 서술적 용법 / 문장의 보어로써 형용사 역할을 하는 경우

She seems to be sick.

** be to 용법 / 원래 의미는 미래의 의미로 [~ 하기로 되어 있다] 에서 파생된 의미표현으로
[be + to V (주격보어)]가 형용사 역할을 하기 때문에 형용사적 용법이라고 하나 의미만 파악하면 됨.

기억법(스토리와 이미지로) / 분단국가의 **운명**은 국방의 **의무**이기에 곧 입대할 예정

❶ 운명(~할 운명이다) He was never **to see** his home again.

❷ 의무(~하여야 한다) You are **to finish** it by six.

❸ 예정(~하기로 되어 있다) We are **to meet** her at 9 o'clock.

기억법 / 최전방에 배치 받아서 북한군의 **의도**를 막을 가능한 방법을 구상

❹ 가능(~할 수 있다)   Nothing(No one) was **to be seen**

❺ 의도(~ 하려면)   If you are **to succeed,** you must work hard./ 조건절

*주의 /서술적 용법과 명사적 용법의 구분

to 부정사가 보어로 쓰일 때 명사적 용법의 to 부정사는 주어와 도치가 가능하지만 형용사적 용법의 to 부정사는 도치가 불가능 (형용사는 주어자리에 올 수가 없으므로)한 것이 일반적임(그러나 ❺가능의 경우 도치가 가능하기에 이 경우 형용사적 용법인지는 생각해 볼 여지가 있음) 결국 문법적으로 어느 부류에 넣어서 현학적으로 분석하기 보다는 언어는 다양하고 예외도 많기에 이런 것이 있구나 하는 정도로 이해하고 그 의미만 파악하면 충분한 것으로 이해하면 좋을 것임.

My plan is to go to Seoul for sightseeing. (명사적용법)

→ To go to Seoul for sightseeing is my plan (ok)

They are to go to Seoul for sightseeing, (형용사적 용법)

→ To go to Seoul for sightseeing is they. (×) 문장이 안됨

3) 부사적 용법 / 부사는 6하 원칙 중 when, where, how, why의 4개의미의 역할을 하기에
아래의 분류도 그런 원칙에서 자연스럽게 이해하면 되는 것임.
/ 앞에서부터 해석하기가 중요함

❶ 목적 : ~하기 위하여, ~하려고 (to를 and 로 바꾸어 도 가능)/
I worked hard **to pass** the entrance examination.

❷ 결과 : ~하여 ...하다. (to를 and 로 바꾸어 도 가능)
He grew up **to be** famous scientist. 자라서 과학자가 되었다.
The frog tried several times, **only to fail.** 결과는 실패였다

❸ 감정의 원인 ~.하여서, ~하니, ~하고(why 라고 물어봐서 말인 되면)
I am glad to **meet** you.
I am sorry to give you so much trouble.

❹ 이유, 판단의 근거: ~하다니, ~하는 것을 보니 (why 라고 물어봐서 말인 되면)
He must be honest to say so.
He was foolish to agree to the proposal.
He must be genius 새 solve the problem.

❺ 조건: (만일) ~라면(if)
I would be happy **to date** that beautiful girl.
You will be punished to do it again.

❻ 형용사, 부사, 동사 수식
He is **old enough to swim**.
John isn't **tall enough to reach** the ceiling. (형용사,부사+enough)

❼ 양보
To do my best, I couldn't win the game. (상반되는 내용일 경우)
  최선을 다했지만   경기에 이기지 못함
To do her best , She couldn't pass the exam.

❽ 정도

He is too old to do the work.

He was too tired to run faster.

* 목적과 정도의 구별

   I got up **early/ so** that I might be in time for the class

    → I got up early so as to be in time for the class

       일찍 일어나서   그래서 수업시간에 맞추도록 (목적)

   I got up **so early** that I could be in time for the class

    → I got up **so early** as to be in time for the class

    → I got up **early** enough to be in time for the class

      그렇게 일찍 일어나서 그래서 수업시간에 맞출 수 있을 정도로 (정도)

약간의 뉘앙스 차이는 있지만 크게 구분하지 않고 이해해도 의미는 거의 같음
번역가들의 영역으로 넘기고 편하게 이해하면 될 듯 /형태를 보면 so의 위치에
따라서 의미가 달라지는 것을 알 수 있는 바   앞 문장은 **so that 의 의미**로
so가 that 이하를 강조하는 느낌이고 뒷 문장은 **early를 강조하는 역할**을 하고 있음.

2. 원형부정사: to 가 없는 부정사

전치사 to 는 기본적으로 거리가 있는 것을 연결해주는 다리의 개념으로 to 부정사에서도(전치사라고는 하지 않음) to 가 있다는 것은 앞·뒤사이에 거리(물리적, 정신적)가 있다는 의미임.

결국 to 부정사에서 to 를 생략한다는 것은 물리적인 거리가 가깝거나 정신적인 거리가 가깝다(친하다)는 의미을 내포함. 또 to 부정사는 미래를 나타내기에 사역의 의미와 지각을 나타내는 동사들이 미래를 표현하는 to 부정사와는 맞지 않는 것이기에 원형부정사를 사용한다고 할 수도 있으나 첫 번째 이유로 기억하는 것이 이해하기 훨씬 편리.

1) 지각동사 (물리적 거리가 가까워야 지각이 가능하니까)

감각기관을 통해 어떤 사실, 사건, 동작 등을 뇌로 인지하는 동사

see look at, watch notice, hear, smell 등 /5형식 동사로 사용됨

I saw him **enter** the building. -〉 He was seen **to enter** the building by me.
(수동태에서는 살아남)

I heard him **go** out.

2) 사역동사(둘 사이가 친하다는 의미이니까)의 목적보어를 원형부정사를 사용
(사역은 무조건 해야 하는 의무의 느낌)

I **let** him go swimming.　　　　**let 은 허락하는 느낌**

I **made** him go swimming.　　　make는 강하게 요구하는 느낌(강압)

I **had** him go swimming.　　　have는 완전한 주인이니까 고용주 느낌

I **got** him **to go** swimming.　　준비되지 않은 미래의 일을 가지니까 설득의 느낌

I **help** him **(to) go** swimming.　　**둘 다 가능(다만 to 부정사는 미래의 일이기에 사정이 발생하면 못할 수도 있는 느낌이고 원형부정사는 무조건 해야 하는 느낌.**

* help의 원래 의미는 꺼내주다 라는 개념이기에 도와주다는 의미로 진화된 것임

<u>can't help Ving</u>　　~하지 않을 수 없다(해야만 한다)라는 의미는 [꺼내 줄 수 없다] 라는 의미임

He can't help studing.　　공부하는 것을 꺼내줄 수 없으니 공부를 해야 한다는 의미인 것임

What **makes** you **think** so?

I **had** her **clean** my room. 남에게 시킨 것.

* 의미를 강조할 때 원형부정사를 사용함

All I want to do is (to) take a rest / 행위자체를 강조할 때는 원형부정사

3) 부정사의 의미상의 주어

❶ 문장의 주어와 같을 때

I expect to succeed => I expect that I shall succeed.

I hope to go abroad.

❷ 문장의 목적어와 같을 때

I expect **him to succeed** => I expect that he will succeed.

He asked **me to clean** the room. => He asked that I will clean the room.

❸ for+목적격+to부정사

　사람을 주어로 사용하지 못하는 형용사의 경우(비인칭 형용사)

It is **difficult for** me to solve the problem.

It is **necessary** for him to start at once.

I thought it **difficult** for her to solve the problem.

❹ of+목적격+ to부정사 / 사람이 주어가 가능한 형용사

kind, nice, foolish, wise, clever, careful, good, honest, silly, rude 등

사람의 성질, 성격을 나타내는 동사에는 for 대신 of 를 사용(of 라는 전치사는 동격 내지 부분집합을 의미하는 전치사이기에 같다는 의미를 내포한다고 이해)

It's very **kind of** you to help me. -> **You are very kind** to help me.

❺ 의미상의 주어가 일반인일 때는 (for ~ ,of ~ 등을 생략)

It is impossible to master English in a year or two.

It is wrong to tell a lie.

4) 주의해야 할 부정사

(1) 부정사의 시제

❶ 현재+단순부정사 / 현재에서 본 현재 이야기

He seems to be poor. -〉 It seems that he is poor.

❷ 과거+단순부정사 / 과거이야기

He seemed to be a great scholar.-〉 It seemed that he was ~

❸ 현재+완료부정사 / 현재에서 본 과거사실

He seems to have been a great scholar.-〉 It seems that he was(또는 has been) ~

❹ 과거+ 완료부정사) / 과거에서 본 더 이전 이야기

He seemed to have been rich -〉 It seemed that he **had been** rich.

❺ 미래동사 현재 +단순부정사) / 미래에 대한 희망이야기(동사가 미래의미 동사)

hope, expect, intend, want, wish 등

I hope to succeed in the exam.
  -〉 I hope that I will succeed in the exam.   현재입장에서 미래
         hoped   would   과거입장에서 미래

He expects to become a lawyer.
  -〉 He expects that he will become a lawyer.   현재입장에서 미래
         expected   would   과거입장에서 미래

❻ 미래동사 과거 + 완료부정사 / **과거에 이루지 못한 소망**

I hoped to have succeed in the exam.   바랬지만 실패

He expected to have become a lawyer.   기대했지만 실패

❼ to 부정사의 진행형 / to be Ving

He seems **to be enjoying** the game.

The ship seemed **to be standing** still.

(2) 부정사의 부정 : 부정사 바로 앞에 not, never

He told me **not to go** there   그는 나한테 말하기를 거기 가지 말라고
  He did not tell me to go to there 〉 그는 말하지 않음 내가 거기 가는 것을
He walked quiely **not to wake** her up.   깨우지 않으려고
He asked them **not to make** a noise.   소란을 피우지 말라고

(3) 대부정사 : 앞에 나온 동사의 반복을 피하기 위해서 to 만 남겨놓고 동사는 생략.

You may **go** if you want **to** (go)
Minho didn't **pass** the test he still hopes **to** (pass)
She **went out**, though I had told her not **to** (go out)

(4) to 부정사의 수동태 / to be pp 꼴 (일반적인 수동태 꼴로 이해하면 됨)

Kennedy wanted **to be respected** by him.
Some people were **to be lost**.

(5) 감탄문을 만드는 부정사

To think that such a little boy should have done that!

(6) 의문사 + to 부정사 / 명사구로 많이 쓰이는 꼴

　　when to go where to go how to study
　　which to eat   what to do (who 와 why 는 없슴)

(7) 독립부정사

사실대로 말하자면	to tell the truth
솔직히 말해서	to be frank with you
설상가상으로 (금상첨화로)	to make matters worse(better)

이상한 말이지만	strange to say
말하자면	so to speak / as it were
정직하게	to be honest

| 다른 말로 바꾸어 말하자면 | to put it another way |
| 요약해서 말하자면 | to make a long story short (= in brief / in short) |
| 무엇보다도, 먼저 | to begin with/ in the first / above all
for one thing / first of all |

| ~은 말할 필요도 없이 | to say nothing of / not to speak of
not to mention/ let alone / needless to say |

8.4.2 분사

1) 분사의 종류 (고향은 동사, 품사는 형용사)

(1) 현재분사

❶ be+현재분사 / 진행형

He is swimming in the river.　　(현재진행)

He was swimming in the river.　　(과거진행)

He will be writing a letter tomorrow.　(미래진행)

❷ 자동사의 현재분사 / 진행

　a sleeping baby

　타동사의 현재분사 / 능동

an exciting game

(2) 과거분사 / 수동, 완료의 의미

❶ be + pp / 수동태

He will be given a prize by the principal. 미래수동태

The work must be done by him.　　　수동태

❷ 자동사의 과거분사 / 완료 ：have(has,had) + pp

I have been sick since last Sunday.　　현재완료

　　will　have been　　　　　미래완료

　　　had been　　　　　　　과거완료

❸ 타동사의 과거분사 / 수동

　an excited woman/spectator

* 감정형용사

❶ 현재분사 /감정을 부여해서 늘 항상 그렇다는 의미로 사람이 아닌 영화 게임 등에

　　　(사람은 감정이 항상 같을 수가 없으므로 사람에게 사용 못함)

excting, interesting, shocking, surprising, boring, moving / 늘 그렇다는 의미

❷ 과거분사 /감정을 일시적으로 가진다는 의미로 사람이 일시적으로 느끼는 감정임

excted, interested, shocked, surprised, bored, moved / 일시적으로 그렇다는 의미

2) 용법 /상태를 표현하는 형용사 역할

(1) 한정적 용법 / 명사 앞과 뒤에서 그 명사를 수식)

❶ 현재분사 : 진행(~하고 있는), 능동(~하는)

The girl **playing** the piano is my sister.
    who is playing

The barking dog does not bite.

❷ 과거분사 : 수동(~된, ~되어진) / 동사의 행동을 마친

앞에 being (완료형은 having been) 이 생략되었다고 생각하면 깔끔

He bought a **used** car at a low price.

I have a camera made in Korea.

* 다만 과거분사형이라도 수동의 의미가 아닌 **현재 완료된 의미**를 나타내기도 함

I am done.

Are you done?

Are you finished ?

Let's get started.

She is gone.

(2) 서술적 용법 / 주격보어와 목적격 보어로 사용됨

❶ 주격보어

I feel **tired** all the weekend.

He sat **surrounded** by the children.

❷ 목적격 보어

I saw him **across** the bridge.	(과거사실)
I saw him **acrossing** the bridge.	(과거진행강조)
I found him **reading** the bible.	(목적어가 의미상 능동 주어)
I heard his name **called.**	(목적어가 의미상 call 의 수동 주어)
I had my brother **take** my picture.	(능동) / brother 가 그린
I had my picture taken by my brother.	(수동) / 그림이 그려짐
I will **have my hair cut** this afternoon.	내 머리를 깎게 시키다
He **had his watch stolen** in the bus.	시계를 도둑맞았다
I coun't **make myself understood** in English.	나 자신이 이해되는(의미는 능동)

(3) 특수용법   the +분사 / 복수명사 (~하는 사람들)

the living   살아 있는 사람들
the missing   행방불명자들
the learned   학식있는 사람들
the accused   피고 (고소당한 사람)
the educated   교육받은 사람들
the deceased   고인(죽은 사람)

3) 분사구문

분사구문은 분사가 들어간 문장이란 의미로써, 한 문장의 종속절의 [접속가+주어+동사]의 형태를 간략하게 만들고자 접속사와 주어를 생략하고 동사에 분사(능동이면 Ving, 수동이면 PP 형태로 만드는 문장을 말함. (원어민은 자동으로 파악이 되지만 외국인은 생략된 접속사를 찾은 것이 관건)
[시간이 지나면 원인 이유가 밝혀질 것 / 조건을 양보해서 부대찌개를 동시에 먹는 이미지]

(1) 의미에 따른 분류

❶ 시간(when, as, while, after)

Walking(=when I was walking) along the street, I run into Minho.
Fishing(=After he finished) his homework, he went to the movies.

❷ 원인, 이유(because, since, as)

Being(As he was) poor, he could not buy the house.
Not knowing(As he didn't know) what to do, he asked me for help.

❸ 조건 (if)

Turning(If you turn) to the left, you will find the hospital.
Read carelessly(if they are read ~), Some books will do more ? than good.

❹ 양보(Though)

Living(Though I live) near his house, I have seldom seen him.

❺ 부대상황 : 동시동작, 연속동작

Smiling brightly, she held out her hand.

He left here at six, **arriving** there at nine.

It was a misty morning, with little wind **blowing.** (능동)
                (and little wind was ~)

The hostage sat on the chair, with his eyes **bandaged** (붕대를 감은 채/ 수동)
  (인질)   (and his eyes were ~)

* 현수분사구문 (Dangling participles)/ 대롱대롱 매달려 있다는 의미

분사구문의 주어와 주절의 주어가 일치하지 않는 분사구문으로 문학의 거장들이 사용하기는 했지만 가능한 피해야하는 비문(非文). 주절과 종속절의 주어가 다를 때 종속절의 주어를 표시해주고 분사를 사용하는 독립분사구문과는 구분된다.

<u>Being</u> French, it's surprising that she is such a terrible cook.
       (Bertrand Russel: The Limits of Human Power)
 (의미상의 주어는 she)   주절의 주어와 다름 (that 이하 절이 주어)

<u>Having</u> no little time, there was not much that I could do. (I가 주어)

(2) 주의해야 할 분사구문

❶ 접속사+분사구문 : 분사구문의 의미를 명확히 표시하기 위하여 접속사를 살림

While staying in London(While I was ~), I made ~

After finishing(After we finished) the work, we went home.

❷ 분사구문의 부정 /분사 앞에 부정어 위치

Not knowing (As I did not know) what to say, I remained silent.

Not receiving my answer(As I did not receive)my answer, I wrote to him again.

❸ 수동분사 구문(being + pp, being이 생략되기도 함)

(Being) tried (As he was tired) from the work, he went to bed earlier.

(Being)(If we are) writed, we stand,

(Being)(If we are) divided, we fall.

❹ 독립분사 구문 : 주절과 종속절의 주어가 다를 때 분사구문의 의미상의 주어를
표시해 주어야 함

때 When **night** came on, **we** started for the camp.
=〉 Night coming on,   ~

이유 As **it** was fine, **we** went out for a walk.
=〉 It being fine,   ~

조건 **Weather** permitting(if the weather permits), **we**'ll start tomorrow.
Other things being equal (if other thing are equal) I would prefer this one.

양보 **It** being fine , **they** didn't go hiking.

부대상황 **His wife** knitting(his wife was) beside him, **He** was reading a book.

❺ 비(무)인칭 분사구문 /숙어처럼 사용 (해석은 앞뒤 문맥을 보고 판단)

Strictly speaking, he is an amateur.   / 엄격하게 말하자면

Judging from his accent, he must be a American. / ~로 판단해보면

Generally speaking(If we speak generally) / 일반적으로 말해서

Talking all the things into consideration. / ~에 대해 말하자면

*Standing **as it does** on the hill, the villa commeds a fine view./ 서있기 때문에
　　　　　　강조

Talking of bears   ~에 대해 얘기하자면

Granted that   ~을 인정하다면 (한다 해도)

Frankly speaking   솔직하게 말하면(이말은 자연스런 영어가 아닌 우리말로 직역한 것임
　　　　　　(원어민은 To be perfectly honest를 사용한다)

Given ~라면

seeing that ~을 보면 ~이므로

❻ with + 목적어 +분사(형용사)+ 기타어구 /부대상황

　with his eyes shinning

　with his arms folded and legs crossed

　with her mouth open

　with a pipe in his mouth.

　with his shoes off

8.4.3 동명사

동사에 ing 를 붙여서 명사를 만든 형태로 명사의 역할을 함 (주어, 목적어, 보어)
같은 형태 (V ing) 로 형용사 역할을 하는 것은 현재분사라고 부름

1) 동명사의 용법과 부정 (동명사 앞에 not)
동사에서 분화되었기에 명사역할을 하면서도 뒤에 동사처럼 목적어 등이 이어 나올 수 있음

(1) 주어

Getting up early in the morning is good for health.

(2) 목적어 (타동사 및 전치사의 목적어)

He **enjoyed swimming** in the lake.
Thank you **for inviting** me to the party.
I'm **looking forward to seeing** you.
He was accused of **not studing** enough.

(3) 보어

His hobby is **collecting stamps**

(동명사 뒤에 다시 명사가 와서 동사적 기능도 함)

(4) 현재분사와 동명사에 따른 의미차이

동명사+명사 : 목적, 용도　　　현재분사+명사 : 동작, 상태

동명사	현재분사
a sleeping car 침대차 a swimming pool 수영장 a waiting room 대기실	a sleeping baby 잠자고 있는 어린아이 the swimming boy 수영하는 소년 the waiting people 기다리고 있는 사람들

2) 동명사의 시제

(1) 단순동명사

He is proud that his son is an artist. => He is proud of his son **being** an artist.
I am sure that John will come in time. => I am suue of John's **coming** in time.
I'll never forget **meeting** him (과거) / 그를 만났던 것.

(2) 완료동명사 : 술어동사보다 하나 앞선 과거 시제 〈having +pp〉

I am sure that he was (has been) honest.
→ I am sure of his **having been** honest.

3) 동명사와 부정사

(1) 동명사와 부정사를 모두 목적어로 취하는 동사(의미가 다름):

  forget (remember) +to 부정사 / ~할 것을 기억하다 (잊다)
                     + 동명사 / ~ 했던 것을 기억하다 (잊다)

She remembers **seeing** him before. 예전에 봤던 것을
Please remember **to give** my best regards to your wife. 안부를 전해 줄 것을

  regret   +to 부정사 /   ~ 해야 하니 유감이다
        + 동명사 /   ~ 했던 것을 후회하다
  stop   + to 부정사 /   ~ 하려고 멈춰서다
        + 동명사 /   ~ 하고 있는 행위를 중단하다
  try   +to 부정사 /   ~ 하기위해 노력하다(시도)
        + 동명사 / ~ 시험삼아 해보다 (실제 행동)

(2) 동명사만을 목적어로 취하는 동사(현재 하고 있거나, 과거부터 해오고 있는 동사)
  mind , **m**iss **e**njoy, **g**ive up, **a**void,　　　mega(메가)
  deny, **f**inish, **p**ut off, **p**ostpone 등　　　dfpp /기억하기

We enjoyed watching the baseball game yesterday./구경하는 것을 즐겼다
I finished writing the report last night.
I gave up drinking and playing cards.

(3) 부정사만을 목적어로 취하는 동사 (의욕, 의도 등 미래에 행할 행위와 관계되는 동사)
expect to, hope to, want to ,wish to   미래에 대한 동사

manage to , agree to, decide to   등   그럭저럭 동의하기로 결심

I wish to be a teacher.

I decided to marry her .

I hope to see you again.

I can't **afford** to buy that car.

4) 동명사의 의상의 주어

  * 대명사의 의미상의 주어는 소유격이 원칙

 She doesn't like **my** going there. 주어와 다른 동명사의 의미상의 주어

  * 명사는 소유격, 목적격 사용가능

 She doesn't like **Jenny's** going there.

 She doesn't like **Jenny** going there.

  * 의미상의 주어와 문장의 주어(목적어)가 같은 경우에는 생략

 She is proud of (her) being a teacher.

 He praised her for (her) being honest.

5) 관용적인 용법/사실은 단어하나하나의 의미를 되새겨보면 그 뜻이 나옴

 There is no ving = It is impossible to ~   도저히 ~ 할 수가 없다

 It is no use ~ing.   ~해도 소용없다

 On ~ing = As soon as   ~하자마자

   (No sooner~ than, Hardly(Scarcely) ~when(before)

 feel like ~ing .   ~하고 싶다

 of his own painting.   자신이 손수 그린

 be worth reading.   읽을 가치가 있다

 can't help Ving   ~하지 않을 수 없다 can't but +V / 부정의 부정(긍정 강조)

 go Ving   ~하러 가다 go fishing.

be busy Ving   ~하느라 바쁘다

not/never A +without Ving(B) / A ,B 둘 다 한다 (V 안 한다 B 하지 않고서)
= not/never A   but S+V
= Whenever A , S+V(B)
 I can't see him without thinking of his father.
 = I can't see him but I think of his father.
    whenever I see him, I think of his father.

make a point of Ving   ~하는 것을 원칙으로 한다
be on the point (verge,brink) of   막 ~ 하려하다
far from ving   결코 ~하지 않다

prevent from Ving   ~하지 못하게 하다
be used to Ving   ~하는데 익숙하다(used to V 하곤했다/과거 습관)
have difficulty (in) Ving   ~하는데 익숙하다

be busy ving   ~하느라고 바쁘다
feel like Ving   ~하고 싶다
It goes without Ving   / (V 없이도) 간다 (~ saying / 말할 필요 없다)

6) to 다음에 Ving 나 명사를 사용하는 경우/ 이때 to 는 전치사임
look forward/ to Ving   ~ 하기를 기대하다
be accustomed /to   ~에 익숙하다
be used /to ~   ~에 익숙하다 /**[기대에 익숙한] 이미지로 기억**

when it comes/ to Ving   ~ 로 말할 거 같으면 (v 하러 올 때에는 이니까)
be opposed /to ~   ~에 반대하다
with a view /to ~   ~할 목적으로   / **[반대할 목적으로 오는 으로 기억**

devote (apply , dedicate, give) **oneself** to ~ ~에 전력을 다하다 에 몰두하다
             (재귀대명사 다음에는 모두 명사)

8.5 수동태

[태]라는 말은 모습이라는 의미로써 문장에서의 태는 문장의 모습을 말한다고 이해하면 될 것인 바, 문장의 모습중에서 특히 주어와 목적어의 관계를 대한 (타)동사의 변화모습을 의미한다고 이해하면 될 것임. 태에는 주어가 동사의 상태나 행위자 역할을 하는 경우를 능동태라고 하며, 주어가 동사의 상태나 행위를 받거나 당하는 경우를 수동태라고 함.

수동태의 기본형태는 다음과 같다

기본시제	be (am, are, is was, were) + pp + by (행위자) /현재, 과거 will be pp + by (행위자) / 미래
진행시제	be (am, are, is was, were) being pp +by (행위자) /현재, 과거 will be pp + by (행위자) / 미래 *미래진행 수동태는 능동태를 일반적으로 사용함
완료시제	have (has, had) been +pp + by (행위자) /현재,과거 will have been pp + + by (행위자) /미래
완료진행시제	have (has, had) been +**being pp** + by (행위자) /현재, 과거 will have been **being pp** + + by (행위자) / 미래

1. 수동태를 사용하는 경우

1) 능동태의 주어보다 수동태의 주어를 더 강조하고 싶을 때
  My friend was run over by a truck./ 내 친구 애기를 하고 싶음

2) 행위자를 드러내지 않는 게 좋다고 판단될 때
  비싼 물건이 없어 졌을 경우, 손버릇이 나쁜 친구가 의심이 가는데
  차마 드러내놓고 말을 못할 때
  My diamond ring has been taken away.

3) 문장 연결상으로 수동태가 되는 경우

Jimmy **studied** hard and **was praised** a lot by his parents./ 앞은 능동 뒤는 수동

4) 능동태의 주어가 분명치 않을 때

He was killed in the World War II / 죽인 사람이 누군지 불문병

5) 능동태의 주어가 주로 일반인을 나타낼 때

Korean is spoken in South Korea.

6) 형태는 수동태이지만 수동태의미가 거의 없이 자동사처럼 쓰이는 경우

He was burn in Korea 태어나지다(태어나다로 해석)

7) 피해를 당하는 경우/..를 당하다

be injured 부상당하다

be drowned 익사당하다

2. 능동태와 수동태 그리고 시제

I love her 능동태

→ She **is loved** by me 수동태

* 능동태를 수동태로 고치는 순서

주어 / 능동태의 목적어를 주격으로 바꾸어 수동태의 주어로 한다

동사 / be+p.p (과거분사) 등의 시제에 따른 형태로 바꾸고

be, have 등의 동사는 주어의 인칭, 수에 일치시키고 시제는 능동태의 시제로.

목적어 / 능동태의 주어를 목적격으로 바꾸어 by+목적격 형태로 한다

* 행위자를 밝혀줄 필요가 있을 때 사용.(생략하는 경우도 많음)

3 시제와 문장의 형태에 따른 수동태 전환

❶ 현재/현재완료/진행

She paints all those pictures. / 현재 (3형식)
  → All those pictures are painted by him.
Tom has invited her to lunch. / 현재완료
  →She has been invited to lunch by Tom.
They are repairing the house. /진행 (2형식)
  →The house is being repaired by them
Open the door at once. / 명령문
  → Let the door be open at once.

❷ 과거 / 과거완료

They broked the window. /3형식
    → The window was broken   by them.
He had   cleaned my room. / 3형식
    →My room had   been cleaned   by him.

She gave me this book. /* 4형식 의 경우 IO,DO 모두 주어 가능.
* 이 경우 IO 앞에는 동사의 의미에 따른 적절한 전치사(to, for, of 등) 가 붙음
 DO 앞에는 전치사 붙지 않음
* 전치사 to 사용동사 / [~에게[의미 보유동사(send, lend, show, offer 등)
 → This book was given to me by her
 → I was given this book by her
* 전치사 for 사용동사 / [~를 위히여] 의미 보유동사.(make, buy, cook 등)
My friend **buy** me a cake. / 5형식
 → I was bought a cake   by my friend.
 → A cake was bought   **for** me   by my friend.
* 전치사 of (동격,부분집합 의미) 사용동사 / ask
They asked her some questions at the meeting.
   → She was asked some questions at the meeting.
   → some questions were asked **of him** at the meeting.

❸ 미래 / 미래완료

He will buy　　your book
→ Your book will be　　bought　　by him
He will have　　done his homework
→ His home work will have　　been done　　by him

*조동사가 있을 때는 그 조동사를 그대로 사용해야 같은 의미가 표현가능
We **can't** buy love with money.
→ Love **can't** be　　bought　　with money (by us)
You **must** buy　　this book .
→ This book **must** be　　bought .(by you)

4 주의해야 할 수동태

1) By의 생략: 막연한 일반 사람을 나타낼 때 (we, they, people)
They sell sugar at the shop -〉 Sugar is sold at the shop (by them)
They speak English in America -〉 English is speaken in America (by them)

2) 보어가 원형부정사일 때 수동태에서는 to 부정사로 살아남
We heard him sing -〉 He was heard to sing.
We made her do the work -〉 She was made to do the work.

3) 의문문
Did you write the book?
→ (의문문) Was the book written by you?
→ (평서문) You wrote the book.
→ (수동태) The book was written by you.
When did he build his house ?
→ When was his house built ?
Who invented the computer?
→ By whom was the computer invented ?
* do, does, did 로 시작되는 수동태는 없음

4) 명령문의 수동태 / Let (~하게 하다)가 문두에 오고 동사가 원형부정사
(let 이 사역동사)오는 형태로 만들어지지만 실제회화에서는 잘 쓰이지 않음.

Submit the report at once.
→ Let the report **be** submitted at once.

Don't delay your departure.
→ **Don't let** your departure be delayed.
→ **Let** your departure **not** be delayed.

Open the door right now.
→ Let the door be closed right now.

Don't open the door.
→ Don't let the door be opened.
→ Let the door not be opened.

5) 준동사의 수동태

❶ to 부정사의 수동태 / to be (have been) pp (괄호 안은 완료수동)

He wanted **to be invited to the party.**

to be(have been) tested , to be(have been) postponed,
to be(have been) satisfied, to be (have been) prepared,
to be(have been) released (출시되다)

❷ 동명사의 수동태

Nobody likes **being made** fun of . /놀림 당하다
I don't like **being told** what to do.

being(having been) allowed, being(having been) delayed
being(having been)tested, being(having been) recognized
Never having been treated like that .(부정어는 준동사 앞에 두면 됨)

6) 목적어가 명사절인 경우

가주어 It나 that 절 속의 주어를 수동태의 주어로

Everyone expects that she will marry him,
→ It is expected that she will marry him,
→ She is ecpected to marry him,

7) by 이외의 전치사 사용하는 경우 전치사에 따라서 뜻이 달라짐.

be known as   ~ 라고 알려지다
be known **to**   ~ 에게
be known by   ~에 의해서(알림 사람)
be known for   ~라는 이유로(때문에)(유명하다)

be interested in   be covered with
be pleased with   be filled with
be surprised at   be tired from ~로 인하여 피곤
be tired of   ~에 싫증이 남   be crowded with
be made **of**   성질이 변하지 않고 만들어짐 (of 는 동격을 의미하기에)
be made from 성질이 변해서 만들어 짐

Books are made of paper. (책은 종이가 변하지 않음)
Paper is madr from wood. (종이는 나무가 변해서)
Wine is made from grapes. (와인은 포도가 성질이 변해서)

8) 수동태가 많이 쓰일 때

❶ 능동태의 주어가 일반인일 때 English is spoken in Austalia.
❷ 수동태의 주어에 관심 He was killed in a railway accident.
　　　　　　He was drowned to death.
　　　　　　The child was run over by a car
❸ 출생 He was born in 1942.
❹ 위치 My school is located on the hill.
❺ 행위자가 나타나지 않은 것이 좋다고 생각될 때
Somethings have been said here tonight that should not have been spoken.

❻ 수동의 의미가 거의 없이 자동사로 느껴지는 경우
  He made a speech and was asked many questions at the end.
  I'm very surprised to see your sons washing the dished and cleaning up the house.

9) 수동태로 바꿀 수 없는 타동사

❶ 상태나 소유를 나타내는 동사
  Nancy **has** a preety hat. / have(가지고 있다)
  You **resemble** your father. / resemble(..을 닮다)
  A white dress **becomes** you. / become(..에 어울리다)

❷ 재귀동사 /재귀대명사를 목적어로 취할 때
  (이 동사가 다른 목적어를 취하기도 하나 이 때는 재귀동사가 아님)
  He dressed himself in his best .
  ≠ Himself was dressed in her best.(×)/재귀대명사는 주어로 사용 못함
  He was dressed in his best. (상태)
  He got dressed in his best. (동작)

❸ 타동사구 중 명사가 목적어인 경우 (타동사 +목적어(명사) +전치사)
              명사는 수동태 불가
  My wife took good care of my son.
    ≠ Good care was taken of my son. (×)
    → My son was taken good care of by my wife.

❹ 간접목적어가 주어로 될 수 없는 동사
  (외울 것이 아니라 합리적으로 생각해 보면 쉽게 알 수 있는 내용임)
   write, answer, buy, do, make, read, send, sing
  / 가만히 생각해 보면 간접목적어가 주어로 오면 내용이 안 맞는 것을 쉽게 알 수 있음
He answer me the questions.
  → The questions are answered to me by him (o)/ 질문에 대답이 된 것임
  ≠ I was answered the question by him .(이경우 I 가 answer 되는 경우는 말이 안 됨)
He wrote me a love letter.
  → A love letter was written to me by him. (o) / 편지가 쓰여 진 것임
  ≠ I was written a love letter by him. (내가 쓰여 졌다는 말은 성립이 안됨)

10) 기타

❶ 형식은 능동이나 뜻은 수동인 동사

The latest-model computer **sells** very well. / 팔린다
This car **handles** easily. / 조작하기 쉽다
The mountain **shows** well from there. / 보인다

Meat doesn't **digest** well. / 소화된다
This book **reads** well. / 읽힌다
This onion **peels** well. / 벗겨진다

* 능동 수동 둘 다 가능한 경우
He is to blame. (to be blamed 도 가능)
I have lots of books to read. (to be read도 가능)
I have a lot of water to drink. (to be drunken도 가능)

They have a house **to rent**
The meal is now cooking.
The movie is now playing.

❷ 형식은 수동이나 뜻은 능동(감정을 나타내는 말에)
I was greatly astounded at the sight. / 크게 놀라다
be excited at , be ashamed of , be astonished at(놀라다)
be surprised at(놀라다), be pleased with, be satisfied with

❸ 사역동사에서 have(get) + O + pp (수동의 의미)/ ~을 당하다, ~을 시키다
I had my watch stolen.
I had my watch mended(repaired).
I had my picture taken.

9 전치사

9. 전치사

우리나라의 경우 조선시대에 한글을 언문으로 천시하여 평민들이 사용하고 한자어를 양반들이 사용해 왔고 특히 왕족들이 사용하는 언어(용어)가 별도로 있었던 것처럼 영국에서도 1066년 영국 에드워즈 왕이 후사 없이 죽자, 프랑스 북부지방에 이주해 있던 노르망디 영주 윌리엄이 왕위계승 약속을 내세워 **노르망디 정복**으로 영국 왕이 된 이후 상류층들은 프랑스어와 라틴어(문자와 행정중심)를 중심으로 사용한 반면 평민들은 영어를 사용하면서 구동사 중심의 언어를 사용하던 문화가 지금은 주류가 되어 회화체에서 사용되게 된 문화적 배경이 있습니다.

*노르망디 상륙은 1944년 아이젠하워 장군의 2차 세계대전시의 사건

영국과 프랑스의 **백년전쟁(1340~1453/전쟁장소는 프랑스**)후 영국왕 헨리4세(1399~1413)가 영어를 모국어로 사용한 첫 번째 왕, 이후 세익스피어의 등장으로 영어의 전성기 시작]
/ 백년전쟁이후 영국인들은 프랑스어를 배척하기 시작.

*장미전쟁(1455~1485) / **백년전쟁 후 영국의 왕위계승을 두고 왕실종친들이 벌인 전쟁**
(랭커스터 가문 VS 요크가문 왕실 형제간의 왕위쟁탈전쟁으로 1461년 타우턴 전투에서 요크파가 승리, 사상자 28.000명 영국역사상 최대사상자 기록)/ 이후 튜터왕조의 시작으로 절대왕정의 시작

현재도 라틴어 등의 외래어에서 나온 소위 귀족들의 단어들은 공식석상이나 문어체 등에서 주로 사용하고 평민들이 사용하던 단어들은 회화체에서 주로 사용되고 있는 것입니다. 그중에서도 특히 구동사를 활용한 표현이 압도적으로 많이 사용되는 현실입니다. 그러나 우리는 그 문화를 접속하지 못한 상태에서 구동사가 접하지 못한 일본인이 번역한 영어교재를 기본으로 학습을 해 왔기에 최근 까지도 구동사가 지극히 낯선 상태에 있어 온 것입니다.

구동사를 하나하나 외운다면 끝이 없을 정도로 많기에 그것은 거의 불가능할 수도 있을 것입니다.
그러나 **구동사가 동사의 의미와 전치사의 의미가 결합**되어 동사의 의미가 보다 자세하면서 다양하게 확장되는 의미를 가지게 된 점을 먼저 이해하면서 동사의 이미지와 전치사의 이미지를 숙지한다면 훨씬 더 효과적인 학습효과를 가지게 될 것입니다. 자주 사용하는 것을 머저 숙지한 이후 내비게이션 학습법으로 확실히 기억하고 학습한 내용을 자주 사용하면 더욱 효과적일 것입니다.

1. 전치사의 종류

1) 단순전치사
기본적인 전치사로 in, on, at, by, for, from, to, till, with 등

2) 복합전치사 / 두 개 이상의 전치사가 결합되어 하나의 전치사로 사용되는 전치사
- about (on+by+out)　　　　above (on+by+up)
- before (by+fore)　　　　　between (by+twain)
- into (in+to)　　　　　　　onto(on+to)
- within(with+in)　　　　　without(with+out)

3) 분사전치사 / 문장에서 분사가 그대로 전치사로 사용되는 경우
- according to :　　　　~에 의하면
- concern　　관계하다/관계가 있다 + ing → concerning ~에 관하여
- consider　　고려하다/숙고하다 + ing → considering ~을 고려하면
  - 모든 것을 고려할 때　considering all things, all things considered,
  　　　　　　　　　　taking all things into account , all things taken into account
- except　　제외하다/빼다 + ing → excepting ~을 빼고/~이외에는/~을 제외하고는
  - Excepting the weather, everything was okay. 날씨 빼고는 모든 것이 좋았다.
- exclude　　배제하다/제외하다 + ing → excluding ~을 제외하고(는)
- including　　　　: ~을 포함하여 given : ~을 고려해볼 때, ~이 주어진다면
- notwithstanding　　　　: ~을 제외하고 (= in spite of = despite)
- owing to:　　~ 때문에　　　past　~을 지나서

1000
- bar　　금하다/제외하다 + ing → barring ~이 없으면/~을 제외하고는
- pend　　미해결인 채로 있다 + ing → pending　~있는 동안에/~중에
  - They were waiting in the room pending the negotiation. 그들은 협상 동안에 방에서 기다리는 중이었다.

1. respect 관계하다/관련되다 + ing → respecting　　~에 관하여/~에 대하여
   - regard 주목하다/주시하다/눈여겨보다 + ing → regarding　　~에 관해서는/~의 점에서는
   - save (명예나 신용을) 안전하게 지키다/수호하다 + ing → saving　~에게 경의를 표하면서/
   　　　　　　　　　　　　　　　　　　　　　　　　　　　　~에게 예의를 갖추자면

seeing /　　　　~이므로, ~인 것으로 보아
~에 대하여　concerning ,regarding, as regards, with/in regard to, respecting,
　　　　　referring to, relating to, related to

4) 전치사구

전치사구는 형용사나 부사구역할을 하는데 대부분은 부사역할을 합니다.

❶ 형용사 역할

The book **on the desk** is Jenny's.
　　책이 (책상 위에 있는 데) / 제니의 것이다. on the desk 라는 전치사구가
　　　　　　　　　The book을 수식

The matter is **of importance**.
　　그 문제는 / 중요하다. of importance라는 전치사구가 주격보어 역할.

I took it **for granted** that he was absent.
　　나는 당연하게 생각했다. / 그가 결석한 것을 for granted라는 전치사구가
　　　　　　　목적격보어 역할

❷ 부사구

The factory is on fire.　　　　　　동사 수식 / 그 공장은 / 불이 났다.
He is good at mathematics.　　　　형용사 수식 / 그는 잘하는 것은. / 수학
To my surprise, he won the game.　[부사구 → 문장전체 수식] 놀랍게도,
　　　　　　　　　　　　　　　　　/ 그가 이겼다. / 게임을

　* 기타 표현들(2단어 이상이 모여 전치사 역할)
apart from joking　　　　　농담은 그만하고
as to this matter　　　　　이 문제에 대해서　　as for me　　내 경우는
as well as　　　　　　　　…에 더하여, 게다가, …과 마찬가지로 잘
at the cost of　　　　　　~을 댓가를 치르고

because of,　　~ 때문에　　but for　　~이 없다면　　by way of　~을 거쳐서
for the sake of　　~을 위하여　　in addition to　~을 추가로(~이외에도)

2.
in accordance with,　　　~에 부합되게 (규칙·지시 등에) 따라
in case of　　　　~의 경우에는　　in favor of　　~에 찬성하다(좋아하다)
in honor of,　　　　…에게 경의를 표하여, …을 기념하여, …을 축하하여
in observance of (of a holiday)　　　　휴일을 축하하면서.
　　　　a strict observance of the Sabbath　　엄격한 안식일 준수
in regard to,　　　　~에 대한

3.

instead of ~ 대신에   in(the) face of ~에도 불구하고(~앞에서)
in the presence of   ~의 앞에서
in the wake of, …의 뒤를 좇아, …에 뒤이어,…의 결과로서.
   (=following, succeeding, in the aftermath of; as a result of.)

4.

none other than,   다름 아닌 바로 …인
on account of   ~ 때문에
on behalf of, …을 대신하여, …을 대표하여, …을 위해서. (=as a representative of.)
owing to the heavy rain   ~때문에

with(in) reference to ,…에 관(련)하여, …을 참고로 하여
with respect to,   ~에 대하여
with all her money, 돈이 많았지만
without regard to   ~에 관계없이

5) 이중전치사(복합전치사) /2개의 전치사가 잇달아 나와서 하나의 전치사구 역할
  이 경우 앞의 전치사는 전치사 역할을 뒤의 전치사는 전치사의 목적어에 속한다고 보아도 좋은

   from /among these tomatos   토마토중에서
   from behind/ the door   문 뒤로 부터
   from under the desk   책 상 아래애서
   till after lunch   점심식사가 끝날 때 까지

5.

as against   ~과 대조적으로[~에 비해   as for, ~에 대해서 말하자면 (=regarding)
as to   ~에 관해   but for(except for), …이 없으면, …을 제외하고는
from across   ~의 너머로 부터

6.

out of …의 안에서 밖으로, …의 밖으로 …바깥에, …을 떨어져서 ~로 부터
(행위·능력 따위의) 범위 밖에(beyond) 시외의.

out of date (정보 면에서) 뒤떨어진[구식이 된], (더 이상) 쓸모없는 (→outdated)

유효 기간이 지난 (→up to date)

He played out of turn!　　　그가 자기 차례도 아닌데 패를 냈어!
out-of-date technology　　　시대에 뒤떨어진 기술

7.

away from　　　　　　~에서 떠나서
away with　　　　　　…이 없어졌으면 (좋겠다)
get away with something ~을 훔쳐 달아나다 (→관련 명사는 getaway)
　　　　　　(비교적 가벼운 처벌을) 받다
　　　　　　(나쁜 짓을 하고도) 처벌을 모면하다[그냥 넘어가다]
do away with something ~을 그만두다[없애다/끝내다] (=abolish)
do away with somebody/yourself ~를 죽이다/자살하다
run away with something (경기 등에서) ~을 압도적으로[수월하게] 따 내다
　　　　　　[이기다] (사실이 아닌 것을) 믿다

8.

in on
zero in on somebody/something ~에 모든 관심[신경]을 집중시키다
　　　　　　(총 등으로) ~을 겨냥하다
cut in (on somebody/something) (말·대화에) 끼어들다,
(남의 말을) 자르다 (=butt in)
look in (on somebody) (특히 아프거나 도움이 필요한 사람의 집에) 들르다

9.

off to　drift off (to sleep)　　　　잠이 들다
　　　　　pack somebody off (to…)　(특히 귀찮은 존재를) (…로) 보내다
　　　　　I take my hat off to somebody　~께 경의를 표합니다.
　　　　　marry somebody off (to somebody)　~를 (~에게) 시집[장가] 보내다

2. 전치사의 역할

1) 전치사의 목적어 / 전치사구, 전명구(전치사와 명사)

전치사는 말 그대로 앞에 놓이는 품사를 말합니다. 전치사 뒤에 놓이는 품사는 명사만 가능합니다.

명사가 아닌 품사는 명사화되어야 하고 동사가 와야 할 경우에는 이 동사를 명사로 만들어서 놓아야 합니다. 이것을 동명사라고 부릅니다. 이렇게 완성된 것을 전치사구, 전명구 등으로 부르는데 품사로써는 대부분이 부사기능을 하고 드물게 명사를 수식하는 형용사 기능을 하기도 합니다.

the woman **in the room** is my teacher.   주어인 명사를 수식하는 형용사구 역할
I will meet you **at midnight**.
문장의 하고 싶은 결론이 끝나고 추가로 보충하는 기능을 하는 부사역할.

*부사상당어구는 문장에서 생략되어도 문장이 성립하고 문장에서 보충 설명하는 역할을 하는 기능을 하고 전체내용을 구분하면 when, where, how, why의 4개 기능으로 구분되는 문장을 풍부하고 화려하게, 길게 만들어주는 역할을 합니다. 결국 전치사는 앞에 나온 전치사와 관련된 의미상의 chunk를 보충 설명해주는 역할을 하면서 전치사의 목적어와 연결시켜주는 역할을 하는 것이라 이해하면 되는 것입니다.

2) 동사기능 내포(동작과 상태 표현) / 가장 중요한 기능으로 판단

동사가 의미상으로 상태동사와 동작동사로 구분할 수 있는 바와 같이 전치사도 문장에서 품사는 동사가 아니지만 실제로는 동사의 기능을 내포하고 있는 것입니다. 구동사에서 동사는 문장에서 기본적인 의미만을 나타내고 전치사는 앞에 나온 동사의 의미를 보다 상세하게 정보를 보충해 주면서 동사의 기능인 상태나 동작을 표현하는 기능을 하는 것입니다. 결국 동사와 전치사가 있으면 동사가 2개 있다고 이해하면 될 것입니다. 이 경우 전치사 다음에 목적어가 없으면 그 전치사는 부사로 사용되고 있다고 생각하면 됩니다. 이것은 이론으로는 의미가 있다 하더라도 문장의 이해에는 중요한 포인트는 아닙니다.

* 영어와 우리말은 인류라는 공통점에서는 대부분 1 : 1 대응이 되지만 각 언어권의 문화적 사고방식의 차이로 인하여 1:1 대응이 되지 않는 경우도 많기에 이 분분은 별도로 정리하여 충분히 숙지하는 과정을 거쳐야 원어민의 사고방식도 이해하고 영어에 대한 완성도도 높아질 것입니다.

smoke out mosquitoes	연기를 피워 모기를 쫓다(연기를 피우고 그리고 쫓아내다
stink out a fox	연기를 피워 여우를 쫓다
sweat away her weight	땀을 흘려 체중을 빼다(땀을 흘리고 체중을 빼다)
fill it up	넣는데 가득 (완전하게) 넣으세요
pulled her boots off (my feet)	부츠를 잡아당기다 그리고 분리했다

3. 전치사의 위치

원칙적으로 전치사 뒤에는 바로 명사가 오는데, 의문사(대명사)가 목적어일 경우 의문사가 문장의 맨 앞에 오기 때문에 이 경우에는 전치사가 문장 끝에 온다.

What are you looking at?

전치사의 목적어가 앞에 먼저 있는 명사와 동일한 경우, 중복을 피하기 위하여 전치사의 목적어인 명사를 생략한다. 전치사의 목적어가 관계대명사일 경우 관계대명사가 생략되기도 한다.

전치사 + 관계대명사는 관계부사가 된다.

She has no friends to talk **to.**
 =She has no friends **to whom** she talk.
 = She has no friends she talk to.
This is the house (which) She lived **in**.
= This is the house **in which** She lived .

4. 전치사의 후치

* 전치사의 후치 / 일반적으로 구동사의 경우 전치사를 후치시키는 데, 이는 자연스럽기 때문입니다.
What time do you want to leave **by** ? /의문사가 전치사의 목적인 경우
 = **By what time** do you want to leave ?
This is good place to live **in**.
 = This is good place in which to live **in**.
Who(m) did you go to the concert **with** ?
Give me something to write **with**.
 ** since 나 during 은 일반적으로 후치하지 않음
  Since when have you been here ?

5. 전치사의 의미에 따른 분류

전치사는 명사와 결합하여 부사(명사를 수식하는 형용사 역할도 함)가 됨으로써 대양한 표현을 간결하게 하는 마법같은 기능을 합니다. 그 의미는 부사가 갖은 의미를 모두 포함하는 바, 6하 원칙 중 who와 what을 뺀 **when(시간), where(장소), how (방법), why(이유)**를 나타내는 기능을 합니다. 전치사는 4가지 기능을 대부분 수행하는 만능역할을 하는 품사로 간단하게 4개 영역으로 분류해 보면 다음과 같이 정리할 수 있을 것입니다.

* 원래 기억하기로 when, where, **how, why (하와이)** 로 분류했으나 지면상 how를 why 뒤에 배치하였습니다.

❶ when 시간
 in, on, at 등 기타

❷ where 장소
 in, on, at 등 기타
 원료, 재료 역시 기원을 의미하니 장소로 분류 가능
  made of wood, made of rock / **of** 는 원재료가 남아 있을 때
  made **from** grapes, made **from** crude oil / **from** 원재료가 변한 상태

❸ why 원인 결과
 원인, 이유
 suffer **from** head ache, die **of** cancer, famous **for** beauty
 angry **at** his letter, because **of** heavy rain, thank **to** his help,
 owing **to** his bad manner,

 결과
 to my joy, turn **into** snow, move **to** tears
 Put the following **into** english   영어로 번역하세요.

❹ how / 가장 다양한 형태의 표현이 가능

1) 관계, 관련
know **of** her, **about** the accident, **on** mathematics
have nothing to do **with** this matter

2) 행위자, 수단, 도구
by car,   by Mr. Kim,   by telephone,
kill **with** a gun, with a pencil

3) 교환, 대가, 가격
exchange money **for** Australia dollars (AUD),
pay **for** gold
at highest price, **at** a high salary.

| 관련된 행위자나 도구 등은 반드시 **댓가(교환, 가격)**를 치른다는 이미지 |

4) 분리, 제거
keep off the grass, off duty, free of tax, get rid of bad habit

5) 제외
except Sunday, except him, but tomorrow, nothing but a joke

6) 부대상황 / 동시상황
with my radio on, play golf with him standing there,
with his fingers crossed, speak with her mouth full,

| 쓰레기는 **분리** 하고 **제외**하는 동시에 벌어지는 부대**상황의 이미지** |

6. 전치사의 기타 역할

1) 전치사의 생략
전치사는 기본적으로 생략하지는 못하지만 다음과 같은 경우에는 생략하기도 함.

❶ 보어로 쓰이는 전치사 of
   It is (of) no use
   They are (of) same age

❷ 거리, 시간을 나타내는 for
   She ran (for) three kilometers.
   They have been waiting for me (for) two hours.

I will meet her **this morning**. / this afternoon
   시간을 나타내는 명사, 요일 앞에 all, this, each, every, one, some, last, next 등이 올 경우와
   tomorrow, yesterday 등과 하루의 때 (morning, afternoon, evening 등)가 결합할 때는 자체로 부사성격을 내포하게 되어 전치사를 생략한다.
   tomorrow morning, yesterday morning

2) 전치사와 부사, 접속사 구별

❶ 전치사와 부사 구별 / 전치사이거나 부사라도 그 기능은 모두 동사 역할을 내포
They walked **on** (부사) / 뒤에 명사가 없음
They sat **on the tree** .(전치사) /뒤에 명사가 있음 다만
They sat **the tree** on (×)

* on 의 주어가 누구냐에 따라서 전치사와 부사로 구별됨. 이 경우는 on 의 주어는 they 이기에 전치사임 (tree 가 on하는 것이 아니기에 뒤로 가면 안 됨)

Jane walked **down** the river. (○) down 의 주체가 jane / 이 경우 전치사
Jane walked the river **down** (×) river 가 down 하는 것이 아님
   전치사는 뒤로 가지 않음 (긴밀한 것은 붙어 있어야 함)

Jane put **down** her notebook.(○) down 의 주체가 her notebook
   이 경우에는 down은 부사이고 **동사역할**을 하는 것으로 이해하면 됨
Jane put her notebook **down**.(○) 부사는 떨어져도 됨/
　s　v　　　s　　　 v 역할 / **이 배열이 오히려 이해하기가 더 편함**
He turned on it. (×)   대명사의 경우 부사는 앞에 오면 안 됨.
He turned it on (○)　　대명사의 경우 부사는 뒤에 옴

* 그러나 이는 원리적으로 그렇다는 것이고 실제의 의미만 파악하면 되는 것이기에
   이런 정도의 상세한 학습은 학자들 외에는 깊이 들어갈 필요는 없을 것임.

❷ 전치사와 접속사
You had better start **before** sunset. (전치사)/ 뒤에 명사
Before the sun rise, You have to start. (접속사) / 뒤에 문장(s+v)

3) 전치사로 동사의미 표현하기
drive **out** mosquitoes by causing smoke. 밖으로 보내다
smoke **out** mosquitoes. 모기를 (밖으로) 쫓아 버리다
pull weight **by** spilling sweat 밀어내다 몸무게를 /땀을 흘려서
sweat **away** his weight. 땀을 흘려서 보내다 /무게를
pull my boots **off**. 밀어서 부츠를 벗다

4) 영어는 [한국어 동사의 부사형, 형용사형]을 전치사를 사용하여 길고 복잡한 의미를
   간결하게 표현하는 특징이 있는데 이는 영어가 갖는 아주 특수한 특징..
   [~ 하는, ~ 한, ~ 하고 있는 등의 형용사형 /
    ~해서, ~하여, ~해 가지고 등의 부사형] 등의 한국어 표현을
영어에서는 **전치사(자체에 이런 의미가 내포) 로 간결하게 처리**하는 특징이 있음.
Look at the flies (sitting) on the ceiling / **on 에 sitting 의미포함**
The student (being) in the classroom had lunch. / **in에 being 의미포함**
What will you do **after** school? 학교를 마치고의 의미 포함

Anything he said could be used **against** him in a court of law.   불리하게
She got on the train **back** to Seoul   되돌아가는

Two days later he came to the house for tea	차를 마시러
Do you have a table **for** five?	5인용

She reached into her apron pocket **for** her handkerchief	찾으려고
He put his credit card **for** the check.	계산하려고
He reached out **for** her arm and pulled her **toward** him back onto the seat	손을 뻗어 잡아당겨
He took off his gloves and reached **for** his cookies.	쿠키를 집으러

5) 영어는 쉽게 설명하듯이(한국어의 한자어를 한글로 풀이한 형태) 표현하는 경향이 많다.

이는 조선시대 양반들이 사용하던 표의문자인 한자적 표현을 표음문자인 한글로 서술(설명)하듯 표현하는 방식과 유사하다고 보면 될 것입니다. 영어가 이렇듯 풀어서 표현하는 방식이 발달한 것은 그 기원이 노르망디 정복사건과 관련이 있다 할 것입니다. 결국 영국의 평민들이 고단한 생활 속에서 기존에 있는 단어들을 조합해서 단어의 의미가 확장(한 단어에 다의어를 가진 특징)된 것이 영어의미 확장의 주된 흐름이었다는 점을 고려하면 쉽게 이해할 수 있을 것입니다. 특히 생활영어는 영국평민들의 언어확장과 관계된 것이고 그 중 특히 많은 부분이 동사와 전치사를 결합해서 만든 구동사인 것입니다. 그 형태는 그림을 보는 것 처럼 쉽고 친절하게 설명하듯이 표현하는 방식으로 나타나게 된 것이라 할 것입니다. 예를 들어보면

Put it in my room (insert) 안에 두다   넣다
Leave for the day   떠나다   퇴근하다
at the moment   현재의 순간에는   당장은

Do you have **the** time? (보통명사화) 현재의 시간   지금 몇시?
Do you have time ? ((여유)시간 있나요? /차 한 잔 하자고)

can't put my finger on it 손가락을 접촉시킬 수는 없지만   꼬집어 말할 수는 없지만
put one's finger right on the problem 손가락을 바로 접촉시키다   정확히 지적했다

take off   옷을 (몸에서) 떼어내다   옷을 벗다
take on   옷을 (몸에) 접촉시키다   옷을 입다
sign up for the class   수업 받으려고 사인하다   수강신청하다

put on	(몸, 얼굴에) 접촉시키다, 바르다
put on a button	단추를 붙이다, 단추를 달다
put it on the shelf	위에 놓아, 얹어 놔
study abroad	해외에서 공부하다, 유학가다
put the plan together	계획을 함께 놓다, 계획을 짜다
put the thought together	생각을 함께 놓다, 생각을 가다듬다
during drop and add	빼고 넣는 기간 동안, 수강신청 변경기간
What do you like to do	뭘 하는 걸 좋아하니? 취미가 뭐니?
do it to myself	너 자신에게 했어, 자업자득이야
What do you study ?	무슨 공부하니? 전공이 뭐니?
What do you do for a living?	생활을 위해 뭘 하니? 직업이 뭐니?
get out of my pants	바지 밖으로 나오다 바지를 벗다
see you off	떠나는 것을 보다 배웅하다

7. 전치사 상세 해설

모든 전치사는 명사와 결합하여 대부분 부사가 되기 때문에 부사의 종류와 일치합니다. 모든 부사는 6하원칙 중 부사를 나타내는 **when, where, how, why** 네 종류 밖에 없습니다. 전치사의 의미도 구체적인 의미와 추상적인 의미를 동시에 보유하고 있고 그 의미는 부사와 관련된 when, where, how, why 의 의미를 내포하고 있습니다. 그리고 전치사 역시 다른 단어와 마찬가지로 처음에는 단 하나의 의미에서 출발하였으나 시간이 지나고 문화와 문명의 발달로 인하여 단어는 변하지 않았으나 단어의 의미는 시대에 맞게 의미가 파생되어 다양한 의미를 가지게 되었고 **구체적인 의미에서 추상적인 의미**로 까지 확장된 것이기에 단순하게 외우려고만 하지 말고 **의미의 연관성을 파악**하고 그것을 **기억법 등으로 효율적으로 기억하는 습관**을 들이는 것이 필요할 것입니다.

A   전치사 B 에서

전치사는 **A와 B를 연결하는 작은 다리**이면서 **A와 B 는 전치사를 기준으로 반대의 상태**인 것임을 생각하는 것이 필요합니다. 물론 그렇게 하지 않아도 이해하는 데는 아무 문제 없습니다만 적어도 원리적으로는 그렇다는 의미를 이해하면 문맥을 이해하기가 훨씬 편리할 것입니다.

<u>A   in</u>   B   →   A는 B 안에

A가   안에 / 그 기준이 B (안의 반대인 밖에 B가 있음

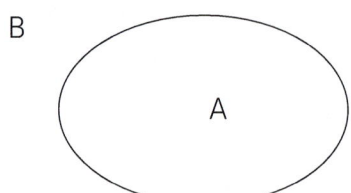

A   on   B   / A는 붙어(위에) 있고 그 반대편에 B (아래에)

A   after   B / A 가 after 에   B 는 그 앞에

A   above   B / A 가 above 에   B 는 그 반대편(아래)에

A   behind   B / A 가 behind 에   B 는 그 반대편(앞)에

A   between   B / A 가 between 에   B 는 그 반대편(양쪽)에

이 모든 **전치사들이 전치사를 기준으로 서로 반대편에 있는 것을 의미**함을 생각하면 될 것이고 앞에 있는 A가 전치사에 바로 연결되고 B는 앞에 있는 전치사의 의미의 반대편에 있는 것입니다.

그러나 이것은 원리적으로 그렇다는 것이고, 우리가 해오던 방식으로 앞에서부터 이해해가면 되는 것입니다. 위의 예에서 처럼

<u>A   in</u>   B   →   앞에서부터 A가 안에 있습니다 /(어디 안에) B

❶ A가   안에 / 그 기준이 B (안의 반대인 밖에 B가 있음

❷ A가 (있습니다) B 안에 / 처럼 2가지중에서 편하게 선택하면 됩니다.

*그리고 이 책의 주제인 [영어가 퀴즈다] 라는 대명제에 따르면

A / in   B 처럼

A는 앞에 것에 In B 는 별도의 chunk로 구분하면 이해하기 깔끔 할 것입니다

1) in / into   out

❶ in / 한정된 범위 안에 있는 상태인 내부 이미지

  A in   B

A 가 안에 (기준은) B /앞에서부터 읽어 가면 ok!

   이것은 곧 A가 안에 **밖에 B** 가 있다는 의미와 동일

원어민 입장에서는 **A가 안에 있는데** 그 기준이 (밖에 있는) B가 있다는 순서대로 나열한 그림의 모습임.

* 모든 상황은 6하 원칙 중 when, where, how, why 안에 함

10.

시간(의 경과) in 2020, in years,   in an hour , in a day, in my youth

장소   in Seoul   방향   in the east

상황, 환경   in love , in a hurry, in business, in a big trouble

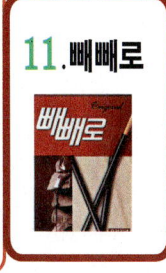

1.

범위   in economics, in a biology , in her class

수단 방법   in ink   in English   in arrogant way

착용   in clothes (옷을 입고) in black (검은 옷을 입은)

 We are / in the same class. 우리가 안에 / 방

 I didn't see her / in the library. 그녀가 안에 / 도서관

 I had a book / in my hand .

 I wrote a letter / in english .

12.12쿠테타

2.

  check in 안으로 들어가다 체크인하다(호텔 등에서)

  close in   둘러싸다 포위하다 (사방에서 가깝게 들어가니까)

  count in 끼워주다 (계산에 넣어주니까)

인류 / 일류(명품)

3.

  fill in   빈칸에 써서 채우다

  get in   약간의 어려움을 뚫고 들어가다

  give in   항복하다

4.
in front of	~앞에(구체적인 것)
in itself	그 자체로 본래
step in	발을 들여놓다

5.
turn in	제출하다 (받은 것을 다시 turn해서 제출하니까)
	잠자리에 들다(밖에서 안으로 들어오니까)
take in	받아들이다
	구경하다 방문하다

5.보름달

6.
in addition to, besides	게다가, ~에 더하여, ~외에 또
in case of	~의 경우에는 ~한 때는 ~에 대비해서
in charge of	~담당의 ,~을 맡고 있는
in (the) face of	~에도 불구하고 ~의 앞에서
in favor of = for (반 against)	~에 찬성하여

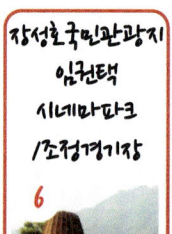

6. 인류

16살의 꿈(디 원)

7.
day in day out	날이면 날마다
in addition to	~에 더하여

7. LG 그램 17 노트북

C-17미군수송기

8.
❷ into   안으로 들어가는 (밖에서 안으로 이동하는 이미지) /동작이미지
into the house   안으로
into the Seoul station   서울역 방향으로
The car run into the wall and blew up (폭발하다) ~에 부딪혀

8.신발/ 욕

5.18광주민주화

9.
into 10 pieces 10 조각으로   / ~로
three into fifty equals five   3을(으로) 15에 넣으면(나누면) 5 (15/3)
into a deep sleep 깊은 잠으로 / ~속으로 빠지는
She is really into classical. 클래식에 깊이 빠진

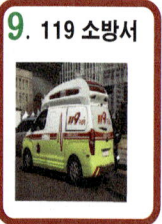

9. 119 소방서

코로나 19 / 19금

20.
turn into　　　　　　~ 로 변하다
fall into　　　　　　~에 빠지다
break into　　　　　침입하다
　　　　　　　　　~(갑자기) 하기 시작하다 (있던 상황이 깨져서 들어가니까)

1.
talk into　　　　　설득하다(말을 해서 들어가게 하니까)
run into　　　　　~을 우연히 만나다
get into　　　　　안으로 들어가다, 도착하다 (특히 전문직 등에) 들어가다
　　　　　　　　~ 하기 시작하다(이야기 싸움 출판 등을)

 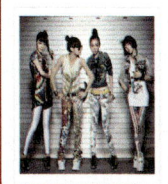

2.
❸ out (out of) 밖으로 나가는
get out of bed　　get out of here　　밖으로
run out into the street.　get stains out　/ 얼룩을 밖으로(빼다)
He is out　밖에 있는　He is out of the office 나가고 없는

3.
비정상적인, 고장난　He is out with his friend.　사이가 나쁘다
　　　　　　　　out of order　고장 난
　　　　　　　　My watch is five minutes out　5분 틀린
고갈된, 바닥난　out of gas, out of budget (예산초과)
탈퇴한, 탈락한　out of the band(circle)

4.
ask out　　　　　데이트 신청하다 (밖에 나가기를 청하다)
blow out　　　　불어서 끄다
break out　　　　(전쟁 화재 병 등이) 발생하다

5.

sell out	다 팔아버리다(매진되다)	
check out	조사하다 알아보다	호텔에서 퇴실하다
chew out	호되게 비난하다 (곰곰이 생각하여 밖으로 내뱉다)	
hand out	나누어 주다 (손에서 나가니까)	
<u>chicken</u> out (coward 겁쟁이 의미)	손을 떼다 꽁무니를 빼다	

6.

figure out   파악하다   이해하다
fill out   작성하다 (여백을 채워) /양식 등에 전부 채워 완성하는 것
 * fill in   빈칸 등에 채워 넣기
find out   알아내다 발견하다
get out of   (책임 등을) 회피하다 도망치다   차에서 내리다
 * get out of here   썩 꺼져

7.

hang out   어울리다, 놀며 돌아다니다
keep out   (바깥에 있는 상태를 유지) ~에 들어가지 않다. 휘말리지 않다.
pass out   정신을 잃다

8.

turn out   ~한 것으로 판명되다
watch out   조심하다
work out   운동하다 (일이) 잘 풀리다 work-out   기업개선 작업

악어이빨(28)

9.

way out   나가는 길, 어려운 문제에서 빠져나가는 길
out of date   낡은 구식의
out of time   너무 늦은(시간이 없는), 박자가 맞지 않는
out of sight, out of mind   눈에서 멀어지면 마음도 멀어진다.

2) on, off , away, against

30.
❹ on / 접촉, 달아 있는, 표면에 붙어 있는 이미지
[스티커, 껌딱지] / 일시적으로 붙어 있는 것

A on B
A 는 B 붙어 있는 기준 B(기준) 는 A 반대

특정한 시간   on Sunday
동시(하자마자)   on arriving,
장소 접촉   on the desk 근접   on the lake

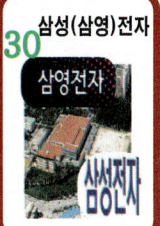

1.

대상 착용 부착   on my head, on a video game, on me
상태 ,진행   on fire, on sale, on a trip
수단 방법   on foot , on a train , on TV(방송중인)

2.

의존   depend on me , count on her parent.
분야, 주제   on classical music , on modern art
작동되는   the lights are on, switch the computer on

3.
on time   시간에 맞추다
and so on   ~등 등
on and off   불규칙적으로, 때때로, 붙었다 떨어졌다

4.
on and on   계속해서, 쉬지 않고
hold on   전화를 끊지 않고 대기하다
catch on   유명해지다(사람들을 사로잡으니까)
                 이해하다 (상황을 잡으니까)

5. cheat on　　　　　　　(배우자를 속이고) 바람피우다
hit on　　　　　　　　　　새로운 생각이 떠오르다
get on　　　　　　　　　　교통수단을 타다(반 get off)
pass on　　　　　　　　　사양하다

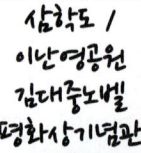

6. pick on　　　　　　　　사람을 괴롭히다 (새가 쪼듯)
turn on　　　　　　　　　전기제품 등을 켜다 (반 turn off)
have a crush on some one　　~에게 홀딱 반하다 (뿅 갔다)
on the contrary　　　　　반대로

인천상륙작전 (36)

7. on the other hand　　　다른 한 편으로는
on your mark　　　　　제자리에　* get set　준비 /　go　출발
on the whole　　　　　전반적으로
on hand　　　　　　　사용할 수 있는 (손위에 있으니까)

8. on one's own　　　　　혼자 힘으로
on a roll　　　　　　　성공하는 잘 나가는
on the spot　　　　　바로 그 자리에서
on the blink　　　　　고장난 (깜박이는 상태가 계속되니까)

9. on the road　본격적으로 진행중인 (서커스 유랑극단이 공연을 위해 길을 떠나는 데서 유래)
on purpose　　　　　일부러 의도적으로
on the house　　　　무료로 공짜로 (술집에 술값이 놓이는 상황)
on behalf of　　　　　~의 대표로서, ~대신에
on account of　　　　　~ 때문에

There is a picture **on** the wall. /picture가 붙어 있다 /벽에
There is an apple **on** the tree. / apple이 매달려 있다 / 나무에
There is a book **on** the desk.
You've got mud **on** your face.

40.

❺ off (원래 있던 자리에서) 떨어져 나가는(떨어져 있지만 가까이 있는 상태)
처음으로 시작하는

be(set, get) off to   떠나다 (set/ get off for 목적지(Seoul)
taking the picture(button) off the wall (the coat) /   떨어져
get off the bus   내리다   get off work   퇴근하다
go off   가버리다 (폭탄 등이) 터지다
* run/ walk off   말도 없이 가버리다(부정적)

1.
I'll drop you off.   데려다 (내려) 줄게
off the coast of Florida   좀 떨어진 (a short distance from)
old paint cans with their lids off   뚜껑이 떨어진(없는, 열린)
lay off   해고하다 (경영악화로) fired 직원 귀책사유로 해고

2.
Turn off   (기계나 불이 작동을) 멈추다 (turn on 켜다)
30% off   30% 할인하여
a long way off   거리가 먼, 기간이 긴
taking the day/week off   하루(한 주) 쉬다

3.
take off   이륙하다
your calculations are off 20%   계산이 틀린 , 품질이 좋지 않은
the wedding is off   취소된
off season   비수기

4.
hit it off   바로 친해지다 죽이 잘 맞다
back off   두려움에 뒤로 물러서다 주장 등을 굽히다
call off   취소하다
break off   관계를 끊다

5.

kick off	시작하다
lay off	해고하다
nod off	꾸벅꾸벅 졸다
put off	연기하다 (일을 놓고 중단시키니까)

6.

take off	(옷, 모자 구두 등을)벗다 이륙하다
	떼놓다 (프로그램 공공서비스 등을) 중지하다
wipe off	없애다 완전히 파괴해 버리다
rip off	바가지를 씌우다 (찢어내니까)
off the record	비공식적인 비밀인

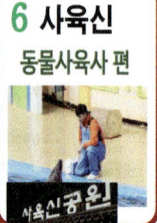

7.

off- the -wall	특이하고 엉뚱한 (상식에서 떨어진)
off limits	출입금지 (허용된 한계에서 떨어진)
off hand	즉석으로, 사전 준비없이
off duty	의무에서 벗어난, 비번인(당번이 아닌)

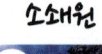

8.

off –chance	일어 날 것 같지 않은
keep off the grass	잔디 안에 들어가지 마세요
see off	배웅하다 (send off 작별인사 배웅)
scared off	겁을 줘서 떠나게 하다

9.

let you off (the hook에서 유래)	/ 물고기를 놔주는)면제해 주다
kick off meeting	첫 미팅 (start off)
sleep off	잠을 자서 (문제를) 해결하다
walk off	걸어서 (배 ,화 등을) 소화시키다

cool off	식혀서 해소하다	piss (kick) off	짜증나게 하다
show off	자랑하다	sweat off the weight	땀흘려서 살을 빼다
give off	방출하다 발산하다		

50.

❻ **away**   멀리 떨어져 / 행방이 막연하고 분명치 않음을 표현
- 3 miles away   (시간, 공간적으로) 떨어져(떨어진 곳에)
- go away !   다른데(로), 저쪽으로
- only a month away 미래의 특정시간에, 앞두고 있는
- He is away this week.   결석한(absent) 자리에 없는

1.

- boiled away   완전히 사라진 , 다 써서 없어진
- He's been **working away** on the garden all day.   계속해서 쉬지 않고
- The away team   원정(경기)의
- * run away   행방이 막연하고 분명치 않음을 표현
- run off   떨어져 있지만 누군가에 가있는 분명한 거취표현

2.

❼ **against**

[맞서는, 등지는, 대항하는] 이미지 / * **기대어, 부딪혀**
- lean against (on) the wall   벽에 기대어
    / on 은 붙는 느낌 against 는 반작용의 느낌
- fell heavily against the wall   벽에 세게 부딪히다
- The rain beat against the windows. 비가 창문에 내리지다
    (비와 창문사이의 반작용)
- feel soft against her face   얼굴에 (갖다 대어) 부드럽게 느끼다

3.

* 반대하는 맞서는
- against my proposal   ~에 반대하는   against one's wishes
                                       누군가의 뜻을 거스르고
- play against Japan   일본과 맞서 싸우는   His age is against him
                                              나이가 걸림돌
- battle against inflation,   the game against Cowboys

* 막아주는 보호해 주는
- protect him against the cold of winter.   막아주는, 보호해 주는

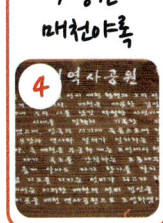

4.

* ~에 대한 ,나쁘거나 부당한 영향을 주는 방법으로

exchange against the dollar 달러에 대한 비율 (서로 반대되는 대상일 경우)
discrimination against racial minorities 소수민족에 대한 차별
against all (the)odds   역경을 딛고 (1984개봉연화 주제가 Take a look at me)

확률 가능성 역경 문제 승산(odd 이상한 특이한 별난 홀수(짝수 even)
come up against (어려움 등에) 맞서다 직면하다
against the rules   법을 어기는 against the clock   되도록 빨리 (시간을 거스를 정도니까)

5.

3) ⑧ at / 한 점이 기본 이미지 (콕 찍은)(과녁에 꽂히는 모습)

when 시간, 나이   meet her   at night
                        만났어 그녀를   언제? 밤에
            at 9:25, at christmas, at the age of sixty.
where 장소   at home (집에, 편안한), at the station, at page 6
     방향   look at the star, throw a stone at the cat
     소속   at Seoul National University
     대상   aim at the target , shout at her son
how 상태   at lunch , at a loss, at war ,at piece
     숫자   at 10 dollars, at 30 kilometers per hour
     분야   good (poor) at swimming
     극한(최상급과 함께) at least ,at best, at worst at one's best
why 감정의 원인   surprised at,   angry at

6.

at once   당장에, 동시에   all at once   갑자기 (한 번에 다하려고 하니까)

at first   처음에   at last   마침내 드디어

at the beginning   처음에   at the end   마지막에 마침내

7.

at the moment   지금

at a distance   좀 떨어져서

at least   적어도 최소한 (가장 작은 것에 있는)

8.

at the mercy of   ~의 마음대로 ~에 좌우되어

at the cost of ~을 희생하여, 대가로

at all   (not 부정문) 전혀 ~아니다   (의문문) 조금이라도

9.

He **didn't** do it **at all**.

Did you eat at all? / 의문문 (조금이라도).

He is (sitting) **at** the chair   **in** the class. /in 이 좀 더 넓은 범위

      앉아 있는 곳이 chair   안인데 그곳이(기준) / 교실

I will meet you / **at** 6 / this afternoon.   / midnight

             (부사에는 전치사 ×) this morning 등

He got married / at 30.   He is very good / at baseball.

Please make yourself / at home(o.c 목적격 보어)/ 형용사 역할(편안한)

4) from, to

60.
❾ from / [출발점, 비롯되는]이 기본이미지

1) when, where 출발점 기점
　　ten Kilometers from Seoul,　a class from 9 to 5
　　 10 킬로미터 출발점이 서울 수업이 시작 9 끝 5
　　from Seoul, from Chicago
　　take something from me , prevent me from going to school

2) why 원인, 근거
　tired from a long trip, suffer from headache, die from cancer.
　tell her from her sister,　different from
　Cheese is made from milk. (성질이 변함)

1.

far from A　　~은 커녕 , 전혀 ~하지 않은 (A와 머니까 아닌 것임)
from now on　　　　　지금부터, 앞으로
from day to day　　　 매일매일 날마다
from door to door　　 집집마다
from place to place　　　여기저기
from time to time　　　때때로
suffer from　 ~ 로부터 고통받다
apart from ~은 별문제로 하고

I am from Korea.
be different from ~와 다르다
distinguish A from B　 A를 구별하다 B 로부터
from bad to worse　 더 악화되는
I have a letter from him. (형용사 역할)

삼천갑자 동방삭

60 환갑

61. 육일돌

2 유기동물

유기제품

3 6.3 빌딩

4 육군사관학교 이육사

2.
⑩ to / [종점] 이 기본 이미지 (도착의 의미가 내포됨)

(1) 방향, 도달점, 결과

to the post office,   to the park,   to Seoul
belong to baseball club,   stick to one's original idea.
starve to death,   broken to pieces,
   굶어서 죽음으로,   깨져서 조각으로

to my surprise   놀랍게도 (가는 곳이 놀람이니까)
from beginning to death, to the last,
wet to the skin. (흠뻑 젖은 피부까지니까)
ten to six 10분 6시 까지는 (5시 50분)
   (이전)

3.
(2) 비교 (~보다 than의미)

prefer coffee to milk,
   더 좋아하다 커피를 / 보다 우유
superior to, inferior to, senior to, junior to
더 우세한   더 열등한   더 나이가 많은   더 젊은

score is 3 to 0 스코어가 3: 0

4.
(3) 대상

present to my friend, listen to me, kind to everybody
선물   친구에게   듣다 내말을   친절한   모든 이에게

(4) 일치 (맞추어서)

I hope this is **to your taste.** 취향에 맞다   They sang **to the piano** 피아노에 맞춰
dance to the music,   according to the plan
side to side   좌우로   side by side   나란히, 밀접한 관계를 가지고
mouth to mouth,   cheek to cheek,   face to face
a key to the door   키 (문에 꼭 맞는)

5.

(5) 원인

come back to my whistle   휘슬소리에

wake up to the sounds of the birds chirping 새소리를 듣고

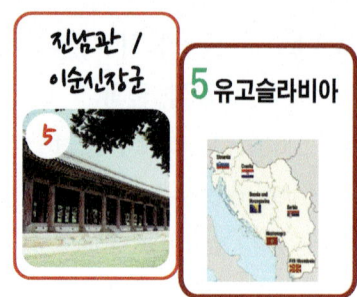

6.

(6) 특정장소, 사건, 상태 등이 되도록 (to 부정사의 미래의미 포함)

I couldn't go to sleep last night.

Are you going to the wedding ?

He decided to study hard until he won the prize.

I left early to catch the plain, but I missed it,

I am going to visit New York next year.

I hope to see you again.

7.

come to   의식을 회복하다, 오다, (합계가) ~이 되다

subscribe to   ~을 구독하다

look forward to (명사, Ving)   ~ 하기를 기대하다

be(get) used to (명사,Ving)   익숙해지다   (많이 하니까)

  * used to V ~ 하곤 했다(과거 습관)

8.

from time to time   때때로

according to   ~에 따르면 ~을 따라

be due to   ~할 예정이다

9.

up to   ~까지 ~의 책임인

up to date   최신의

live up to   합당한 생활을 하다, 부응하다

6과9 물구나무

5) for, during, while

70.
⓫ for / [~을 향해서 (해바라기),마음에 둔]이 기본이미지
　(도착여부와는 관계없음) 도착은 to

(1) 방향　　　for Seoul 서울을 향해서 for Busan
(2) 기간 ,거리　for 2 years , for a long time. for 10km a day (숫자)
　　　* during the vacation (특정한 기간/숫자 아님)
(3) 교환 ,대가　exchange something for mine, buy shoes for 500 dollars.
　　　　　　 교환하다 something 내 것과,　산다 신발을 500달러에
　　　　　　 for free (공짜로)

1.
(4) 원인 ,이유   famous for beauty, for this reason
　　　　　　 유명해 미모로　 이런 이유로

(5) 이익, 목적   study hard for the exam, study hard for you.
　　　　　　 시험을 위하여　　　너를 위하여
(6) 대상　　　books for children,　 for beginners.
　　　　　　 어린이용　　　　초보자용

2.
(7) 비교해서 생각해보면 generous for his age 나이에 비해서
　 hot for New York 평소 뉴욕날씨에 비해서 더운 cold for April
　 for a man of his wealth　for a beginner
　 for all her complaining
　 What's the Korean woed for 'grape'   grape 에 해당하는
　 That's all for today 오늘은 마치겠습니다 (이것이 모두임 오늘을 생각해보면)

3.
(8) 지지(찬성)　Are you **for** this plan or **against** it?
　　　　　　　　찬성　　　　반대

4.
for all ~임에도 불구하고
for example =for instance 예를 들어
for now (지금을 위한거니까) 당장은, 지금으로서는

 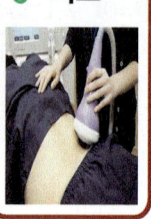

5.
for oneself 자신의 힘으로 지신을 위해
care for 돌보다 (부정문에서) 좋아하다 I don't care for her sister.
go for 애쓰고 노력하다 go for it ! 열심히 해

6.
go in for 아주 좋아하다 사족을 못쓰다
stand up for 지지하다 (위해서 서 있으니까)
stick up for 곤란한 사람을 도와주다 변호하다

7.
stand for 상징하다
take A for B A를 B로 생각하다 (오해하다 착각하다)
once and for all 마지막으로 한 번 더 (한 번만 모든 것에 대해서)

8.
for the first(last) time 처음(마지막)으로
for good 영원히 (좋은 것을 위하니까)
for the sake of ~을 위해 (이익이나, 목적)

철판구이, 칠판

9.
for the purpose of Ving, so as to do, in order to do
but for ~이 아니라면, ~이 없다면

80.

⑫ during ~하는 동안에, 같은 시간 동안(at the same time) 일어나는
while 에 비해 상대적으로 긴 경우
during the vacation (해당기간이 나옴 /숫자가 아님)
during the winter   for 2 years (for는 숫자가 나옴)
during the parade
during   sleep

1.

⑬ while ~하는 동안에(접속사로써 절이 오게 됨)
  주로 하루 내에서 일어나는 일의 표현(during 보다 상대적으로 짧은 기간)
While you were sleeping (영화 1995년 개봉)
While I was asleep

* for ~동안에(구체적인 표현)
  사건이 걸린 시간을 표현 for 2 hours , for 2 years
* during ~하는 동안에 (일정기간을 표현) ~ the vacation

2.
6) ⑭ of / 소속, 분리 (부분집합)가 기본이미지
  A of B에서 A는 B의 분분집합 (B 가 더 큼)

1) 소속   a friend of mine,   name of the flower
         친구   내 친구 중에서   이름   꽃 이름 중에
              the room of Karen = Karen's room
              the tail of a dog = a dog's tail
    * 무생물일 때는 of 형태만 가능   the leg of table
    다만, 신문에서는 the government's report처럼 무생물이라도 B's A
                    형태를 사용하기도 함.

2) 부분   one of them,   the youngest of us.
3) 동격   the three of us , at the age of ten.

3.

4) 관련   a book of history, the smell of perfume, a story of romance.

5) 특징, 성질   a man of ability, a matter of fact.

6) 분리   robbed me of my book, clear the table of a toys

    deprive A of B   A 로 부터 B를 빼앗다

    cheat A of B   A 를 속여서 B를 빼앗다

    free A of B   A 를 B로부터 해방시키다

    relieve A of B   A 를 B (고통, 질병 등) 로부터 없애다.

7) 재료   be made **of** wood   (재료변화 없는 경우)

    * be made **from** grape   (재료가 변화된 것)

8) why   원인(이유), 속성

    die of a stroke(뇌졸중) (heart attack 심장발작) /직접적인 원인

    die of poverty / 간접적인 원인   be shamed of you(당신이 부끄러운)

    be afraid of you (니가 두려운)   be tired of

    I was **nice of you** to say so. /사람의 성질 나타낼 때

    think of east way out   think of you

86아시안게임

4.

because of (owing to' due to, thanks to, on account of) ~ 때문에

instead of, in place of   ~대신에, ~은 하지 않고

This map is <u>of no use</u> .(형용사 역할)

7) with, without

5.

  ❶ with / [~와 함께] 기본이미지

  (1) 동반, 추가   come with me, live with her children,   be with you.

      coffee with sugar and without cream

  (2) 관계   What's wrong with you?   have nothing to do with

  (3) 대상/ 때문에 (감정)

    angry with me,   agree with you, be please with my gift.

    나에게   너에게   내 선물에

88고속도로

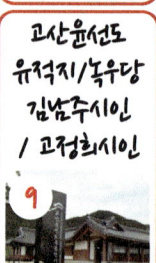

6.

  (4) 소유   a house with a pool, umbrella with me, money with me.

  (5) 도구·수단·재료   with a red pen, buy happiness with money

                  a cake with fresh fruit, bottle with water.

  (6) 원인   with joy, with cold, with flu.

7.

  (7) 상태, with + 추상명사 / 부사구(~을 가지고 ~으로)

        handle with care,   work with diligence,

          조심스럽게   근면하게

  (8) 동시, 부대상황

    speak with one's mouth full, sleep with his eyes open.

      입에 가득 물고   눈을 뜨고

    six feet tall with black hair

8.

with all	~ 임에도 불구하고. ~이 그렇게나 많으면서
without	~없이 (with 의 반의어)
within	~ 이내에
put up with	~을 참고 견디다
come up with	무엇을 생각해 내다
I am with you	이해하다 (너와 함께 하니까)
with all = for all	~임에도 불구하고
with a view to ving	~을 하려고, ~할 목적으로

with 같이 있는, 함께

  with you   너와 함께   come with a CD CD와 함께 딸려오다

He ran towards her with arms outstretched / with outstretched arms.

         그는 두 팔을 한껏 뻗으며 그녀를 향해 달려갔다.

I'm fed up with living with my parents, so I'm looking for a place of my own.

         난 부모님과 함께 사는 데 질려서 나 혼자 살 곳을 알아보고 있어.

to fill a hole with earth / a bucket with water 흙으로 구멍을 메우다/양동이에 물을 채우다

As with all new ideas it met with resistance. 모든 새로운 생각들이 그러하듯, 그것도 저항에 부딪쳤다.

He's more comfortable with computers than with people.

         그는 사람들과 있는 것보다 컴퓨터와 있는 것을 더 편하게 생각한다.

9

⓰ without ~ 없이, 같이 있지 않은

without you   너 없이   without food   먹지 않고

He hurried by without speaking to me.   그는 내게 말도 없이 급히 지나갔다.
The cut healed up without leaving a scar. 그 베인 상처는 흉터 없이 나았다.
He upped and left without telling anyone. 그는 아무에게도 말하지 않고 갑자기 떠났다.
He had lied to her without compunction. 그는 아무런 죄책감 없이 그녀에게 거짓말을 했었다.
Bend gently to the left without straining. 너무 무리하지 말고 부드럽게 왼쪽으로 굽히세요.

8) by, until, not ~ until / beside

90.

⓱ by [가까이 있는, 바로 옆에 있는]이 기본 이미지 (옆에 근접한)

near	어느 정도의 거리는 있지만 가깝다는 의미
beside	**바로 옆**이라는 의미, 좌우로 거리가 가까운 의미
by	**바로 곁**이라는 의미로 **좌우에 한정되지 않고** 거리가 가까운 것을 의미
besides	~외에, ~에 더하여

장소   by the door ,by me
경유   come by the front door, by way of NewYork.
수단 방법   by train, by bus, by mail, by smartphone,
           What do you mean by that.

1.

동작의 주체(수동태에서)   by Newton, by a bus   ~에 의해

차이   miss him by a minute 1분차이로
      older than by three years   세 살 차이

단위   by the pound, by the month , by the week

2.

기준   by one's appearance,   by the rule
대상   신체부위에 따라 사용되는 전치사가 다름.

     catch him **by the arm**   touch him **on the shoulder**
     look him **in the face**   kiss him **on the cheek.**

기한   by next Saturday,   by 5o'clock

3.

by	~까지만 하면 됨 (일찍 와도 됨, 넘기면 안됨, 마감시간, 출근의 의미)
	그 때까지 동작이나 상태가 완료되면 ok!
	I will be back by seven.
until	~까지 계속 하다 그 시점에 동작이나 상태가 끝나는 개념
	(하던 일이 stop 되는 것) (퇴근시간)
	She has to work **until five.** (5시 까지는 일해야 함)
	* till 은 untill 과 같은 의미이나 주로 구어체에서 사용
	/문장 첫머리에서는 거의 사용 안함

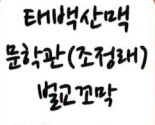

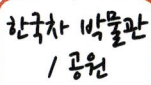

4.

* not A until B   A 가 아니다   until B 할 때까지는

우리말로는 B 하고서야 A 하다 라고 번역할 수 있으나 가능하면 앞에서부터 해석해가는 습관을 들여야 할 것임

= not until B that A   = not until B, did ~ S + A

He **didn't** come home from school **until** 10. pm.
    집에 오지 않았다   오후 10시 까지는 / 10시가 되어서야 집에 왔다
= **Not until** 10.pm. **did** he come home from school.
    오후10시 까지는 아니다   그가 집에 온 것은
= It wasn't until 10. pm. that he came home from work.
    10시 까지는 아니다   그가 집에 온 것은

구사 (화투)

5.
day by day 날마다
little by little 조금씩
one by one 하나씩
by chance 우연히

 5 구미호 / 구호

6.
by mistake 실수로
by way of ~을 경유해서
by he way 그런데, 그건 그렇고
by all means 반드시 꼭

 6 악마크림96 근육

7.
by oneself 홀로, 혼자서　　by itself 그것만으로, 저절로, 홀로
　　in a class by itself 독보적인, 압권인(교실에 혼자니까)
　for oneself 스스로, 자기를 위하여
　of itself 저절로, 자연히　in and of itself 본질적으로, 그것 자체로는
　in itself 본래, 그것 자체가

 7 구치소

8.
by nature 천성적으로 타고 나기를
by all means 반드시 확실히 (모든 수단, 방법을 다 써서)
by way of = via ~을 경유해서

 8 굿판

98인치 TV

9.
⑱ **beside** 옆에 있는(be +side)
beside him 그 사람 옆에 , beside sofa 소파 옆에
beside the point 　　(요점이 아닌 옆이니까) 요점을 벗어나
beside oneself 　　(정상에서 벗어나 있는) 제정신이 아닌 , 정신을 잃은

 9 구구콘

구구단

* **besides** A / A를 제외하고
　　besides music   음악은 제외하고
*aside   한 쪽으로 치워놓고 제쳐 놓은
My objections to the plan were waved **aside**.
　　　　그 계획에 대한 나의 반대는 일축되었다.
He shrugged aside suggestions that he resign.
　　　　그는 자기더러 사직하라는 제안을 하찮게 여겼다.
The onlookers stood **aside** to let the paramedics through.
　　　　구경하던 사람들이 구급요원들이 지나가도록 비켜 서 주었다.
He brushed **aside** my fears.   그는 나의 두려움을 무시했다.

9) 위 above, over, up   **beyond**

1100.

❾ **above**   기준보다 바로 위에 있는, ~보다 높은, 많은, ~보다 우월한 ~을 초월한
　　moon above my head   달이 위에 (기준이) 내 머리 (아래)
　　above all   모든 것 위에 (무엇보다도)
　　above normal (average, 36 degrees) / ~보다 높은, 많은
　　above you / 너보다 한 수 위 / ~보다 우월한
　　above suspicion 의심할 여지없는 /   ~을 초월한
　　above the law   법이 적용되지 않는
　　keep one's head above water. 어려운 상황을 견디다
　　　　(물위로 머리를 내밀어 유지해야 하니까)

1.

❷⓪ **over**   위에서 덮고 있는 (타고 넘는) 이미지
　　　　위에   너머에   ~을 뒤덮고 있는
　　　　위치를 이동하는   ~내내 (특정한 시간을 덮는)(동안)
　　clouds over the mountain   구름이 위에 그 아래 산
　　bridge over the river   다리가 위에 그 아래 강
　　over sixty   60살 이상   over the rainbow   무지개 너머
　　talk over a cup of coffee   커피 마시면서(커피위에서)

2.

over the face 얼굴을 (덮어서) 가리는   on the face 얼굴위에 올려놓은
fell over   넘어지다   fell over a cliff   절벽으로 떨어지다
bring the book over here   가져다주다 / 위치를 이동하는
come over   건너오다 방문하다

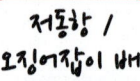

3.

over the winter 겨울 내내   over the weekend 주말 내내
over the past six years 지난 6년 동안 내내   over fifty 50(살) 이상
over 12 times 12번 이상   rule over his country. 지배하다
all over the country(world)   / 전국(전세계) 에 걸쳐서

4.

blow over   바람에 쓰러져 뒤집어 지다 잊혀 지다
 * blow up 폭파하다 고조되다 (사진 그림 등의) 확대 (감정의) 폭발
fall over   넘어지다 무너지다   get over   극복하다
hand over   양도하다   look over 빨리 검토하다 훑어보다

5.

go over   주의 깊게 살펴보다 검사하다   over and over   반복해서 자꾸자꾸
pull over   차 등을 길에 세우다 (서부시대 말 고삐를 잡아당겨 말을 세운 데서 유래)
take over   책임을 떠안다   turn over   반대로 뒤집다 전복되다

6.

㉑ up 위로 올라 가는, 완전히, 기운이 차는

climb up the tree 나무위로 올라가다 / **위로**
She got up early.   일어나다 (움직여서 위로)/**깨어 있는**
It's up to you. 너에게 달렸어 / **직면한**
   come(came) up 다가오다   go(went) up 다가가다

7.
act up 동작이나 행위가 위로 올라오는
　　　　행동하다   act up to one's principles.
　　　　기계나 차량 등이 제대로 작동하지 않다, 말썽을 부리다.
　　　　　　The printer is acting up again.
　　　　비정상적인 행위를 하다
　　　　　She started acting up.

8.
back up 뒤로 가다   back up your car.
　　　　컴퓨터에 저장하다   back up the files.
　　　　일이나 의견을 뒷받침 해주다   He will back me up.
　　　　도와주다

9.
blow up　　　　폭파하다 고조되다 (사진 그림 등의) 확대 (감정의) 폭발
　* blow over　　　　바람에 쓰러져 뒤집어 지다 잊혀 지다
　break up　　　　(연인 등이) 헤어지다 깨지다
　bring up　　　　가져오다, 새로운 문제를 제기하다

10.
build up　　　　운동으로 몸을 튼튼하게 하다
call up　　　　전화하다
catch up with　　　~을 따라잡다   cheer up　　기운을 내다(북돋우다)
cover up　　사실을 숨기다 감싸다   hang up 전화를 끊다(수화기를 본체에 걸다는 의미에서)

1.
hold up　　　계속 유지하다 견뎌내다   keep up with　　보조를 맞추다
look up　　　사전을 찾아보다 조사하다   mix up　　마구 섞다, 혼란스럽게 하다 혼동하다
make up　　구성하다 화장하다 화해하다, 남을 속이거나 핑계대기 위해 꾸며내다
* kiss and make up   (연인, 부부끼리) 화해하다   make up one's mind 결심하다

2.
pick up　　　집어 들다, 이성을 유혹하다, 어떤 일을 배우다(익히다)
　　　　　(경기가) 활기를 띠고 있는
set up　　　　준비하다 약속하다 사업등을 차리다
　　　　　속임수, 책략 등을 쓰다 이성을 소개해주다

3.

show up   나타나다   sign up   등록하다 계약하다
stand up   일어서다   throw up   토하다 (vomit)
up and down   위아래로 오르내리는   Time is up. (약속한) 시간이 다 되다

I'm up for it   좋다는 의미
My house is up for sale. 팔려고 내놓다
What's up? 무슨 일 있니? (무언가 수면위로 떠오르는 느낌)
Did he turn up? 나타나다 (돌아서 위로) / 보이지 않던 존재가 위로 짠! 나타나는

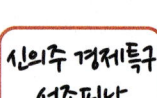

4.

㉒ **beyond**   ~저 편에[너머], (특정한 시간을) 지나[이후], 건너편에,
(시간, 공간, 추상)   **~이 미치지 않는 곳에, ~을 넘어서**

There's nothing beyond the sky.
I saw her dive into waves just beyond the horizon. (수평선, 지평선) / 공간
It's way beyond cutting edge.(최첨단)
They never talk about anything beyond 1960s. / 60년대를 넘어서는/ 시간
It's beyond your help. 도움 밖의 일
It's beyond sure. 확신을 넘어서는(더욱 확신하는)/ 추상

beyond description   말로 표현 할 수 없는
beyond my means   내가 버는 것 보다 더 많이 쓰는
beyond doubt   의심할 여지없이

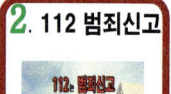

10) 아래 below, under, beneath, down

5.

㉓ **below** 기준보다 아래, (위치나 지위가) 낮은

below the horizon,   below this line,   below zero. below average.
5 people working below him   5명을 자기 밑에 두고 일하다
hit below the belt. 벨트아래를 치다(약점을 건드리다)
below par 컨디션이 좋지 않은

6.

㉔ under

밑에 있는 (일정 공간이 있는)　　under the bridge
　　　　　　　　　　under the sea　　under the tree

~보다 적은(작은)
　　It took me under 10 minutes　　10분이 채 안 걸린
　　under 20　/ 20(살) 아래　　under age　미성년인

7.

~의 영향을 받는
　　under attack　공격을 받고 있는　　under pressure　압력을 받는
　　under arrest　　체포되는　　under control　통제하에 있는
　　under no circumstances　어떠한 경우에도 (상황과 관계없이)
~ 하고 있는
　　under construction　공사 중인　under consideration　고려중인

8.

㉕ beneath (어떤 것이 다른 것에 의해 덮여져 있고 감추어져 있는)
　　　　　바로 밑에 있는　~보다 수준이 낮은　~할 것 같지 않은
beneath the newspaper　~의 바로 밑에 (감쳐져 있는)
beneath a pile of papers
beneath her　/　~보다 수준이 낮은
beneath my dignity 품위에 맞지 않는

9.

beneath my notice　안중에도 없어
job beneath him 자신이 할 만한 일이 아닌
beneath him to break the law.　법을 어길 만한 사람은 아님

20.

㉖ **down**   아래로 가는   고장 나는   사람이 처지는
  roll down   아래로 구르다
  cut down   잘라 버리다
  sit down   앉다

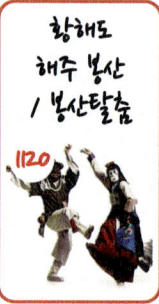

1.

boil down to 끓어서 줄어들어서 본질로 가다 / 핵심으로 요약되다
  My whole life **boils down** to these 4 pages.
go down 쭈욱 가다(진행방향 그대로 계속하다)
walk down the street 길을 따라 걷다

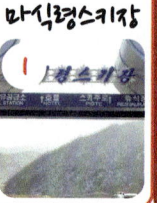

2.

come down with a cold 감기기운이 있다
look down on   ~을 무시하다
break down   기계 등이 고장 나다

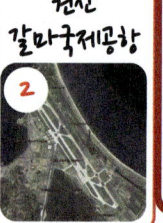

두리랜드(임채무)

3.

let someone down ~을 실망하게 하다(축 처지게 하다)
shut down   사업을 끝내다   컴퓨터 등이 다운되다
turn down   (상대방의 제안을) 거절하다

아르헨티나
2월 3일공원

4.

run down (달려오다가 지쳐 아래로) 기진맥진한
down to earth   (땅에 안정적으로 내려오니까) 진솔한

11) 앞과 뒤 (시간 ,장소) before, ahead, after, behind

5.

㉗ **before**
(시간, 장소) ~ 전에, 앞에, 어떤 거 보다 일찍,   더 중요한
before dinner. 식사 전에   before the stop light. 신호등 앞에서
before yesterday.   before ten o'clock.

the day before yesterday   그제 (어제 이전 날)

6.
the year before last   재작년

His wife and children **come before** his job   / ~ 보다 중요하다

The case is now before the Supreme Court. 대법원에서 심리중인(결정전인)

You'd better lock your bike **before** it gets stolen. / ~하지 않도록
(도난 당하기 전에)

We'd better get going. It'll be dark **before you know it**. / 곧, 눈 깜짝할 사이에

* 구체적인 사물의 위치상의 앞에는
  in front of the house / 바로 앞에 있는

7.
㉘ ahead   저 앞의(앞으로 향해 있는)

look ahead 앞을 보다

go ahead of me   나보다 먼저(앞에) (after you)

get ahead   앞서가다 성공하다 출세하다

the car ahead of me 내 앞의 차

8.
㉙ after   ~ 후에(시간이나 위치 순서) 시간의 반복

<u>the day after</u> tomorrow   모래(내일 이후)

그날이 뒤에 (앞에는) 내일 / 전치사는 전치사를 기준으로 반대위치

after school   방과 후 수업 후 (학교 뒤는 behind school)
after five   5시 이후
the week after next (week)   다음 주의 그 다음주 (다다음 주)

악어이빨(28)

9.
after a while   잠시 후
after you .   당신 뒤에 (내가) / 당신이 먼저 (내가 뒤에)
after all   결국(모든 것의 뒤)

30.

look after	돌보다, 보살피다 (뒤에서 봐주니까)
one after another	잇따라, 차례로 one after the other
	(2개가) 교대로 번갈아서
take after	닮다 (앞에 잇는 것을 그대로 가지니까)

night after night	밤마다	month after month.	매달
year after year	해가 갈수록	time after time	몇 번이나
name after his father	아버지 이름을 따서 이름 짓다		

1.

㉚ behind / 뒤에 있는 뒤쳐져 있는

behind you(me, him).　/ 뒤에 있는, ~을 후원하는, ~에게서 잊혀진

behind schedule.　behind him in math / 뒤쳐진

behind his manner / ~뒤에 숨겨진　　behind the times　시대에 뒤쳐진

behind the scenes　배후에서, 아무도 모르게 (앞에서 펼쳐지고 있는 상황 뒤)

2.

behind bars　감옥에서 (쇠창살 뒤)

behind someone's back　당사자 없는 데서 몰래(어떤 사람의 등 뒤에서)

*ahead　앞서가는

ahead of schedule　　일정보다 빨리　ahead of everyone　누구보다 앞에

12) 주위, 주변 / about, around

3.

㉛ about   주변의 모양, 주변을 포함하는 / 이미지

walk about town　　도시주변을 걷다 /~주위의

somewhere about the office .

about the matter　　문제, 사물의 주변 / ~에 대(관)해서

about an hour　　수치상의 주변 (대략) / **약, 대략**

4.

What about ~ ? = How about ~ ? ~하는 게 어떨까요?
bring about   초래하다, 야기하다, 어떤 상황에 이르게 하다
come about   일어나다 발생하다
get about (around)   여기저기 다니다
be about to do Sth   곧 ~하려 하다 (~을 하는 것의 주위에 있는 상황)

5.

㉜ around [주위를 둘러 싸고,주변을 도는]의 이미지 (영국 round)
    ~부근에   ~의 여기저기에

around the sun   around tract   주위를 도는
around fire , around him (the player, the coach)   ~둘레에, 주위에
around table   around the world,   주변 곳곳에
around ten   열 시 경 (about 과 같은 느낌) 대략 , 약

6.

hang around   어슬렁거리며 배회하다
mess around   (엉망으로 돌아다니다) 빈둥거리며 지내다
beat around bush   핵심을 말하지 않고 빙빙 돌리다(엉뚱한 bush 주변만 때리니까)
just around corner   아주 가까이 있는 (코너만 돌면 될 정도로), 머지않아 곧
around the clock 밤낮없이, 24시간 내내(시계가 360도 도는)

13) 이동, 통과   along, across, through, back

7.

㉝ along (선, 사람, 생각 의견, 건강 공부 정책 등을) 따라서
         시간·방향상으로 전진하여

walk along the street,   along the road, along the river,   along the car
come (tag)along   따라오다, 함께 가다
              (건강 공부 정책 등이) 과정을 따라 진행되다
                   나타나다, 잘 자라다
get along with   잘 어울리다   사이좋게 지내다

인천상륙작전
(36)

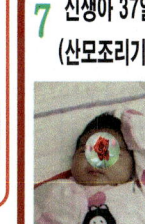

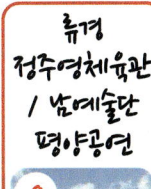

8.

㉞ across 평면을 (맞은편을 향해) 가로 질러서 이동하는
무엇인가를 전달하거나 이해시키는

across the street (road)   across the river   가로 질러
across the (world, city, nation)   ~의 전역에 걸쳐서
come across   우연히 마주치다(발견하다)
                       인식되다 (가로 질러 다가오니까)
across the board (전체를 의미)   전반적으로 일률적으로
get my point across   의사를 전달하다

9.

㉟ through   (시간, 공간을)통과하는, ~동안, 계속

* 공간을 관통하는

  through the Busan Tunne,   through the window
  through the park

* 시간을 관통하는

  through the night   밤새도록 /
  through his life   일생동안

  go through   어려운 시기 등을 겪다, **이겨내다**
  come through   **이겨내다** 극복하다 통과하다 받아들여지다㉞
  get through   **극복하다**,   전화가 연결되다 설득하다
                      (법안 등이) 통과되다, 시험 등에 합격하다
  run through   특히 목록을 재빨리 훑다   체크하다
                      연습하다 (리허설/예행연습) 널리 퍼져있다
                      돈이나 재산 등을 다 써버리다
                      자동차로 지나가다

though	비록 ~ 이지만
thought	생각 (think 의 과거)
thorough	철저한

40.

㊱ back (부사) 되돌아 가는, 주저하는, 자제하고 억누르는

Take your word back!   말을 취소해

They took the scenic route back to the hotel.

그들은 호텔로 돌아가는 경치 좋은 길을 택했다

[경치가 좋은 길을 따라 호텔로 돌아갔다].

He rolled onto his back. 그는 (엎드려 있다가 등이 바닥에 닿게) 바로 돌아누웠다.

The dress fastens at the back. 그 드레스는 뒤에서 (단추·지퍼 등을) 채우게 되어 있다.

Stand back and give me some room. 뒤로 물러서. 내게 공간이 좀 생기게.

[다가오지 마. 좁아 죽겠어.]

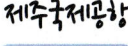

14) 사이   between, among

1.

㊲ between 2개의 사이에 낀 (2개사이의 중간)

| 2 | A | 3 |

between 2 and 3

between City Hall and Namdaemun

between meals   간식   nothing in between   중간에 아무것도 없음

between you and me = between ourselves 우리끼리 얘기인데, 비밀인데

between the lines   행간 (숨은 뜻)

between jobs   구직상태인 (옛날 직장과 앞으로의 직장 사이)

2.

㊳ among 3개 이상의 사이에 낀

among the trees

among the crowd

among the biggest cities in the world

= one of the biggest cities in the world

among his friends

among others = among other things   여럿 가운데서, 특히

15) 기타 as,

3.
㊴ **as** (=like) ~처럼, ~라는 / 접속사 기능도 있음(때문에 등)
as a friend　　친구로　　as a doctor　　의사로서
newspaper as a blanket　　as smart as his friend
신문을　　담요로　　스마트 한 것이　친구만큼(처럼)
as white as a sheet .　　　as far as I am concerned
흰 것이 백짓장처럼　　멀리 간 것이 내 관심 / 나에 관한 한
as for　　~은 어떠냐 하면 ~입장에서는, ~에 관해서는　~에 대해서는
as to=about

16) together, apart

6.
㊵ **together** 모아 놓는
All the pieces of puzzle came **together**. 퍼즐 조각이 맞춰지다
Tie the two ropes **together** with a knot.두 밧줄을 함께 모아 매듭을 묶어라.
Blend **together** the eggs, sugar and flour. 달걀, 설탕, 밀가루를 함께 섞어라.
As they heal, the bones will fuse **together**. 그 뼈들은 나으면서 함께 접합된다.

7.
㊶ apart 흩어 놓는
Nothing can break them apart. 갈라놓다
The country was torn apart by strife. 그 나라는 갈등으로 분열되었다.
My whole life had come apart at the seams. 내 인생이 전부 결딴난 상태였다.
They tore the room apart, looking for money. 그들은 그 방을 온통 헤집으며 돈을 찾았다.
Racial strife is tearing our country apart. 인종 간의 다툼이 우리나라를 분열시키고 있다.

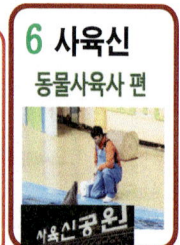

사육사

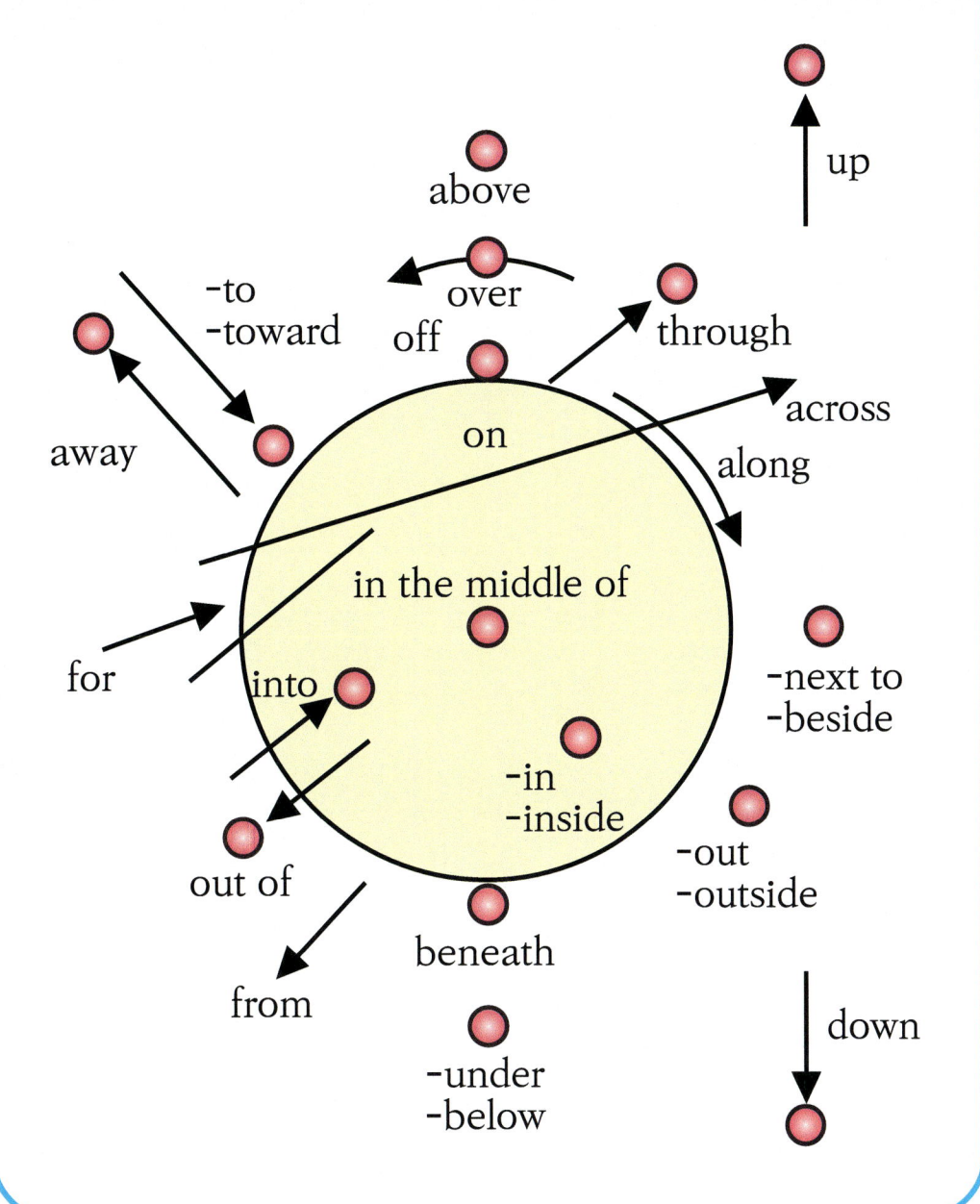

10

접속사

10. 접속사

문장에서 단어와 단어, 구와 구, 절과 절을 연결해 주는 역할을 하는 품사

10.1 등위접속사

성질이 같은 낱말들 끼리 대등하게 연결해 주는 접속사로써, 등위접속사 앞·뒤에 오는 단어, 구, 절에는 오는 것들은 같은 품사이거나 문법적으로 동일한 성격의 단어, 구, 절이 와야 함.

1) and / 첨가
Come and see me next week.(부정사 to 대신 사용)
My colleague and best friend Minho died suddenly
I tried and tried, but I couldn't finish it on time.
Push the button, and the door will open. (명령문, 조건의미)
 =>If you push the button, the ~.

2) but / 대조
He is not a teacher, but a doctor.
She has no goal **but** to win the match.(other than ~이외에는)
Indeed it was the worst disaster, but we could get over it.
Excuse me, but haven't we met somewhere before?

3) or / 선택
He is an authority on botany, or the study of plents.(that is to say:즉)
Rain or snow, the game will never be called off.(양보)
Work hard, or you'll tail. (If'not / Unless:명령문+or)
Are you British or American?

4) for, so / 결과, 이유
I couldn't go there, **for** it was raining hard.(판단의 근거, 문두에 못 옴)
She doesn't drink coffee at night, **for** it keeps her awake all night.
Minho won the lottery, **so** he quit his job.(그래서: 결과, 결론)
She Is rich, **so** he can buy her whatever she wants.

 * for는 부가적인 원인이나 이유를 나타내는 접속사이기 때문에 문장 앞에는
   올 수가 없음 (because는 결과에 대한 직접적이고 객관적인 원인이나 이유를 나타내기
   때문에 문장 앞에 올 수 있음)

10.2 상관 접속사

두 개의 접속사가 상관관계가 있는 경우에 사용하는 접속사로써 등위접속사와 마찬가지로 두 접속사 간에는 같은 품사나 문법적 성격의 형태가 옴

This book is **both** interesting **and** instructive. (둘 다)

She is **not only** kind **but(also)** honest. (강조)

-〉She is honest (강조)**as well as** kind. (둘 다)

He is now **either** in London or in paris.

Either you **or** he has to go there. (둘 중 하나)

He can speak **neither** English **nor** French [not either A or B] (둘 다 아님)

Neither I **nor** she is go into to the beach today.

*등위 상관접속사의 수의 일치

A and B	복수
Both A and B	복수
(A or) **B**	B의 수
(Either A or) **B** (Neither A nor) **B**	B의 수 B의 수
A (as well as B) (Not only A but also) **B**	A의 수 B의 수
(Not A but) **B**	B의 수

10.3 종속접속사

1) 명사절을 이끄는 종속접속사

that, whether, if

문장에서 주어, 목적어, 보어 역할을 하는 명사절을 이끄는 접속사로써

that은 확정적 사실을 서술할 때 사용하고,

whether, if 는 불확실하거나 의문시 되는 사실에 대해서 서술할 때 사용.

(if 는 목적절에만 사용, 주로 구어체에 사용,

whether 는 주절, 보어절, 목적절 모두 사용가능, 구어체 문어체 모두 사용)

That he is in love with her is good for his family.(주어)

The most import thing is **that** You have to finish your homework by noon. (보어)

I think **that** she loves you. (목적어)

Whether (If ×) he will come is uncertain. / 주어

The question is **whether** he studied mathmatics yesterday. / 보어

I don't know **whether** he is honest. / 목적어

I wonder **if (whether)** he still likes me.

*간접의문문에 쓰인 의문사

When she went is a mystery. / 주어

The question is **when** she died. / 보어

I don't know **where she** hid my money.(o) / 목적어

　　　(의문사+주어+동사 어순) /도치아님

　　　where did she hid my money.(×)

She told him **which** way was the best.(의문문이 아닐 경우 도치)

2) 부사절을 이끄는 종속접속사

❶ 시간(때) when, while, before, after, till, since, whenever, as soon as 등

When my father died, I was fifteen years old. (…때)

He went out **as** I entered the room. (…때)

While(…동안) there is life, there is hope. (…동안)

I must go home **before** it gets dark.(…전에)

I went to bed **after** I finished my homework.(…후에)

I'll wait here **till(until)** he comes.(~ 까지/ 쭈욱 해오다 지나면 안함 /퇴근시간)

  반면에 ~ **by** ten. (그전 까지는 안해도 되지만 10 시 까지는 해야 함/ 출근시간)

He has been interested in flowers **since** he was a little boy. (…부터 쭈욱)

Whenever it rains heavily here, there is a flood. (… 때마다)

As soon as he saw me, he ran away. (…하자마자)

I shall never forget you **as long as** I live. (…동안은)

** The game had **no sooner** started **than** it began to rain.

          [scarcely/hardly]   [before/when] :과거완료 /과거

         제임을 시작하자 마자   비가 내렸다

The game have **no sooner** started **than** it begin to rain.

          [scarcely/hardly]   [before/when] :현재완료 / 현재

 * 뒤에 나온 동사보다 더 빠른 일은 아니고 거의 비슷하게 시작한 의미

    거의 차이가 나지 않는다는 의미

    start를 부정하면서 begin과 큰 차이 없이 거의 동시라는 의미

❷ 장소   Where, wherever

Where there is a will, there is a way. (…곳에)

Sit **wherever** you like. (…하는 곳은 어디든지)

❸ 원인·이유 : because, for, since, as

He was absent because he was sick. (… 때문에 : 문두에도 가능)

He married her, for he loved her. (왜냐하면 : 문두에는 불가)

It's morning, for the birds are singing. (for 대신 because는 불가)

Since I feel sick, I can't attend the meeting. (… 때문에)

As it was very late, I turned back. (…때문에)

❹ 결과, 정도 /

so + 형용사/부사 + that ~

She was **so beautiful that** she won the 1st prize in the contest.

　　/정도 (~ 할 만큼 ~한)

She got up **so early that** she could see the sunrise./정도

　She got up **early, so that** she could see the sunrise. / 결과

such + a/an(+ 형용사) +명사 + that ~

It was **such a cold** morning that we couldn't start early.

　　/결과 (너무 추워서 출발하지 못했다)

It was **such a miserable** accident that we'll never forget it.

　　/정도 (~ 할 만큼 ~한) /문장내용으로 판단

❺ 목적

so (that)+ S + V / ~하기 위하여

She got up early **so that** she could see the sunrise./ 목적 (보기 위해서)

She works hard so that she may succeed.

for fear (that) + S + (should, would, will. may. might) + V /~ 하지 않도록

She couldn't buy the game CD.

　for fear that her mother would be angry with her. 화내지 않도록

*목적, 결과는 형태가 같기 때문에 문맥으로 파악해야 함/ 앞뒤의 논리로

❻ 조건, 양보, 방식(방법), 대조, 부대상황

/조건을 양보하는 방식(상태)으로 대조를 동시에 한다고 스토리 이미지 만들어 기억하기

조건	if, unless(if ~not)	만일 …한다면, 하지 않는다면
양보	though, although, even if, as whether ~ or, no matter +의문사	비록 …할지라도, 비록 …지만, …든 아니든 ~ 하더라도
상태, 방식	as , just as~ (so), as if	~ 대로, ~인 것과 마찬가지로, 마치 ~처럼
대조	while	반면에
부대상황	as	~하면서

1) 조건

If you are quiet, I will tell you the secret. (…한다면)

If you do not(Unless) get up early, you will miss the train. (…않는다면)

2) 양보

Though (Although) she was deaf, she learned to speak. (비록 …였지만)

Even if (Even though) you don't like it, you must finish it. (…일지라도)

I will employ him, whether he is honest or not. (…든 아니든)

Rich as he is , He is not happy.

No matter what you do, you have to do your best. (whatever)

No matter how complex it is, We can get it. (however)

3) 상태 · 방식

When in Rome , do **as** the Romans do / 로마인처럼

Just as you sow, **so** will you reap. 뿌리는 대로

She acts **as if she were** fun. (가정법 과거)사실 즐겁지 않았다

　　　as if she **is** fun.   (직설법) 즐거울 수도 있었다

4) 대조

While I am good at English, I am not good at Math./ 반면에

(while 은 **~동안** 과 **~반면에** 라는 2가지 뜻 보유)

5) 부대상황(동시발생)
She read a magazine as she walked along the street.

* 접속부사
두 문장을 의미적으로 연결하는 접속사의 성질을 포함하고 있는 부사 및 전치사구로써 절과 절의 연결은 불가. 결국 **접속사는 한 문장 안에서 절과 절을 연결하니 한 문장이고 접속부사는 문장이 2개가 되는 차이가 있음.**

also, besides, consequently, for example, furthermore,
however, in fact, moreover, meanwhile, neverthless,
otherwise, if so, still, then, therefore,
thus, in addition, in fact, in contrast, on the other hand 등

beside ~의 옆에 (전치사) **beside**s 게다가 / 주의요망

접속부사의 위치는 부사의 위치와 동일하게 위치함.
I am a teacher.(마침표) **However**, I don't like consulting students.
You have to study hard. **Otherwise,** You will fail the exam.
He hasn't arrived yet, **However,** He come soon.

* 접속부사는 등위접속사 뒤에 사용이 가능하고 문장은 1개가 됨, 이 경우에는 접속사가 주된 기능이고 접속부사는 부사의 기능을 하는 것으로 이해.

She studied hard,(콤마) **and therefore**, she can passed the exam.
I don't like him, **but nevertheless,** I have to look after him.

# 11

관계사

11. 관계사

관계사는 연결된 두 개의 문장이 연결되어 한 문장으로 된 상태에서 두 개 문장에서의 명사와 뒤에 나오는 명사가 같은 내용일 경우 이 두 명사가 관계가 있기에 관계대명사라고 하는 것이며, 이 때 공통되는 명사 중 뒷문장의 명사는 중복을 피하기 위해서 생략합니다.

또한 앞의 문장에서 특히 부사적 표현을 나타내는 명사가 부사적 표현(6하 원칙 중 4개인 when, where, how, why)이고 뒷문장이 앞의 부사적 표현의 명사를 나타내면서 완전한 문장일 때 관계부사를 이용하여 두 문장을 이어주는 역할을 하는 것입니다. 이 경우 관계대명사나 관계부사는 주어가 앞에 나온 선행사를 보다 멋지게 포장하거나 부연 설명하는 정도로 이해하면 될 것입니다.

11.1 관계대명사

두 문장을 한 문장을 만들 때 두 문장에 같은 명사가 있을 경우 뒷문장의 명사를 생략하고
접속기능과 명사기능을 포함하는 역할을 하는 명사가 필요한 바, 이 역할을 하는 것을 관계대명사라고 함.(두 문장의 명사가 관계, 앞의 명사를 대신하니 대명사)

결국 관계대명사는 **접속사 + 대명사**의 역할을 하는 것으로 이해하면 충분할 것이고 앞의 선행사를 설명해주는 역할을 하니 형용사절로 여기면 될 것입니다. 선행사는 관계대명사 뒤에 나오는 주어나 목적어 중 하나와 같은 것이며 그러기에 뒤에 나오는 중복되는 명사는 효율을 위해서 생략한다고 보면 될 것입니다.

선행사 \ 관계대명사의 격	주격	소유격	목적격
사람	who	whose	whom
동물, 사물	which	whose/ of which	which
사람, 동물, 사물	that	-	that
사물(선행사포함)	what	-	what

My brother has a friend. + He lives America.
= My brother has a friend **who lives in America.**
나의 형에게는 친구가 있다. + 그는 미국에 산다.

1. 관계대명사의 종류와 용법

(1) who(주격)/ 뒤의 주어가 생략(공통부분 The teacher)
Do you know the girl **who is** sihing on the 데나.
The teacher **who** (S 생략) **teaches** us English is Mr. Kim.

(2) whose(소유격)/ 뒤의 명사를 수식
We know the girl **whose brother** lives in France.
A child **whose parents** are dead is called orphan.

(3) whom(목적격) / 뒤의 목적어 생략 (공통부분 the girl)
She is **the girl whom** 9 met (O 생략)yesterday.
The girl whom I spoke to /(O생략) was his sister.
 -〉 The girl to whom I spoke/ was his sister.

(4) which (주격, 목적격)
This is the watch which (S) was made in Korea.
The fish which I caught (O) yesterday is still alive.

(5) of which(whose:소유격)
The book whose cover is red/ is mine.
The mountain whose top is covered with snow/ is Mt. Everest.

(6) that (주격, 목적격)

❶ 일반용법 (who, which대용)
  선행사: 사람, 동물, 사물이 모두 가능, 소유격이 없음(주격, 목적격이 같음)
   제한적인 용법만 있음 (계속적인 용법은 없음),
   전치사의 목적격으로 쓰인 that앞에 전치사가 올수 없음.
This is the train (which) arrived just now. (주격)
This is the woman that(=whom)you have invited. (목적어)
This is the house, He was born in it.
-〉This is the house that(which) he was born in(o).
        in which he was born(o).
        in that he was born.(x)

❷ 특별용법

선행사가 사람+동물/ 사람+사물 등 복합적일 때

선행사에 형용사, 서수의 최상급(all, every, any, the same, the only, the very 등이 올 때 간혹 who, which, what으로 시작하는 의문문에서

The men and the dog that were crossing the street were run over by the track.

This is **the biggest dog that** I have wver seen.

Many was the **first girl that** came into the room.

All that glitters is not gold.

Who that has common sense can believe it?

*비교 / that 은 동일한 물건 as는 같은 종류를 의미

This is the same watch **that** I lost.(동일한 물건)

This is the same watch **as** you have.(같은 종류)

(7) what(주격, 목적격) (선행사 +관계대명사)

```
the thing(s) which      .~는 것(들)
all that~            ~ 하는 것은 모두
anything that ~      ~하는 것은 무엇이나
```

We must do **what** is right.
　　　　　the thing/ which

There is some truth in **wha**t he said. (the thing/ which)

She is (what you call) a talented woman.(소위)
　　　　(we, they)

Reading is to the mind **wha**t food is to the body.
　　　A　　B　　　　　　C　　　　D

(A가 B에 대한 관계는 C 가 D에 대한 관계와 같다)

He is clever, and(what is better still),very brave. 더 좋은 것은

What with illness and (what with) poverty, she is unhappy.
　　　　질병과　　　　　　가난으로

2. 제한적 용법과 계속적 용법 / 해석은 둘 다 앞에서부터 하는 것으로

	제한적 용법(한정적)	계속적 용법(연속적)
콤마 (,)	없다/선행사의 대상이 여럿이거나 넓은 범위일 때 그것을 식별할 수 있도록 한정하는 기능	있다, that은 사용불가
관계사절	주로 선행사의 자격이나 속성을 표현 목적격 생략가능	선행사의 추가적인 정보제공 [접속사+ 대명사]의 의미 목적격 생략 불가

*관계부사의 계속적 용법은 when과 where만 사용되며 [접속사+부사]의 의미를 나타냄

관계부사를 나타내는 that 사용불가

제한적 용법

He had two sons **who became doctors**.

He had a son **who had became a doctor.** 아들이 하나 의사가 됨(아들이 더 있을 수 있음

계속적 용법: 목적격이라도 생략 불가, 문맥에 따라서 접속사+대명사로 바꿀 수 있음

He had a son, who had became a doctor. 아들이 하나밖에 없음 ,그 아들이 의사가 됨

He loved Mary, who (but she) didn't love him.

He often gave her advice, **which** she neglected.

→ ~   , but ~   it.

We admired Tom, who(for he) had never broken his promise.

The student, who(though he) was idle, passed the examination.

3. 관계대명사의 생략

　(1) 타동사의 목적격 일 때
This is the novel (which) I want to read.
　(2) 전치사의 목적격일 때 : 전치사+목적격 일 경우는 생략 불가
This is the house in which she lives.(생략불가)
This is the house (which) she lives in.(생략가능)
　(3) be동사의 보어일 때
He is not the man (that) he was _____ ten years ago.
　(4) 현재분사, 과거분사, 형용사(구) 앞에서: (주격관계대명사+be 생략)
The man (who is) standing by the door is my father.
I received a letter (which was) written in English.
　(5) 계속적 문법에서는 목적격일지라도 생략 불가
　전치사 + 목적격 관계대명사도 생략불가
He often gave Mary advice, which she neglected.(생략 불가)
This is the house in which she lives.(생략 불가)

4. 유사(의사) 관계 대명사

유사라는 말은 비슷하다는 의미로써, 원래 접속사로 쓰이는 as, but, than 등이 관계대명사의 역할을 할 때 쓰이는 용어임.

　　　[such ~as, the same ~as, as ~ as 등]
(1) as
He treated me as a child. (전치사:~처럼)
He came up as she was speaking. (시간접속사: ~할 때)
As he grows older, he will became wiser. (접속사:~함에 따라)
As he got up late, he was late for school. (이유접속사:~ 때문에)
The voting results are as follows. (관용구: 다음과 같다)
He lent me such books as were interesting.
I will send you such books as you will like.
It is the same story as I heard before.(같은 종류: that이면 동일한 것)
He often loses his temper, as is often the case with young man.

(2) than (선행사 앞에 비교급이 올 경우)

Students should not have more money than is needed.

He has more money than I have.

(3) but (that+ not 의미: 항상 선행사에 부정어구가 옴)

  관계대명사 역할을 하는 but은 부정문 다음에서 사용되며, but이 이끄는 절은
  긍정문의 형식이지만 부정의 의미를 나타낸다. (that ~ not 의 의미)

There is no one **but loves** his own country. 아무도 없다 나라를 사랑하지 않는

There is no rule but has some exceptions.

*but의 기타 사용법

  The room are large, but they are easy to cleam. (등위접속사)

  She is but a child. (부사)(only)

  They were all drowned but him. (except:전치사)

5. 복합관계 대명사

  모양은「 [관계대명사 + -ever]로 관계대명사에 ever 를 붙이면 되는 형태로써 다만 관계대명사 that 은 -ever 를 붙여서 '복합관계대명사' 를 만들 수 없음.

  '복합관계대명사' 는 관계대명사절 안에서 주어 / 목적어 / 보어 역할을 하는 명사절(강조의미)과 양보의 부사절을 이끄는 역할

  이러한 복합관계대명사는 모두 [대명사 + 관계대명사]로 대체가능

  Whoever는 anyone who로 대체. '누구든 간에'

  다만, Whichever는 anything that 그리고 anyone who 두 가지 모두로 대체가능

  복합관계대명사는 그 자체로 명사절의 주어나 목적어의 역할을 하므로

  그 뒤에 주어나 목적어가 없는 불완전한 절이 와야 함.

복합관계사와 의문사 중 어떤 것을 선택해야 하는지 판단하는 것이 중요

  두 품사 간의 선택은 철저히 문맥에 따라 결정됨.

  [Who/ Whoever] is chosen for the award will receive $5,000.에서

  '누가 선정되든지 간에'라는 의미이기 때문에 Who가 아닌 Whoever 가 정답

종 류	명사적 용법(명사절)	부사적 용법(양보 부사절)
whoever	anyone who: ~은 누구나	no matter who 누가 ~하더라도
whomever	anyone whom 누구에게나	no matter whom 누구를 ~하더라도
whichever	anything that ~은 어느것이나	no matter which 어느것을 ~더라도
whatever	anything that ~은 무엇이나	no matter what 무엇을 ~하더라도

(1) 명사절을 이끌 때

Whoever comes first gets the best seat.(anyone who)

Give the book to whoever wants it.

You may take whichever(=anything which) you like.

You must obey whatever(=anything that) I tell you.

(2) 양보 부사절을 이끌 때 / 두 개의 문장이 상반되는 내용으로 이어지는 것을 양보라고
    정의 (though, although, even if 등의 의미)

Whoever(=No matter who) may say so, I can't believe it.

Whichever(= ~   which) you may choose, you will be pleased.

Whatever(= ~   what) you may say, I will not change my opinion.

11.2 관계부사

1.관계부사의 종류

관계부사는 두 문장을 연결할 때 전체 문장이 부사역할을 하는 문장을 주절과 연결시킬 때 사용한다. 결국 부사는 문장에서 필수가 아닌 장식의 역할을 하기에 관계부사 다음의 문장은 접속사처럼 완전한 문장이어야 한다.

관계부사로 이어지는 절과 같은 내용의 선행사가 앞에 있어야 하는 것은 관계대명사와 같으나 관계대명사 뒤의 문장은 불완전한 것이 다름.

관계부사는 문장의 6하 원칙 중 4개가 이에 해당하며 표현하는 내용이 많기에 문장이 길어지는 주요 요인이 되는 것이다. 학년이 올라갈수록 문장이 길어지는 대부분의 요인이라 하겠다.

* **6하 원칙**에 따른 문장

주어	동사	목적어	선행사	관계부사	뒷문장
Who	V	What	the time (시간) the place (장소) *the way (방법) the reason (이유)	When Where How Why	완전한 문장

* 문장 1 + (선행사 +관계부사) +문장2 (완전한 문장) 형태.
* the way 와 how 는 동시에 사용하면 안 되고 둘 중 하나는 반드시 생략해야 한다. 다른 관계부사들은 선행사를 생략할 수 있다
* that은 모든 관계부사 대신 사용가능.

I know **the day when** she left. / 완전한 문장

I visited **the place where** I lived.

I found myself in **a situation where** I didn't know where to go.

I know the reason why I have a toothache.

No one knows (the way) how the machine were made.

2. 관계부사의 계속적 용법

관계부사의 계속적 용법에는 **when 과 where** 만 사용된다. 내용은 앞의 문장을 보충 설명하는 내용이기에 앞에서부터 자연스럽게 해석하면 된다. 앞 문장에는 콤마를 찍는다. 이 경우 that 은 사용할 수 없고 계속적 용법의 관계부사는 생략하면 안된다.

I was going to go out, when My wife came in.
I once visited Washington, where I happened to meet my friend.

3. 복합 관계부사

복합관계부사는 관계부사 중 **why** 를 제외한 너머지 3개의 관계부사 뒤에 ever를 붙여서 그 자체로 선행사를 포함하는 개념임..

1) whenever((no matter when / ~할 땐 언제나)
   Whenever I am in trouble, She helps me.

2) wherever (no matter where / 어디를 가든지)
   Where you may go ,I will follow you.

3) However (no matter how / 아무리 ~하더라도)
   However busy you are, You have to visit your mother.

12

가정법

12. 가정법 (subjunctive mood)

가정법은 사실을 진술하는 것이 아니라 사실이 아닌 것을 가정하고 하는 말이기에 일반 평서문하고는 성격이 다른 것임. 여기서 영어식 사고가 나타나 있는데, 영어에서는 겸손/정중한 표현이나 사실이 아닌 서술을 할 경우 시제를 하나 뒤로 물리는 방식을 사용.

* 겸손을 나타내는 문장에서 Can you please ~를 Could you please ~ 로 시제를 하나 뒤로 물리는 방식으로 표현하는 것은 이미 잘 알고 있는 내용. (backshift)

사실대로 표현, 강한 어조 표현 (직설법)	겸손/정중, 약한 추측 표현 시제의 후퇴 → 어조의 후퇴

Can you please give me a book ?
Will you open the window ?
Can you pass me the salt?
He may be sick
You can do it
	Could ~
	Would ~
	
	He might be sick (현재사실의 약한 추측)
	You could do it.
	  할 수 있을 거야 / 현재사실의 약한추측
	  할 수 있었다 /과거사실 서술 중 문맥으로 판단

* 마찬가지로 가정법에서도 표현하고자하는 시제를 한 단계 뒤로 (현재를 과거로 표현) 보내서 사실이 아닌 것을 표현한다고 보면 될 것입니다. 가정법은 이론도 많고 주장하는 바도 많은 문법파트여서 정리 하기가 용이하지는 않지만 가장 상식적인 것으로 정리함.

* conditional mood / 조건법

주장, 제안 요구, 명령, 의심, 소망, 가능성을 표현하는데 쓰이는 동사/명사의 표현 및 이성적 판단 형용사 + that 절에는 동사원형을 사용하는데(보통의 미국식 영어

(영국에서는 동사원형 앞에 should를 첨가해서 사용)

동사 / suggest, propose, move (제안하다) / insist, urge(주장하다) demand, request, require, ask (요구하다) advise, recommend(충고하다)

명사 / suggestion, requirement, recommendation, order, request, instruction, pressure

이성판단 형용사 / necessary, essential, vital, imperative(필수적인) urgent(긴급한) advisable, desirable(바람직한) important, natural, proper (적절한)

He suggested that you (should)see a doctor./ 조동사 should **첨가 가능**

He insisted that she (should)be sent to the dther country.

He demanded that you (should) dismiss her.

* 주장, 명령, 제안 동사 that 절의 예외 / insist가 과거사실을 주장할 때 suggest가 "암시하다"의 뜻일 때 Should+동사원형을 쓰지 않아도 된다.

He insisted that he was present at the meeting, 그는 그 모임에 참석했다고 주장했다. Her words suggests that she loves him. 그녀의 말은 그녀가 그를 사랑한다는 것을 암시한다.

12.1 가정법 종류

1) 가정법 현재 (현재, 미래의 일에 대한 불확실한 상상)/개연성이 있을 때

종속절(조건절) 만일 ~ 한다면	주절 (~할것이다)
If+주어+동사원형(또는 현재형)	주어+will, shall, can, may+동사원형 (조동사 현재형)

If he be (is) a gentleman, he will keep a secret.

If she is still there, she will answer the phone.

If it rain(rains) tomorrow, I will not go.

If she get(gets) the money, she will buy a new car.

 /그럴 가능성이 있는 상태

2) 가정법 과거 : 현재 사실에 반대

　현재 전혀 사실이 아니고 현실과 정반대라서, 목에 힘을 빼고 조심스럽게 말해야 하는 상황을 표현하는 것. 영어에서는 정중한 표현을 할 때 영어에서는 직설법 시제에서 한 걸음 뒤로 물러서는 표현을 하는 것처럼 이 경우에도 시제를 하나 뒤로 후퇴시켜서 표현하는 방식을취함.

종속절(조건절) 만일..하다면	주절(..할 것이다)
If+S+were (또는 동사의 과거형)	S+would,should,could,might+동사원형 (조동사의 과거형)

　　　　　　　　　　　* would (강한 가상 추측) might (약한 가상 추측)

If I were rich, I could go abroad.

→ As I am not rich, I can't go abroad.

If I knew her address, I would write to her.

→ As I don't know her address, I don't write to her.

If I were a bird , I would fly to you. (현실이 불가능한 상태)

* If you **could** help me, I would appreciate it . 정중한 도움을 청할 때
　　can　　　　　　　　　　　　　　편한 도움을 청할 때

3) 가정법 과거완료: 과거 사실의 반대/추측을 가정하는 표현

종속절 (만일~했더라면)	주절(~했을텐데)	뜻
If+S+had+pp	S + 조동사과거 + have+pp would, should, could, might must	후회/ 아쉬움

* would (강한 가상 추측) might (약한 가상 추측)
* must (강한 현실 추측) may (약한 현실 추측)

If he had worked harder, he would have succeed.
→As he did not work harder, he did not succeed.
If you had not helped me, I should never have finished it.
→As you helped me, so I finished it.

4) 가정법 미래

	종속절(조건절)	주 절
	만일 ~한다면	~할 것이다.
❶ 미래에 대한 추측	If+S+should+V원형 (미래에 대한 강한의심) would (주어의지)	S+ will/would +V 원형 shall/should can/could may/might
미래실현가능성이 ❶보다 더욱 낮을 때	If+S+were+to V원형 **있을 수 없는 일이지만, 만에 하나 ~라면** (과거, 현재,미래 모두 사용)	S+would + V 원형 could might

If it **should** rain tomorrow, I **will** put off my departure. (가능성이 거의 없다)
If I **(should)** find any errors, I **will** let you know.
What would you do if you **should** lose your sight? 시력을 잃는 다면
 = What would you do if I you lost your sight?
If you **should** need my help, tell me anytime.
If you **would** succeed, you would have to work harder.(주어의 의지)

5) 혼합가정법 /시제의 혼합치

말하는 내용이 시제와 불일치 할 경우에는 그에 맞게 서술.

종속절(if 절)	주절
if +S +had pp (가정법 과거완료) ~	S +would/could/might+ V 원형 (가정법 과거)
if +S +V 과거형/were ~) (가정법 과거)	S +would/could/might+ have pp ~ (가정법 과거완료)

If it had not rained last night, the road would not be so muddy this morning.
   (가정법 과거완료)   (가정법과거)

If you had taken my advice then, you would be happier now.

If I had caught the train yesterday, I **would** be in Seoul now.
  과거사실의 반대지만　그 결과가 현재에 미치니까 주절은 과거시제(현재의미)) 를 사용

If he **were** not a rich, he **could not have donated** the money to the fund.
   (가정법 과거)   (가정법 과거완료)
  현재사실의 반대이지만　과거부터 현재까지 이어져 온 시실 표현

6) If S were to ~ / 과거, 현재, 미래 모두 사용

현재 If she were to my sister, It would be horrible. (상상하기도 싫은 일이지만)

    If you were to have no eyes, what would you do?

미래 If I **were to** be young again, I would work harder. (실현불가능)
    (과거형만 가능)

  (Even) If the sun **were to** rise in the west, I would not change my mind.

과거   If he **were to** have destroyed the building,

       he **would have been** a criminal in history

7) I wish / as if
(1) I wish +가정법 과거

> I wish+가정법 과거 / 현재, 미래에 이룰 수 없는 소망
>   (~하면 좋을 텐데)
>   were (be 동사,was 도 가능)),
>   would, should, could, might
>   일반동사 과거형 (had,didn't have, came

I wish I were a scholar. = I'm sorry, I'm not a scholar.
   (was) (a genius, a poet, misician, tall, slim)
   it were not raining now.
     didn't rain **now**. (×)   now 가 있으면 이렇게 사용 못함

   It would stop raining soon. (비현실적 소망)
   she would come to my birthday party.
   I could dream.(swim, fly)
      help you.

❶ 좀처럼 갖기 힘든 것 / 현재사실 반대

I wish , I had ~
I wish I had a wife. (shoes like that.)
    I had a chance to meet him.
    I had a solution to my problem.

❷ 갖고 있는 것이 좀처럼 안 떨어지는 것 /현재사실 반대

> I wish , 주어+ didn't have + ~ 형태

I wish, I didn't have a sister. (a family, a brother, a job, a cold)
        a head (머리가 없다면 / 머리가 너무 아플 때)
   I didn't have a headache.
       to study mathematics.

❸ **항상 사실이거나 자주 되풀이되는 일상의 활동, 현재사실에 대해 정반대의 소망을 가지고 있을 때**

```
wish , 주어 + 과거 + ~
```

I wish   I woke up early every morning.
         my friend didn't go to the concert.
         she loved me,
         I knew how to play golf.
            (how to swim, how to make him love me)

(2) I wish+가정법 과거완료

```
        I wish+가정법 과거완료
과거에 이루지 못한 소망에 대한 후회와 아쉬움
            (~했었더라면 더 좋았을 텐데)
   I wish   주어(I) + (would, should, could, might) +had pp  ~ .
```

I wish I had not gone there = I'm sorry I went there.
       I had studied English. = I'm sorry I didn't study English.
       I had been there with you.
       I had listened to you.
       I had run with you.
       I hadn't left you.
       I hadn't let you go.

I wish I could have been with you.   →   You were.
너랑 같이 있을 수 있었더라면 좋았을 텐데   같이 있었어
I wish I could have helped you the other day.

(2) as if 또는 as though

as if 또는 as though +가정법 과거 / 주절의 시제와 동일한 이야기 (마치~인 것처럼)
   He talks as if he knew it = In fact he doesn't know it.

as if 또는 as though+가정법 과거완료 / 주절의 시제보다 먼저 일어난 시제 (마치~했던 것처럼)
   He talks as if he had known it = In fact he didn't know it.

12.2 가정법의 활용

1) If 의 생략 / 생략 후 도치

Were I (+If I were)rich, I would buy the house.

Had I known(=If I had known) you address, I should have written to you.

Should I(=If I should) die, what would become of my family.

Be it ever so humble, there is no place like home.

Hurry as you will, you are sure to be late

Be they rich or poor, all men are equal before the law

Come when you may, you are welcome.

2) 명령문+and ~(~ 하라 그러면 ~)
명령문+or ~ (~ 하라, 그렇지 않으면~)

Work hard, and you will succeed.=>If you work hard, you will succeed.

Hurry up, or you'll miss the train.=>If you didn't hurry up, ~

　　　　　　　　Unless you hurry up, ~

3) but for 또는 without +가정법
　　　과거: if it were not for~ (~이 없다면)
　　　과거완료: if it had not been for~ (~이 없었다면)

But for (=without) the sun, nothing could live on the earth.

=If it were not for ~

But for(=without) your advice, I would have failed,

=If it had not been for your advice, ~

4) 기타 중요한 용법 / 동사는 가정법 표현

❶ 명사+가정법 과거완료 / 가정법 조건절 포함

An honest man **would not have done** so.
=〉If he had been an honest man, he ~

❷ 부정사가 가정법 조건절 대신

To hear him speak English, you **would take** him for an A merican.
=〉If you heard him speak English, ~

❸ 주어, 형용사절(관계대명사)에 조건의 뜻이 내표되어 있는 경우

The same thing, **happening in wartime, would** amount to disaster.
A true friend **would** not say such a thing.
A man who had common sense **would** not do that.

❹. 부사어구/ 전치사+명사

He **could easily have done** it with your help.(if he had had your help)
One minute later, we **might have been** crushed to death.
I went at once, otherwise I **could have missed** the flight.(If I had not gone at once)

❺ 가정의 뜻을 포함하는 표현어구

That would seem strange.   (If you did not know the truth)
I would like to take a trip around the world.   (If I could)
Would you mind lending me your car?   (If I could ask you)
=〉Sure/ Surely/ No, not at all/ Certainly not.(sp, 좋습니다)

5) If 대용어

❶ Unless(if~not), / 만일 ~ 하지 않는다면

Unless you hurry up, you will be late for school. 서두르지 않는다면, 학교에 늦을 것이다. = If you don't hurry up, you will be late for school.
= Hurry up, or you'll be late for school.

❷ In case(=if), ~에 대비해서

I wrote down his number in case I forget it. 잊어버릴 경우를 대비해 그의 번호를 적다.

 * if는 조건이 충족된 경우에 어떻게 한다는 말입니다. 만일 조건이 충족되지 않으면 주절의 행위는 일어나지 않음. 반면 in case는 조건 충족여부와 관계없이 주절의 행위가 일어나는 것.

I'll take an umbrella in case it rains. 비가 올 것을 대비해서 우산을 가져 갈게.

비가 오든 안 오든 우산을 가져간다.

in case는 부사로도 쓰임. just와 함께 쓰이는 경우가 많음.
I'll take an umbrella, just in case.   혹시 모르니까 우산을 가져갈게.

just in case(~에 대비해서) in case와 동일하나(접속사, 부사 모두 가능) just를 앞에 붙이면

혹시의 가능성이 낮아짐.

I'll take an umbrella in case it rains.
I'll take an umbrella **just** in case it rains. 비가 올 가능성이 낮은 경우에는 just를 앞에 추가.

in case of(~의 경우에는)/ In case는 접속사 또는 부사이지만, In case of는 전치사.
전치사이므로 in case of + 명사 패턴으로 사용. 특히 경고 문구에 많이 쓰이는 표현.

In case of fire, break the glass and push the alarm button.
    화재가 발생하면 유리를 깨고 알람 버튼을 누르세요.
In case of emergency, press this button.   비상시에 이 버튼을 누릅니다.

❸ Chances are (that) : 아마~일 것이다.

Chances are, your most frequent topics of conversation,
regardless of whether you're man or woman,
are money, work, movies, and television.
남자든 여자든 관계없이 가장 빈번한 대화의 주제는
아마도 돈, 일, 영화, TV 것이다.

❹ Suppose(Supposing) (that) : 만약 ~라면

Suppose(Supposing) that you saw me with her, what would you make of that?
=**Provided(Providing)** that you saw me with her, what would you make of that? 내가 그녀와 함께 있는 것을 네가 본다면, 그것에 관해서 무슨 생각을 할래?

* suppose that은 provided that 처럼 suppos**ed** that 의 과거형으로 쓰면 안됨

❺ Even if(Even though) : 비록 일지라도

Even if I live near her house, I have never seen her.
비록 그녀의 집 근처에 살 지라도 나는 그녀를 전혀 본 적이 없다.

❻ Granted(Granting) that it is true, it does not concern me.
비록 그것이 사실일 지라도 나에게는 전혀 관계가 없다.

❼ On condition that : 만일 ~ 이라면

She will do it on condition that she is paid, 돈을 받는다면 그녀는 그것을 할 것이다.

❽ so long as / '~하면', '~하는 조건으로'

"I'll help so long as you buy me chicken." "니가 나한테 치킨 사주면 도와줄게."

* as long as '~하는 동안은' (기간, 시간적 의미)

"As long as I'm here, I will help."

❾ **if only** …오직 그 이유만으로, ~하기만 하면

Money is better than poverty, **if only** for financial reasons.
명언 돈이 가난보다 낫다. 오직 금전적인 이유에서만.

❿ **on condition(that)=if**

He agreed to give an interview on condition of anonymity .
　　　　　그는 익명을 조건으로 인터뷰에 응했다.
I will do it on condition that I am paid. 돈을 준다면 그것을 하겠다.
My friend lent me money on condition. 내 친구는 내게 조건부로 돈을 빌려줬다.
She will do it on condition that she is paid. 그녀가 돈을 받는다면 그녀는 그것을 할 것이다.
I will undertake it on condition that you help me. 네가 도와준다는 조건으로 인수하겠다.

*가정법 관련 비교정리

1. 직설법 / 사건이 발생할 것을 확신할 때 사용

When I have a time someday, I will take you there.

2. 가정법 현재 / 확신은 없으나 실현가능성이 있을 때 사용

If I have time someday, I will take you there.

If I become President , I will make this country developed./대통령 후보

3. 가정법 과거 / 실현가능성이 없다는 것을 확신할 때 (만에 하나 생기면/현재사실 반대)

If I had a time someday, I would take you there.

If I became President , I would make this country developed. / 일반인

If I saw you in heaven, would you know my name?
　　(Eric Clapton / Tears in heaven)

If I were a poet,I would sing for you.

f I didn't have you, I wouldn't know where to go.(what to do)

What would you do, If you were **omnipotent.**(Friends)

(How 쓰면 절대 안됨 / HOW는 방법을 나타냄) (전지전능한)

13

화법

13. 화법

13.1 직접화법과 간접화법

구 분	예 문	정 의
직접화법	He said, "I am busy"	다른 사람이 말한 내용을 그대로 전달하는 화법
간접화법	He said that he was busy.	남이 말한 내용을 전달하는 사람의 입장에서 그 내용만을 전달하는 화법

13.1 직접화법과 간접화법

구 분	내 용
전달동사 변경	say->say, say to->tell
Comma	comma제거+(that)생략가능+인용부호 제거
인 칭	피전달문 인칭변경
시 제	피전달문 시제 변경(시제의 일치)
시간부사,장소부사,지시대명사	전달하는 입장에 맞추어 바꿈 now->then(그때), today->that day(그날), tomorrow->the next day,the following day(그 다음날), yesterday->the day before, the previous day(그 전날), ago->before, here->there, this->that, these->those

*화법의 전환은 외울것이 아니라 상시적으로 생각해보면 금방 이해되는 내용입니다.

1. 평서문의 전환

1) He said to me, " I met Nancy the day before
   -> He told me that he met Nancy yesterday." tell 은 대산과 내용이 잇을 때 사용하는 단어
2) She said to me, " I am leaving here tomorrow."
   ->She told me that she was leaving there the next day.
3) He said, " I saw this boy four years ago."
   ->He said that he saw that boy four years before

2. 의문문의 전환

구분		전환
의문사가 있는 경우	전달동사	ask, asked로 전환
	that	의문사(의문사+S+V):의문사가 S일때는 의문사+V
	시제	일치
	인칭	일치
	물음표	마침표
Comma의문사가 없는 경우	say, say to	ask
	comma,인용부호	없앰
	피전달문	if(또는 whether)+S+V

1) 의문사가 있는 의문문

He said to me, "What are you reading now?"
  ->He asked me what I was reading then.

He said to Mary, "Why were you absent yesterday?"
  ->He asked Mary why she had been absent the day before.

I said, "Where dose Jim live?"
  ->I asked where Jim lived.

2) 의문사가 없는 의문문

1.He said to me, "Are you fond of the music?"
  ->He asked me if(또는 whether) I was fond of the music.

2.He said to her, "Do you really love me?"
  ->He asked her if(또는 whether) She really loved him.

3.He said to me, "Can you hear what I am saying?"
->He asked me if(또는 whether) I could hear what he was saying.

3. 명령문의 전환

구 분	전 환	공 통
1.일반적인 명령문	tell+O	to do
2.강한 명령문(상사->부하)	order, command+O	
3.충고할 때	advise+O	
4.부탁(please)	ask(또는 beg)+O	
5.부정명령문	V+O+not	

1) Mother said to me,"Help me in the kitchen".
　　->Mother told me to help her in the kitchen.

2) He said to the soldiers, "Don't move!"
　　->He ordered(또는 commanded) the soldiers not to move.

3) The doctor said to me, "Don't smoke too much."
　　->The doctor advised me not to smoke too much.

4.He said to the children,"Please, be quiet."
　　->He asked(또는 begged) the children to be quiet.

4. 감탄문의 전환

구 분	전 환
전달동사 say	cry(out), enclaim
피전달문	that +평서문(S+V+C) 감탄문은 어순 그대로(감탄사+C+S+V)
감탄부호(!)	마침표(.)

1) He said,"How pretty the flower is!"
->He cried(out) that the flower was very pretty.
->He cried(out) how pretty the flower was.

2) He said, "What a beautiful sight it is!"
->He exclaimed that it was a very beautiful sight.
->He exclaimed what a beautiful sight it was.

5. 중문, 복문, 두 문장 이상의 전달

구 분	전 환
1.중문 and for, as, because	and that for, as, because(그대로)
2.명령문+and(or)	and(or)를 그대로
3.복문	시제일치
4.평서문+의문문	전달동사(said)~(, 삭제)+and 전달동사(asked)
5.명령문+의문문	전달동사(told)+and 전달동사(asked)
6.감탄문+평서문	그때의 환경에 따른 알맞은 표현 선택
*7.묘출화법(중간화법) represented speech	소설 등에서 나타나는 표현/ 생생한 표현 주절+종속절(접속사 생략+V+S: 도치)

1) 중문

She said,"The ruby is very expensive, and I can't buy it."
   ->She said(that) the ruby was very expensive~, and that she could not buy it.

He said, "It will rain, for the barometer is falling."
->He said that it would rain, for the barometer was falling.

2) 명령문

He said to me, "Hurry up, and you will be on time."

-〉He told me to hurry up and I would be ~.

-〉He told me that if I hurried up I would be ~.

3) 복문

He said, "Let's wait here until the rain stops."

-〉He suggested that we (should) wait there until the rain stopped.

4) 평서문 +의문문

She said, "It is hot in this room, why don't you turn on the air condition?"

-〉She said that it was hot ~ and asked why I didn't ~.

5) 명령문+의문문

He said to me,"Listen!" Can you hear someone talking?"

-〉He tolded me to listen and asked if I could ~.

6) 감탄문+평서문

She said, " Oh, how wonderful! I'd simply love to go with you."

-〉She exclaimed with delight that she would ~.

7) 묘출화법(중간화법) represented speech

He asked me would I go to the concert.

I was wondering could she be our new teacher.

She whispered something, and asked was that enough.

She asked her next-door neighbor if she knew Mary by sight, and had she been her lately.

14

특수구문

14. 특수구문

14.1 일치

1. 수의 일치

1) 항상 단수 동사를 쓰는 경우

❶ 주어가 3인칭 단수일 경우 동사가 현재형일 때 일반동사에 (e)s를 붙임.
　　　　　　　　　/ 명사에 (e)s가 붙으면 복수임

The girl looks beautiful.

*수식어구(관계대명사 절도 동일)에 의해 길어진 주어와 동사의 수 일치에 주의

The man playing with children is my fathet.

Those people on the ship are getting worse.

The boy who is playing over there is my son.

The boys who are playing over there are my sons

I'm going on a trip for a month, which makes me happy.

❷ 주어에 each, every 가 있으면 항상 단수 취급

Every student is sitting in the auditorium. (모든 학생이 강당에 앉아 있다.)

Each student is wearing his or her own uniform. (각각의 학생은 각자 자신의 교복을 입고 있다.)

❸ -thing. -body. -one으로 끝나는 부정대명사

　Everything belongs to him. (모든 것이 그에게 속해 있다.)

❹ to부정사, 명사절(What 절), 동명사, 등 단수, 복수의 개념이 없는 구와 절

Skiing is my favorite winter sport. (스키는 내가 가장 좋아하는 겨울 스포츠이다.)

To take pictures of my children is my hobby.

❺ 단일 개념의 A and B

Bread and butter is not enough for breakfast for me.

　　(버터를 바른 빵은 내게 아침식사로 충분하지 않다.)

❻ 질병, 나라, 학문, 책, 놀이, 도시 이름 – -s로 끝나더라도 단수 취급.

　Measles is an infectious disease. (홍역은 전염성 질병이다.)

❼ 시간, 거리, 가격, 무게 단위에는 단수

Thre hours is too short to finish the work.

One thousand dollars is too much for the meal.

2) 여러 가지 수 일치

(1) 상관접속사로 연결된 주어의 수 일치

❶ and로 연결된 명사/ 주어가 and로 연결된 명사일 때는 복수 취급하므로 복수 동사 .
   both A and B   둘 다   복수동사

❷ B에 동사를 일치시킴
not A but B   / A가 아니라 B
not only A but (also) B, B as well as A   / 둘 다
either A or B.   둘중의 하나   neither A nor B,   둘 다 아니다

Neither he nor you are responsible for it. (그도 너도 그것에 책임이 없다.)
He as well as his brothers likes swimming.(그의 남동생들뿐만 아니라 그도 수영을 좋아한다.)

(2) 부정형용사 / 부정대명사 주어의 수 일치

either / neither+of+복수 명사 단수 동사를 쓰나 구어에서는 복수 동사도 씀
Every man has his own pride. (모든 사람은 저마다의 자부심이 있다.)
Neither of us has been there. (우리들 중 누구도 그곳에 간 적이 없다.)

3) 주의해야 할 수의 일치

❶ all, some, most, half, part, the rest, none,/ 분수 / %+of+명사
              of 뒤에 나온 명사에 동사의 수를 일치
Half of the people remain seated. (그 사람들 중 절반이 자리에 앉아 있다./복수)
Most of the potato is rotten. (감자의 대부분이 썩었다/단수.)

all of+복수 명사 / 복수 동사를 씀(복수중의 복수니까 /상식)
All of the piggy banks are full. (모든 돼지 저금통이 가득 차 있다.)
all of 셀 수 없는 명사 / 단수 동사를 씀(셀 수 없으니까)
All of the money is given to the poor. (모든 돈은 가난한 사람들에게 주어진다.)

❷ no + 명사 / no 뒤에 나온 명사에 동사의 수를 일치시킨다.
There is no cheese in the refrigerator. (냉장고에 치즈가 없다.)
No tickets are available for tonight's show. (오늘 밤 공연은 남은 표가 없다.)

❸ 주격 관계대명사절의 동사/ 선행사의 수에 일치시킨다. -

The girl who teaches me math is my cousin. (나에게 수학을 가르쳐 주는 소녀는 내 사촌이다.)

❹ one of+(최상급) + 복수 명사 / ~ 중 하나, ~ 중 한 사람'이라는 뜻으로 단수 취급.

One of the keys is for the basement. (그 열쇠를 중의 하나는 지하실 것이다.)

❺ 「a number of + 복수 명사/(많은)복수취급」 vs. the number of + 복수 명사/(~의 수)단수 취급

A number of students are absent from school. (많은 학생들이 학교에 결석했다.)

The number of sick students is over 50. (아픈 학생들의 수는 50명이 넘는다.)

❻ 집합명사

family, audience, class 집합체를 의미 → 단수 취급

구성원 한 명 한 명을 의미 → 복수 취급

the police, people, cattle 항상 복수 취급

His family is large. (그의 가족은 대가족이다.) /(가족 전체를 하나의 집합체로 보는 경우) •

His family are all kind. (그의 가족은 모두 친절하다.) (가족 구성원 한 명 한 명을 의미하는 경우)

❼ 기타

* There is 복수명사에 대해서

원칙적으로 there is 다음에는 단수명사가 오는 것이 문법에 맞는 문장이지만 현대 들어서

복수명사가 오는 경우도 종종 목격하게 되는 것도 현실.

There are two girls in the class.(문법적으로 맞는 문장)

There is two girls in the class. (회화체에서는 이렇게도 사용)

* There are A and B 에 대해서

원칙적으로는 A and B가 복수이기에 복수동사가 오는 것이 문법적으로 맞는 표현

There are a boy and two girls in the class.(o)

그러나 회화체에서는

There is a boy and two girls in the class.(o)

There are two girls and a boy in the class.(o) 와 같이 쓰이기도 하는 바

이는 말하는 사람이 be 동사 가까이 있는 것을 먼저 인식하고 말하기에 가능한 표현이 됨

2. 시제의 일치

주절의 시제와 종속절의 시제 사이에는 일전한 관계가 있는 데 이를 따르는 것을 시제의 일치라고 정의함.(그러나 이것도 상식적으로 생각해보면 이해가 가는 것이지 그냥 외워야 하는 것은 아님)

He said he was rich. (그는 자기가 부자라고 말했다) 그가 말한 시점에 그는 부자임
He said he had been rich. (그는 자기가 부자였다고 말했다) 그가 말한 시점 이전에는 부자였음

1) 시제 일치의 원칙

❶ 주절의 시제가 현재일 때 종속절의 시제는 무엇이든지 쓸 수 있다.
 I think that he is(was /has been /will be)] making dinner.

❷ 그러나 주절의 시제가 과거일 때는 종속절의 시제는 과거나 과거완료시제(진행시제 포함)만 가능.
 I think that he is happy. → I thought that he was happy.
 I think that he will be happy. → I thought that he would be happy.

 I know that he was happy. → I knew that he had been happy.
 I know that he has been happy. →I knew that he had been happy.

2) 시체 일치의 예외

❶ 변하지 않는 진리
 - 주절의 시제와 관계없이 항상 현재시제로
They said that there are craters on the moon's surface. (변하지 않는 진리)
They proved that ice is less dense than liquid water. 과학적 사실

❷현재의 사실/습관을 나타내는 종속절
 He told me that he always gets up early.
  (그는 내게 그가 항상 일찍 일어난다고 말했다.) (현재의 습관)
 * think, know, believe, hope, wish 등의 동사는 시제를 반드시 일치
 I thought that he enjoyed (enjoys) reading that author's books.

❸ 역사적인 사실 – 항상 과거시제로 쓴다.
 Lots of people say Alexander Graham Bell invented thetelephone.
  (많은 사람들이 Alexander Graham Bell이 전화기를 발명했다고 말한다.)
시간 · 조건을 나타내는 부사절 – 미래시제 대신 현재시제를 쓴다.
 When you arrive at the airport, you'll meet them. (네가 공항에 도착하면 그들을 만날 것이다.)

If he comes tomorrow, I'll stay at home. (그가 내일 온다면, 나는 집에 있을 것이다)

❹ 비교구문의 시제/ 비교 구문에서 than이나 as 뒤에 나오는 부분의 시제는 앞의 주절의 시제와 상관없이 사용.

The tree was not as big as it is today. 현재와 과거의 비교

In those days, she looked younger than she does now. 현재와 과거의 비교

❺ 주장, 명령, 충고, 제안, 요구를 나타내는 동사가 주절에 쓰였을 때 / 종속절이 당위적인 의미를 나타낼 때는 주절의 시제와 상관없이 종속절의 동사를 should+ 동사원형」이나 동사원형으로 사용

The dentist advised I (should) keep my teeth clean.
   (치과 의사는 내가 이를 깨끗이 해야 한다고 충고했다.)

❻ 가정법의 시제 - 주절의 시제나 시간을 나타내는 부사(구)에 영향을 받지 않음

She said she would have taken some pictures if she had had a camera.

* should의 생략 주절의 시제가 과거인데 종속절의 동사가 동사원형인 것이 어법상 맞는지 확인하는 문제가 자주 나온다. 주절의 동사가 주장, 명령, 충고 등을 나타내는 동사인지 우선 파악해서 should를 생략할 수 있어서 동사원형만 있는 것인지 확인하는 것이 중요.

14.2 강조

1. 동사의 강조

> do, does, did + V(정말로, 참으로, 분명히, 제발)

He does know the secret.
I did see a bear in the mountain.
Do be quiet.

2. 의문문 강조

> on earth/ in the world, ever 등(도대체)

Where on earth did you find it?

What in the world happened?
How ever did you escape?

3. It ~ that 용법
It v ~ that 에서 ~부분에 강조하고 싶은 말을 넣어서 강조
　　　　　　　　이 경우 동사는 강조할 수는 없음
I bought a book yesterday.
→ It was **I** that bought a book yesterday.
→ It was **a book** that I bought yester day.

It is not until one gets sick that one knows how valuable health is.

* 영어는 앞에 긴 단어가 오는 것을 피하는 경향이 있는데 이 경우 it 은 that 이하를 말하는 것임
(영어는 결론을 항상 먼저 말하고 그 다음에 그 이유를 설명해 주는 구조라는 점을 명심하기)

4. 최상급+possible
　　The car was running at the highest speed possible.

5. 재귀대명사의 강조용법
　　I myself will resolve the difficult issue.

6. 추상명사+itself (very+형용사)
　　His explanation was simplicity itself.

7. 기타 강조 구문

구 분	형 태	뜻
부정문 강조	1.부정문+at all 2. 부정문+ in the least	조금도..이 아니다
명사 강조	3.the very +명사	바로 그~
반복에 의한 강조	4.강조하려는 어구 반복	
비교급, 최상급 강조	5.much, still, far, even등으로 강조	훨씬 (very는 안됨)

1) I do **not** know the fact **at all.**

2) I was not surprised **in the least**.

3) He is **the very** man that I am looking for.
   This is the very book that I need for my homework.

4) It is getting **darker and darker.**
   He became **more and more** tired.
   He **read and read**, but he couldn't know it.

5) Sunday would be much better day than Monday for our meeting.
   He is by far the best player on our team.

14.3 도치

1) 구문상의 도치
   What are you reading now ? (의문문)
   May you return home safe ! (기원문)
   What a pretty garden it is! (감탄문)
   Were I(=If I were) rich, I would go abroad. (If의 생략)

2) 문법상의 습관적 도치 / so, nor, neither 다음에서 /마찬가지다
   So am I / So does Mary. / So do(did) I / be 동사면 be 동사로
   Neither am I(do/did I) = Nor am I.(do/did I)   일반동사면 일반동사로

3) 보어의 도치 / **보어 + 동사 +주어**
   His joy was great when he heard the news.
   → Great was his joy when ~
   The blue sky was above me.
   → Above me was the blue sky.(부사(구)+V+S)

4) 부정어 부사(구)+조동사+S+V)/ 강조를 위한 도치
   hardly, scarcely, seldom, little, not ~ until, no sooner 등
   I never dreamed that he was famous.→Never did I dream that ~
   He did not speak a single word.→Not a single word did he speak.(O+조동사+S+V)

5) 자동사 다음에 오는 부사가 문두에 올 때 명사, 대명사에 따라 어순이 달라짐

Down fell the man.   명사 일 경우 도치

Down he fell.   대명사일 경우 주어 +동사 형태로

The more ~ , the more ~ 일 경우

The more learned a man is, the more modest **he usually is.**

6) 목적어가 문두에 올 때(강조될 때) 주어+ 동사 순 그대로 임

He broke the promise in a week.->**The promise he broke** in a week. (O+S+V)

7) 유도부사가 문장 앞에 올 때 / 동사 +주어

   * here/there (장소 표현)의 경우 + 동사+주어 어순

   Here is my brother.

   Here he is   / 대명사일 때는 도치 안함

   Here is ten dollars . 거스름 돈 등을 줄 때

   Here you are . 여기 있어요 (관용표현)

   * There goes the train.

   There it goes.   / 대명사일 때는 도치 안함

   There is a house.

   Here is a book.

8) 가정법 문장이나 as,than 뒤 등에서의 도치

   Were I in your shoes , I would study hard.

   = If I were in yor shoes, I would study hard.

   He believed in ghosts, as did most of his friends.

   Women drink more coffee than do men.

9) 양보구문

   Woman as she is, she is ~ (관사 생략)

   = Though she is **a woman**, she is

10) 방향, 장소를 나타내는 부사구 강조 / sit, go. come. be, start 등의 동사와 함께 사용
    일반동사가 있는 구문에서 조동사 do를 사용하지 않고 주어 동사를 도치함(문학적 표현)
    Under a big tree sat a peculiar looking old man.
    Up went thousands of balloons.
    Up they went / 대명사일때는 도치하지 않음

14.4 생략

1. 반복되는 부분의 생략
   주어, 수식어. 피수식어(수식을 받는 말)가 공통인 경우

   ❶ and, but으로 이어지는 등위절에서 S 또는 V
   The girl got hurt and (she) went to hospital.
   The sun shines in the daytime, and the moon (shines) at night.

   ❷ to 부정사나 조동사 다음에 반복되는 V
   I went there because I wanted to (go there) (대부정사)
   If you can't finish the work, Mary should.(finish the work)

   ❸ 동등비교/ 비교구문인 as 또는 than 다음에서
   He is as stupid as she(is stupid)
   She likes you better than I (like you)
   She likes you better than (she like) me.

   ❹ 질문에 대한 대답에서 반복되는 부분
   Is English easy for you?
   Certainly (it is) not (easy for me)

   ❺ 조건절에서의 생략 /부사절의 주어 동사 생략

조 건	생략 대상	비 고
when, while, if, though 등이 부사절을 이끌 때	S+be동사 생략 가능	S가 주절의 주어와 일치하거나 생략되어도 혼돈의 여지가 없을 경우임

When(I was) a boy, I liked to play baseball.
While(he was) reading a book, he fell asleep.
If(it is) necessary, I will help you.

Though(he is) young, he is very wise.
(I wish)Happy birthday to you!

2. 관용적인 생략 /상식적으로 누가 봐도 이해가 가는 것으로 생각하면 됨

❶ 「주격 관계대명사 +be 동사」의 생략
The girl (who is) playing the guitar is my sister.

❷ 「목적격 관계대명사 」의 생략
My role model is Mr. kim (whom) I think intelligent

❸ 분사구문에서 being, having been 생략
(Being) Helped by his friend, The boy felt really thankful.
(Having been)Written in haste, The book has no mistakes.
 * being 이 뒤에 동사가 아니라 명사,형용사 등이 나오면 생략하지않는 의미상 일반적임
Being rich, she was not happy
Being a translator, She is fluent in both English and Korean.

❹ 기타 안내문, 격언, 속담, 인사말, 신문표제어 등에서 생략
No parking(smoking) (is allowed)
(This is) Not for sale.
(Be careful of the) Wet paint!
(This store is) Closed today.

(This is) Out of order.
(Keep your) Hands off.
(This is) Out of order.

(This is)Under construction.
(If you take) No pains, (you will get) no gains.
Fasten (your)seatbelt while (you are)seated.

(A) Life vest (is) under your seat.
(I wish you a) Merry Christmas!

14.5 공통관계(Common Relation)

My sister and my brother, **went** with me.   동사가 공통
His energy is not and can't be **what he was.** 목적어 공통
My mom washes and irons **my shirts** every day. 목적어 공통

We can, and indeed must <u>help</u> our needy neighbors. 조동사가 본동사 공유
Passions weaken, but habits strenghten <u>with age</u>.   부사가 공통
<u>A man</u> of write, and not of wealth, deserves our respect.   명사가 공통

He was and still is a famous singer.   보어(명사)가 공통
some of the most plentiful and important **things** on earth. 명사가 공통

<u>**He**</u> worked hard and finished it in time.   주어가 공통
Her comments **are** always precise and to the point.   동사가 공통
He **speaks** English as well as or better than Jane.

I remember her **beautifu**l laugh and smile.

14.6 삽입(Parenthesis)

단어, 구, 절, 관용어 등의 형태로 문장 안에 독립적으로 삽입되어, 설명이나 주석 등을 덧붙이는 문장표현 방법으로 삽입하는 말은 콤마(,)나 대쉬(―)로 연결한다. 삽입된 어구는 생략하더라도 문장의 의미에 아무런 영향을 주지 않음

This is , **I am sure,** what he means.
When **do you suppose** the riot will be calmed down?
This is the policy which **everybody thinks** is very strong.
The judge, **who was honest**, was respected by all the people.
He is, as I **said before,** very punctual.

The train, **leaving at six,** arrives in Seoul at ten.
   (which leaves at six, If it leaves at six)
There are a lot of wild animals in the zoo ― **tigers, lions, wolves,bears etc.**

주요 표현들

It seems ~인 것 같다 , I think, 내 생각에 as far as I know, 내가 아는 한
as it is(do), 강조의미   if any, 설사 있다 하더라도 if ever 설사 ~한다 하더라도
granted, 맞아, 인정해   in fact, 사실은   after all, 결국에는
as a result, 그 결과 so to speak, 말하자면 소위 that is to say, 즉, 다시 말하면
What is worse, 설상가상으로 on the other hand, 반면에 in any case, 어쨌든
in either case 어느 경우에나 I am afraid 유감스럽게도 as a whole 대체로

14.7 동격(Apposition)

명사· 대명사의 의미를 보충하거나 바꾸어 말하기 위해 다른 명사(상당어구)를 뒤에 두는 경우
이 때 두 명사의 관계를 동격관계라 함

Mr. Smith**, a psychiatrist,** solved her mental problems.
I have heard the news **of our team's victory.**
He has but one aim in life, to make money.

The fact **that he is honest i**s known to everybody.
The question arose who **was to receive him**.
I am apt to judge my fellow men in comparison with myself, **a wrong and foolish thing to do.**

15

감탄사

15. 감탄사

감탄사는 사람의 가정 즉 기쁨, 슬픔, 놀람, 화남, 노여움 등의 사람의 감탄을 표현하는 말로써 감탄부호와 함께 사용됨. (8품사에 포함)

기쁠 때 칭찬할 때	Well done! Good! 잘했어 Hurray! (Hooray, Yay)만세 Bravo! Attaboy 잘한다 Super(b) 최고예요 Fine Great! Wonderful! Fantastic! Gorgeous !Terrific(Awesome)!
슬플 때, 화날 때	Alas ! 슬프다 Shit! (God) Damn it 제기럴
놀랄 때	Oh, my God(Gosh, goodness)! 이럴 수가 Oh,my(dear)! Oops!(아뿔싸) Amazing, unbelievable, Bitchen /긍정
주의를 요할 때	Look! 보세요 Listen ! 들어 보세요
불쾌할 때, 충격적 상황	Nonsense! 말도 안돼 Ridiculous! 웃기고 있네 Silly 바보같이 That's's shocking! 충격적이야 You don't say!그럴 수 없어 Ew 으윽(불쾌)
부를 때	Hey! 이봐요 Say! 여기요
기타	Well! 글쎄요 Indeed! 설마 Bingo! 맞췄네 Ouch ! 아야(다쳤을 때) Jesus ! 주여 Ta-da 짜잔 Phew! 휴(안도의 한 숨) What a pity! 어쩐 담 ,불쌍해 What a surprise! What a shame(안됐어요) What a nerve! (대단한 용기예요) What a relief! (다행이예요) What a man 그 사람 참! (너무 어이없거나 감탄햇을 때)

세상에서 가장 간단하게 영어의 원리를 풀어 준
영어문법의 신세계
영어는 퀴즈다!

지은이　송　암

펴낸이　송　암

펴낸곳　좋은꿈

인　쇄　아이앤북스

연락처　네이버블로그 내비게이션 기억법

발행일　2021년 11월 15일

ISBN　　979-11-969910-5-0

※녹음파일은 유료 제공입니다.

이책의 판권은 지은이와 좋은꿈에 있습니다.
서면동의 없는 무단 전재 및 복제를 금합니다.